前近代の日本と東アジア

石井正敏の歴史学

荒野泰典
川越泰博
鈴木靖民
村井章介
［編］

勉誠出版

JN162161

前近代の日本と東アジア
石井正敏の歴史学

はしがき ―― 刊行の経緯と意義　村井章介　4

I　総論

対外関係史研究における石井正敏の学問　榎本　渉　9

石井正敏の史料学 ―― 中世対外関係史研究と『善隣国宝記』を中心に　岡本　真　30

三別抄の石井正敏 ―― 日本・高麗関係と武家外交の誕生　近藤　剛　40

「入宋巡礼僧」をめぐって　手島崇裕　60

II　諸学との交差のなかで

石井正敏の古代対外関係史研究 ―― 成果と展望　鈴木靖民　78

『日本渤海関係史の研究』の評価をめぐって——渤海史・朝鮮史の視点から　古畑　徹　89
中国唐代史から見た石井正敏の歴史学　石見清裕　98
中世史家としての石井正敏——史料をめぐる対話　村井章介　111
中国史・高麗史との交差——蒙古襲来・倭寇をめぐって　川越泰博　125
近世日本国際関係論と石井正敏——出会いと学恩　荒野泰典　136

III　継承と発展

日本渤海関係史——宝亀年間の北路来朝問題への展望　浜田久美子　151
大武芸時代の渤海情勢と東北アジア　赤羽目匡由　165
遣唐使研究のなかの石井正敏　河内春人　183
平氏と日宋貿易——石井正敏の二つの論文を中心に　原美和子　199
日宋貿易の制度　河辺隆宏　208

編集後記　川越泰博　220

※石井正敏著作集の概要及び収録論文一覧は奥付後の広告頁に掲載

刊行の経緯と意義

村井章介

歴史学者石井正敏氏は、二〇一五年七月六日六十八歳で亡くなった。一九四七年横浜市に生まれ、六九年に法政大学文学部を卒業、七五年に中央大学大学院文学研究科博士課程を博士課程単位修了の後、七六年に東京大学史料編纂所に職を得、八七年に同所助教授となり、翌年中央大学文学部に移り、九〇年教授となった。二〇〇九～一四年度に同大学人文科学研究所長を勤めた。その間、東洋大学・東京大学・慶應義塾大学・早稲田大学・九州大学・フランス国立高等研究院の非常勤講師を歴任。没後中央大学から名誉教授の称号が贈られた。

なお本書では、対象に対自的にむきあい、叙述に客観性を確保するため、研究者に「さん」「氏」「先生」等の敬称を付さず、「される」等の尊敬表現を用いない方針をとっている（ただし荒野泰典氏の文章のみは、故人に話しかける文体がこれになじまないので、例外とした）。この「はしがき」でも、以下それに従う。

私は、石井が史料編纂所に入って以来、日本の前近代対外関係史を志す盟友として、それぞれが同所を離れて以後も、学問的交わりを重ねてきた。その代表的な果実が、荒野・石井・村井の編による『アジアのなかの日本史』（東京大学出版会、一九九二～九三年）・『日本の対外関係』（吉川弘文館、二〇一〇～一三年）という二つの論集シリーズである。それゆえの哀惜の念から、何人かの仲間に声をかけ、石井を生みの親のひとりとして一九七七年に発足した「前近代対外関係史研究会」を母胎に実行委員会を組織し、「石井正敏さんを偲ぶ会」を企画した。同会は二〇一五年十二月二十日、史料編纂所大会議室で開催され、多数の参加者の心に刻まれる催しとなった。

しかし石井の学問的足跡をふりかえるという営みは、「偲ぶ会」参加者の個々の心情を超えて、歴史学のあり方にかかわる意義を有している。石井の学問は、日本古代対外関係史、なかんずく渤海との関係史に基軸をおきつつも、日本史、東洋史という地域の枠、古代、中世、近世という時代の枠をのりこえて、貴重な遺産を史学界にのこした。この超域性を支えたものは、歴史情報の源泉としての史料へのあくなき執着であり、史料をして十全かつ公平に過去を語らせるという究極の目標を前にしたとき、地域や時代の枠づけなど、ときには夾雑物でしかなかった。

石井の講筵で学生だった経歴をもつ人びとの追憶には、研究に日本史も東洋史もない、古代も中世も近世もない、という師のことばが刻まれている。中央大学ウェブサイト上の「石井正敏研究室プロフィール」には、「私の授業では、基本史料を一字一句忽せにせず、辞書等の工具書参照を厭わない努力と姿勢で読み進めています。〈虚心に史料を読む〉という基本的な研究方法を身につけてもらいたいと考えています。」というメッセージが掲げられていた（二〇一五年閲覧）。

幸いにも、「偲ぶ会」での各発言は、石井の学問的遺産を各自の研究にひきすえてふりかえり、そこから今後の歴史学――話者本人のみならず史学界全体にとって――の方向性を見通そうとする姿勢で共通していた。それゆえ各発言に増補改訂を加え、論集のかたちで世に問うことに、大きな学問的意義があると判断された。そこで、この間歴史学関係の意欲的な出版物を手がけてきた勉誠出版の吉田祐輔氏と相談し、同社の「アジア遊学」シリーズの一冊として刊行することで双方が合意した。

なお相談の過程で、吉田氏のほうから「著作集を刊行する気はないのか」という思いがけない慫慂があり、本書の刊行後ときを経ずして、鈴木靖民・川越泰博・荒野および村井を編者代表として、『石井正敏著作集』

が四冊本で刊行される運びとなった。あの地味きわまる石井の研究が、その学問的ポテンシャルゆえに、私の浅薄な視野をこえて大きな反響をよんでいることを、あらためて認識した次第である。

「偲ぶ会」では、その「第一部　故人の学問を嗣ぐ」で、気鋭の研究者六人が石井の業績の継承・発展について報告し、「第二部　故人を語る」で、石井と同世代の研究者五人が石井の人と学問を語った。本書では、これに多少の変更を加えて執筆陣を編成し、部立てとしては、「偲ぶ会」を下敷きにしつつも三部編成に組み直した。当日の発言者による論稿は、各自の判断で自由に加筆してもらった。当日の発言者以外から執筆陣に迎えたのは、近藤剛・古畑徹・石見清裕・赤羽目匡由・河辺隆宏の五名である。古畑・石見・赤羽目には、当日のプログラムで手薄だった領域を補完すべく、執筆を依頼した。近藤・河辺については、石井の直接の教え子で中央大学主催の「偲ぶ会」での活躍が予想されたため、あえて発言を乞わなかったといういきさつがある。

「I 総論」では、石井の教え子世代、あるいはそれに続く世代の研究者が、できるだけ総括的に石井の学問をふりかえり、歴史家石井の全体像にせまろうとした。榎本渉稿（以下各論稿のタイトルは目次参照）は、第二次大戦後の対外関係史研究の流れのなかに石井を位置づけ、丸山忠綱・森克己・飯田瑞穂の薫陶、田中健夫以下「前近代対外関係史研究会」における交流、中央大学教員時代の研究領域の拡大などを追跡する。岡本真稿は、石井のこだわった史料論・史料研究に対象を絞り、いくつかの典型的事例を紹介し、とくに『善隣国宝記』の書誌的・注釈的研究の重要性を強調する。近藤剛稿は、三別抄史料の紹介に始まる石井の対高麗関係・武家外交にかかわる研究を総括し、とくに国際的な相互認識の解明がもつ今日的な意味を考える。手島崇裕稿は、森から成尋《じょうじん》・奝然《ちょうねん》の伝記執筆を「相続」したことに始まる石井の「入宋巡礼僧」研究を対象に、求法僧・巡礼僧・修行僧という概念の意義と限界を指摘する。

「II 諸学との交差のなかで」では、「偲ぶ会」第二部での発言をふまえつつ、地域・時代の枠を超える石井の学問のひろがりをあとづけようとした。鈴木靖民稿は、石井が國學院大學に提出した学位論文「日本渤海関係史の研究」の主査となったいきさつをもふまえて、日本・渤海・新羅・宋をまたぐ石井の闊達な対外関係史研究を俯瞰する。古畑徹稿は、石井の主著『日本渤海関係史の研究』をとりあげ、その学問的厳格さとともに、渤海王の世系の復元に関する誤謬をも指摘する。鈴木・古畑ともに、史料主義に立脚する石井が、戦後史学界を風靡した西嶋定生・石母田正らの大理論に関心を示さなかったことに留意している。石見清裕稿は、遣唐使大伴古麻呂の争長事件にかかわった「将軍呉懐実」に関する石井説の先見性を確認するとともに、石井の提起した大宰府・諸国の「国書開封権」をめぐって、大宰府客館跡の発掘がもつであろう意義を展望する。村井章介稿は、石井の歴史学の特徴を、史料の一字一句に徹底的にこだわりつつ、他方で史料に跨がって地域・時代を軽々と超える、という点に見いだし、村井自身もかかわったいくつかの事例を紹介しつつ、反論と新解釈をも試みる。川越泰博稿は、中大院生時代以来の盟友という立場から、蒙古襲来期の三別抄牒状・クビライ国書と、前期倭寇期の高麗牒状・『異国牒状記』を分析した石井の史料学的研究を精細にたどり、その凛とした研究姿勢から「行間に漂う一種独特の情感」までも嗅ぎとる。荒野泰典稿は、史料編纂所での出会いと「対外史研」の発足以来の交遊をたどり、自己の「海禁・華夷意識秩序」論の定立にとって石井の示唆がいかに大きかったかを語る。

「III 継承と発展」では、「偲ぶ会」第一部での発言をふまえつつ、続く世代が石井の学問をどう受け継ぎ発展させていくかを、個別の論点に即して展望した。浜田久美子稿は、石井の渤海関係研究の到達点をふまえつつ、宝亀年間に日本政府が渤海使に宣した「北路来朝の禁」について、藤原氏政権の勢力分布変化に連動する大宰府の外交機能という視点から、あらたな解釈を提示する。赤羽目匡由稿は、唐の文人張九齢作「勅渤海王大武芸書」四首の作成時期について、石井説をおおむね妥当とするが、第四首については四年ほど早めて第一首の前におくという新説を示し、それに基づいて唐・渤海関係の推移を位置づけ直す。河内春人稿は、石井にとって遣唐使は一般の関心が強いなかで依頼に応じて執筆するテーマだったが、菅原道真の奏上により遣唐使が廃止されたという通説をくつがえした点で画期的だとする。原美和子稿は、平氏と日宋貿易の関係にかかわる石井の二論文をとりあげ、鎮西の荘園が宋商人と契約を結んで博多津で取引を行なっていたという理解に同意しつつ、なお平氏の背後にいる院の関与を今後の検討課題とする。河辺隆宏稿は、日宋貿易を律する制度として年期制と渡海制をとりあげ、石井以下の諸説を検討したのち、日本中央政府による管理貿易の断念・放棄の動向に位置づける。

最後に、複数の論稿でふれられている石井の学問の特徴について、三点ほど指摘したい。第一は、遣唐使廃絶問題における『日本紀略』の「其日」、刀伊の入寇における『小右記』の「下懸檝」、平氏の日宋貿易介入における『長秋記』の「神崎御庄領」といった、たった一字——それも史料上あまりにもありふれた——を見すごさず、研究史を丹念にたどり史料を写本に遡って読みこむという研究手法である。その結論が研究史を大きく塗り替えてしまうことの凄みには、戦慄さえおぼえる。第二は、修士在籍中に書かれた処女論文における「国書開封権」という提起が、学界で長きにわたって重要な論点であり続けたり、就職後最初の論文で紹介された三別抄の日本請援史料が国際的な反響をよび、教科書叙述にまで反映されたりといった、あきれるほどの早熟さである。しかも晩年にいたるまでさまざまな反響に誠実に対応し続けたのだった。第三は、人物史研究に臨んで「一見のための百聞」、すなわち人物理解の前提となるあらゆる情報の蒐集をなおざりにしない態度である。『参天台五臺山記』の書誌的検討に難渋して成尋伝の執筆がはかどらない、という歎き節は、私も何度か聞いたことがあった。もちろん見習うべき態度ではあるが、その結果石井の成尋伝も奝然伝も世に出ることがかなわなくなった。痛恨のきわみである。

【I　総論】

対外関係史研究における石井正敏の学問

榎本　渉

石井正敏を特徴づける研究姿勢として、時間的広がり・空間的広がり・緻密な考証という三点を、まずは挙げることができる。これらは学生時代に師事した丸山忠綱・森克己・飯田瑞穂の学恩によるものだと、石井は自覚していた。東京大学史料編纂所時代以後は、前近代対外関係史研究会を立ち上げるなど多くの企画に関わり、対外関係史研究の牽引役の一人として活躍し続けた。石井の学生時代の研究対象は日渤関係史だったが、史料編纂所着任後はその対象を大きく広げ、律令期およびそれ以後の古代対外関係史について、あらゆる分野を対象とするようになる。さらに中世対外関係史や近世史料に関する研究も手掛けるなど、石井は晩年まで広い関心を持ち続けた研究者だった。

えのもと・わたる――国際日本文化研究センター准教授。専門は九～十四世紀東シナ海交流史。主な著書に『東アジア海域と日中交流』（吉川弘文館、二〇〇七年）、『僧侶と海商たちの東シナ海』（講談社選書メチエ、二〇一〇年）、『南宋・元代日中渡航僧伝記集成　附江戸時代における僧伝集積過程の研究』（勉誠出版、二〇一三年）などがある。

はじめに――石井先生のお言葉から

私事で恐縮だが、本稿では導入として、私がかつて石井正敏先生から賜った言葉の中から、特に現在まで私の研究に影響を与えているものを、二つほど紹介したい。これらは公表を前提としたものではなく、ここで紹介されるのは先生の本意ではないかもしれない。だがこの二つの言葉は先生の研究姿勢を端的に示すものである点で、是非とも紹介したいと思うのである。なお本書では、石井先生には「先生」を付けない原則が採られているので、次段落以下では敬語表現などは用いない。生前に石井先生からお世話になった身としては大変落ち着きが悪くも感じるのだが、この点、どうかご了承いただきたい。

まず一つ目は、「研究に日本史も東洋史もないんです」というものである。私は一九九四年に東京大学に進学したが、文学部の日本史学研究室に編入されて専門の講義を受けるようになったのは一九九六年からのことである。ちょうどその年から一年半、東京大学の非常勤講師として古代史の講義の一つを担当したのが石井正敏だった。つまり私が専門課程で初めて聞いた日本史の講義の一つは、石井のそれだった。講義のテーマは、一九九六年度は日渤関係史、一九九七年度は日宋関係史であった。同時期に村井章介は『朝鮮成宗実録』の講読ゼミや、出版直後の『週刊朝日百科　環日本海と環シナ海』を教科書とした中世後期の対外関係史の講義を行なっていた。私は奈良時代から戦国時代に至る各時代の対外関係史の最新の知見を得ることができるという恵まれた環境から、研究生活をスタートさせることができたのである。

石井の講義で示されたのは、安易な結論を出す前に写本の異同や文字の用例への細心の目配りを行なうなど、妥協のない緻密な考証を重ねる研究スタイルであった。私はこれに実に感心し、憧れたものである(1)（当時ある同級生は、「あの先生、鮮やかだね」と言っていた）。授業の内容も、学部生相手に妥協したものではなかった。特に強烈に覚えているのは、一九九六年度、渤海の各王に関する日中の史料を読み込み、渤海王の系譜を復元するという作業を、数回の講義に渡って行なったことである（**図1**）。これは同年度末に「渤海王の世系について」というタイトルで論文化されたが［石井一九九七］、石井は当時この論文を執筆中だったのだろう。これは私が聞いてきた中でもっとも「マニアック」な講義である。

さて、渤海王系図講義の第二回目のことである。石井は講義の冒頭で、前回の授業の後に学生の一人から、「この授業は東洋史なんですか？　日本史なんですか？」との質問を受けたとのことを述べた。実は私も同じことを思っていたのだが、石井はこの後で強めの語気で、先に挙げた「研究に日本史も東洋史もないんです」の発言を続けた。一人の学生からの質問に応えるためだけならば、わざわざ講義の冒頭に取り上げる必要もないはずである。私はこれを、石井が研究者として全出席者に向けて伝えたかったことだと受け取った。いわば歴史研究者としてあるべき姿と石井が考えていたものの表明である。これに類する主張は、今や学会の大会趣旨説明や歴史家のエッセイなどからいくらでも挙げることができるが、一国史的研究が中心だった一九六〇年代から研究活動を始めていた石井にあっては、常に周囲から投げかけられてきた問いだったのだろう(2)。それだけに上辺だけではない迫力を、

【世系関係史料】

『新唐書』渤海伝を基本に、関連する主な史料。『　』は『新唐書』渤海伝の記事を示す。
①初代祚栄～二代武藝
『祚栄死、其国私諡為高王。子武藝立。』
「渤海靺鞨郡王大祚栄死。其子武藝嗣位。」〔旧・玄宗紀〕
「渤海王大祚栄卒。（中略）命其子武藝襲位。」〔通典〕
「忽汗州都督・渤海郡王大祚栄卒。遣使撫立其嫡子桂婁郡王大武藝、襲為左驍衛大将軍・渤海郡王。」〔冊・封冊〕
②武藝～三代欽茂
『武藝死、其国私諡武王。子欽茂立。』
「渤海靺鞨王大武藝死。其子欽茂嗣立。」〔旧・玄宗紀〕
「渤海王武藝卒。子欽茂立。」〔通典〕
「渤海桂婁郡王大武藝病死。其子大欽茂嗣立。…冊曰、咨爾故渤海郡王嫡子大欽茂、…」〔冊・封冊〕
③欽茂～四代元義～五代華璵
『欽茂死、私諡文王。子宏臨早死、族弟元義立。一歳、猜虐国人殺之、推宏臨子華璵為王。』

「渤海文王欽茂卒、子宏臨早死、族弟元義立。元義猜虐、国人殺之、立宏臨之子華嶼。是為成王、改元中興。」〔通典〕
④華璵～六代嵩璘
『（華璵）死、曰成王。欽茂少子嵩鄰立。』
「冊渤海大欽茂之子嵩璘為渤海郡王・忽汗州都督。」〔旧・徳宗紀〕
「嵩璘父欽茂」〔旧・伝〕
「華嶼卒、復立欽茂少子嵩鄰。是為康王、改元正歴。」〔通典〕
「嵩璘、渤海大欽茂之子、襲父位也。」「大嵩璘父欽茂」〔冊・封冊〕
「嵩璘父欽茂」〔会要〕
⑤嵩璘～七代元瑜
『（嵩鄰）死、諡康王。子元瑜立。』
「渤海康王嵩璘卒。子元瑜立。改元永徳。」〔通典〕
「以故渤海国王大嵩璘男元瑜…冊為渤海国王。」〔冊・封冊〕
「以渤海郡王大嵩璘男元瑜…依前渤海国王。」〔会要〕
⑥元瑜～八代言義
『（元瑜）死、諡定王。弟言義立。』
「渤海定王元瑜卒。弟元義権知国務。…以元義為渤海王。」〔通典〕
「以故渤海国王大元瑜長弟権知国務言義…冊為渤海国王。」〔冊・封冊〕
⑦言義～九代明忠～一〇代仁秀
『（言義）死、諡僖王。弟明忠立。一歳死、諡簡王。従父仁秀立。…其四世祖野勃、祚栄弟也。』

「初、渤海僖王言義卒、弟簡王明忠立。改元太始。一歳卒、従父仁秀立。改元建興。」〔通典〕
⑧仁秀～一一代彝震
『仁秀死、諡宣王。子新徳蚤死、孫彝震立。』

「渤海宣王仁秀卒。子新徳早死。孫彝震立。」〔通典〕
⑨彝震～一二代虔晃
『彝震死、弟虔晃立。』

「以渤海国王弟権知国務大虔晃…冊為渤海国王。」〔旧・宣宗紀〕

図1　1996年度東京大学における石井正敏『日本史学特殊講義』のレジュメの一部

私はこの発言から感じた。私自身も卒業論文以来、日本史料に中国史料・朝鮮史料を組み合わせて考察するスタイルで研究を行なってきたが、それに対する揶揄も少なくなかった。そうした中で私が一つの指針とし支えとしてきたのは、この石井の発言だった。

もう一つは、拙著『僧侶と海商たちの東シナ海』［榎本二〇一〇］を謹呈した時に頂いたお返事の一節である（図2）。本書は平安初期から対外関係のあり方が大きく変わるという見通しを、海商の船に便乗し中国へ渡る僧侶の活動を素材として、平安～南北朝時代を中心に述べたものだが、見通しとしては江戸初期まで概観を行なった。これに対して石井は、「対外関係史においては古代も中世も近世もないという、かねての思いを、あらためて実感いたしました」とのお言葉を下さった。海域史の通史的見通しを述べたいがために検討対象の中心を僧侶としたことの真意を汲み取って下さったことは嬉しく感じたが、ここでは「かねての思い」とあえて書いていることに注意したい。ここから「古代も中世も近世もない」研究こそが石井の信条だったことを読み取ることは許されるだろう。

石井の一つ目の発言が、歴史学における空間的限定を取り払うことを述べたものだったのに対し、二つ目の発言は、時間的限定を取り払うことを述べたものである。そして石井は後述する通り、この両者とも実践していた研究者であった。また先に触れた通り、石井は関心対象の広大さとともに、研究手法としては一文字をゆるがせにしない緻密な考証を得意としていた。つまり石井の研究は、一つは空間的広がり、一つは時間的広がり、一つは緻密な考証を特徴としている。これらはいかなる背景で生まれ、いかなる成果を生み出したのか。本稿ではこれについて見ていこうと思う。

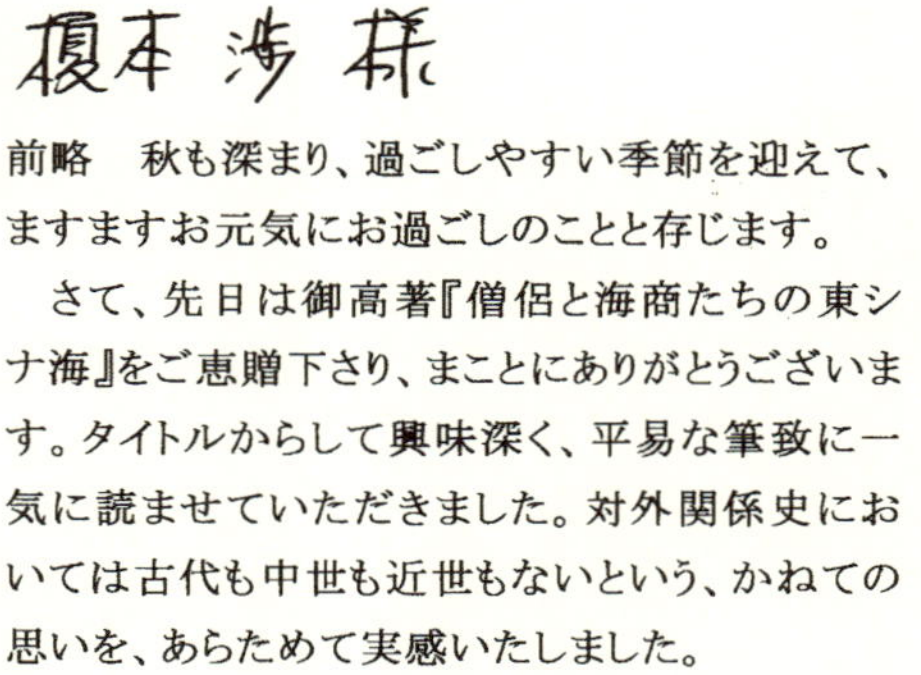
榎本渉様

前略　秋も深まり、過ごしやすい季節を迎えて、ますますお元気にお過ごしのことと存じます。

さて、先日は御高著『僧侶と海商たちの東シナ海』をご恵贈下さり、まことにありがとうございます。タイトルからして興味深く、平易な筆致に一気に読ませていただきました。対外関係史においては古代も中世も近世もないという、かねての思いを、あらためて実感いたしました。

図2　2010年10月24日付の石井正敏の葉書（一部）

一、石井正敏を育んだ環境

(一) 石井の学統

石井の研究に特に大きな影響を与えた研究者については、私が論じるまでもなく、石井自身が主著『日本渤海研究史の研究』［石井二〇〇一］のあとがきで、詳細に記している（以下本書あとがきに拠る場合、頁数のみ記す）。「そして思い起こされるもう一つのことは、幽冥境を異にした三名の先生、すなわち法政大学の丸山忠綱先生、中央大学の森克己先生、飯田瑞穂先生の学恩である」というように（六五六頁）、石井は丸山忠綱・森克己・飯田瑞穂の学恩を受けたという意識を強く持っていた。石井は学部で法政大学（一九六五〜六九）、大学院で中央大学（一九六九〜七五）に通い、その後一九七五年、中央大学兼任講師（非常勤講師に当たる）を経て、一九七六年に東京大学史料編纂所、一九八八年に中央大学に着任する。丸山は法政大学時代、森は中央大学時代の指導教員であり、飯田は大学院時代の研究会で教えを受けた師であった。実はこの三人の師が、空間的広がり・時間的広がり・緻密な考証という石井の研究の三つの特徴に対応している。

まず丸山忠綱について、石井は古代史研究家でありながら近世史でも業績を上げた博識・博学の先生とし、「丸山先生からは、古代史といった時代の枠にとらわれず、常に通史を視野に入れて勉強することの大切なこと、楽しさを教えていただいた」と述べる（六五七頁）。この丸山の研究姿勢は、「丸山さんは、いつも広い視野と深い洞察力で対応する姿勢を貫かれ、狭い視野をいましめられました」「丸山さんの学問の広さ、大きさにはいつも圧倒されるおもいでした」という田中健夫の回想にも符合するが［田中一九九四］、石井が丸山に師事したことは、研究における「時間的広がり」の由来となったと考えられる。

石井が法政大学で選んだ卒業論文のテーマは、古代の大宰府・国司の国書開封権の問題だった（六五六頁）。丸山はこの卒業論文を『法政史学』に投稿するように勧めており、石井の論文を高く評価していたようだが、大学院進学の相談を受けた時は、中央大学の森克己に学ぶように勧めた［石井他二〇一五、四六二頁］。丸山はその日の夜、すぐに電話で森に連絡したという（二〇一六年九月、藤本孝一氏から拝聴したお話による）。森は古代・中世対外関係史を専門としており、石井の指導者として適任だったことはいうまでもないが、石井はその学恩として「何と言っても」として、「地域的な視野を広く持つことが大切であることを教えていただいた」と述べている（六五七頁）。「東アジアのみならず、アラビア半島まででを含めた広い地域を視野に入れて時代背景を考えなければいけないという研究姿勢を、知らず知らずに学ぶことができた」とも述べるように（六五七頁）、森の視野には東アジアの先までも入っており、この点では当時の対外関係史研究者の中でも随一の存在であった。

丸山・森二人の学恩として、石井は主に研究の視野の広がりについて特記している。もちろん二人から直接の指導も受けた以上、史料の探索・読解などに関わる基礎的な訓練も、この二人に依るところは小さくなかったはずである。だが石井にとって、この点でもっとも大きな影響を受けたのは、当時大学院の研究会に参加していた飯田瑞穂だったらしい。研究会では『令集解』『類聚三代格』など古代史の史料を扱ったが、石井は飯田から、その読み方を一から教えてもらったという。石井は飯田について、「歴史の研究においては、何よりも史料を丹念に読むことが基本であることを教えていただいた」と述懐しており（六五八頁）、石井の徹底した史料主義は、飯田瑞穂の教えが大きかったことが知られる。石井の二本目の論文である「日本通交初期における渤海の情勢について」［石井一九七三］の末尾に、「本稿を成すにあたり、種々御指導御助言を賜った中央大学文学部飯田瑞穂先生に、ここに深甚なる謝意を表したい」との謝辞があることを

見るに、大学院生時代の論文執筆に当たって実質的な指導を行なったのは、森よりも飯田だったのかもしれない。(3)

以上、石井が丸山・森・飯田から受けた学恩について概観してみたが、これを的確にまとめたものとしては、石井自身の以下の文に如《し》くはないだろう（六五八頁）。

丸山先生のお話をすると、いろいろな分野に関心を持っていますねと好意的にみられ、森先生の教え子ということで、渤海に限らず、遣唐使や日宋関係について文章を求められることが増えて、研究の領域を広げるきっかけになり、また飯田先生にお教えを受けたということだけで、本人の実力とは全く無関係に、周囲の方からは史料をしっかり読むだろうという考えを抱かれることもあった。そのような先生方に薫陶を受ける機会があったことを、心より幸運に思う。時代の枠にとらわれず、地域的な視野を広く持ち、史料を丹念に読むこと、三人の先生からはそれぞれ学ばせていただいた、この三つの事柄を常に念頭において勉強してきたつもりである。

(二) 関心の広がり

以上が、石井の研究の基礎を形作った学生時代の研究環境だが、これに加えて東京大学史料編纂所赴任後に触れた面々からも、石井は少なからぬ影響を受けた。「田中健夫先生をはじめとして、荒野泰典氏、村井章介氏および北島万次氏ら対外関係の研究を志す多くの師・友に恵まれたことは、史料編纂所を離れた今にいたるまで大きな財産となっている」と石井は述べており（六五九頁）、特に田中健夫・荒野泰典・村井章介・北島万次の四名の名が挙げられている。彼らは中世史・近世史の研究者だが、石井は丸山から学んだ時代の広がりの重要性を意識しながら、ここからも様々な知識・情報を貪欲に吸収したに違いない。

石井は一九七七年、史料編纂所着任後まもない荒野の下を訪れ（荒野の着任は石井の翌年）、対外関係史の研究会を作るべきであるとの提案をしたという（二〇一五年十二月二十日、「石井正敏さんを偲ぶ会」における荒野の発言より）。これに同意した荒野は村井にも声をかけ、三人で田中健夫に話を持っていった。研究会は同年に立ち上げられて「前近代対外関係史研究会」と命名され、現在（二〇一七年）まで史料編纂所で継続的に開催されている。田中健夫は後にこのことを、非常に嬉しかった思い出として回顧している。田中によれば、それまで対外関係史は「誰からも相手にされない研究分野で、このまま先学から受け継いだ学問を伝えることもなく、終わってしまうのかと思って」いたが、議論し意見を交換し論文を作る仲間ができたことで、「孤独な状態から脱した」として、研究会創設の画期性を強調する［田中一九九七、四九頁］。対外関係史研究は戦後も長く、森克己・小葉田淳・中村栄孝・岩生成一など、戦前の植民地の大学・研究機関で活躍した研究者たちによって担われ続けており、戦後歴史学の世代にはほとんど見向きもされていなかった。そのような学問分野が、この時から田中を介して、新たな世代に受け継がれることになったのである。

実際には鈴木靖民や加藤榮一など、田中以後の世代にも対外関係史を志す研究者は現れていたが、前近代対外関係史研究会はたしかにこれ以後、当該分野を盛り上げ、その牽引役となった。たとえば一九八七年には研究会を母体として、論集『日本前近代の国家と対外関係』［田中健夫編一九八七］が、一九九九年には『対外関係史総合年表』［対外関係史総合年表編集委員会編一九九九］が刊行されている。また石井・村井・荒野は、それぞれ中央大学・東京大学・立教大学に転任した後も、古代・中世・近世の対外関係史を代表する研究者として、『アジアのなかの日本史』全六巻［荒野・石井・村井編一九九二～九三］や『日本の対外関係』全七巻［荒野・石井・村井編二〇一〇～一三］を企画している。特に『アジアのなかの日本史』Ⅰの冒頭に収められた石井・荒野・村井の共著「時期区分論」は、当時の研究段階で明らかになっていた史実に基づき、前近代の日本対外関係史の通史的叙述を試みたもので、アジアの視点から見た時の日本の位置を概観した貴重な成果である。以上のように、石井の提案で始まった「前近代対外関係史研究会」は、古代史に限らない対外関係史研究全般を盛り上げる役割を果たした。石井はこのように、自らの置かれた環境を最大限に利用しながら学問の幅を広げ、時には周りも巻き込む形で成果を出し続けてきたのである。

（三）中国史家の同志

最後に石井の研究に影響を与えたものとして、大学院時代の同期でありかつ中央大学助教授・教授時代の同僚でもあった中国史家川越泰博との関係も挙げねばならない。石井は日本古代史史料の研究会の他、中央大学東洋史研究室の『資治通鑑』輪読会にも出席しており、川越とも同席していた。石井は日常的にも川越と談話を行なう仲だったという（『増補改訂日中・日朝関係研究文献目録』序文）。日本古代史家の石井と中国明代史家の川越では、研究分野もほとんど交わらないように見える。だが川越は卒業論文で土木の変を扱い、修士論文では明代海防をテーマに選ぶなど、明代軍事史を研究の核に据えており、「北虜南倭」という明の対外的問題に正面から取り組むことは必須だったと推察される。つまり石井・川越は日本・中国という国境を越えた歴史の研究を志す同志の関係にあり、その目指すものの近さ故に、研究対象とする時代・地域を越えた連携が成立した。(4)それは石井の場合、丸山・森の教えの実践でもあったのだろう。

この二人の連携の成果として世に提供されたのが、『日中・日朝関係研究文献目録』である［石井・川越編一九七六］。これは一九七六年六月に刊行されたが、それは石井が史料編纂所に着任し、川越が大学院を単位取得退学してから二カ月後のことである。原稿は中央大学時代にほぼ完成していたものだろう。内容は明治以来一九七二年までに発表された日本語の論文・著作の中で、十九世紀中葉（日本については幕末、中国についてはアヘン戦争まで）までの日中・日朝関係を扱ったものを、可能な限り現物を確認した上で網羅的にリスト化したものである。インターネットが発達し多くの論文や著書を検索で調べることができる現代においてすら気の遠くなる作業を二人だけで実行し、刊行物として発表する価値のあるモノにできる二十代の研究者がどれだけいるだろうかと考えた時、両名の偉業は驚嘆に値する。そしてこの偉業は、石井・川越のその後の豊富な研究成果の基礎にもなっているに違いない。

二、石井の研究を概観する

以上、石井の研究の前提となった師弟関係・交遊関係に焦点を当てて論じてきたが、本節ではその中で石井が生み出してきた研究について見てみたい。ただし石井の研究の具体的な内容については、本書の他の執筆者によって、テーマごとに考察されるはずなので、ここでは各時期の石井の研究の傾向を整理するにとどめたい。

（一）第一期：法政大学・中央大学時代（一九六五〜七六）

まず第一期は、法政大学の学部生時代および中央大学の大学院・兼任講師時代である。石井は学部三年の一九六七年秋頃、卒業論文のテーマとして日渤関係史を扱うことを考えた（『日本渤海関係史の研究』あとがき、六五五頁）。以来石井は長く日渤関係史の研究に取り組むことになるが、その冒頭を飾る論文は、一九七〇年に発表された「大宰府の外交面における機能」である［石井一九七〇］。これは第一節で触れたように、一九六九年提出の卒業論文を基にして投稿したものである。そこで扱われた律令期の大宰府・国司の国書開封権の問題は、古代外交史研究では以後も重要なテーマとされるが、その基礎的研究としての価値はいまだに失われていない。石井は大変早熟な研究者だったといえる。その後一九七三年から一九七六年まで、石井は五本の日渤関係史の論文を発表する。なお一九七七年からは、酒寄雅志も日渤関係に関わる研究を相次いで発表している［酒寄一九七七］。石井と酒寄はこの頃から日渤関係史研究を代表する研究者となり、二〇〇一年にはともに日渤関係史の論文集を刊行することになる［石井二〇〇一・酒寄二〇〇一］。

　石井は次に述べるように、史料編纂所時代に研究対象を広げるが、その間も日渤関係史の研究を一定の頻度で発表した。ただし『朝鮮史研究会論文集』に発表した「朝鮮における渤海観の変遷」［石井一九七八a］や、『朝鮮学報』に発表した「張九齢作「勅渤海大武藝書」について」［石井一九八四］など、この頃には狭義の日渤関係史に限定されない、東洋史寄りの研究も目立つ。石井は一九七三年、國學院大學助教授だった鈴木靖民より朝鮮史研究会での報告依頼を受けてから、大学外の研究者とも交流を行ない、刺激を受けるようになったと述べているが（『日本渤海関係史の研究』あとがき、六五六頁）、その一つの結実でもあろう。

　石井が再び集中的に日渤関係史の論文を発表するようになるのは一九九〇年代終わりだが（一九九七～九九年に八本）、後に博士論文となった『日本渤海関係史の研究』が二〇〇〇年頃にまとめられたことを考えると、[5] この頃の論文は博士論文作成の一環として、既発表論文では不足と考えた部分を補うべく書かれた性格が強いと考えられる。過去の論文の補訂［石井一九九九aなど］や自説への批判に対する反論［石井一九九八abなど］が多くを占めていることも、この推測を支持しよう。

（二）第二期：東京大学史料編纂所時代（一九七六～八八）

　この時代の特徴は、渤海に限らない多様な研究テーマへの着手である。特に史料研究に関しては、中近世史に関わるものまで発表しているが、これらについては後で触れることにして、ここでは古代史研究について触れよう。まず遣唐使関係では、天平勝宝度遣唐使の大伴古麻呂が唐で新羅使と席次を争ったとされる『続日本紀』の記事の真偽について考察した二本の論文が挙げられる［石井一九八一・一九八三］。その一環として、古麻呂奏言に見える呉懐実に相当する人物が唐の史料でも確認できることを指摘した点などは、中国史料にも造詣の深い石井ならではだろう。新羅関係についても、「八・九世紀の日羅関係」［石井一九八七］や、その補説に当たる「『古語拾遺』の識語について」［石井一九八六a］を発表している。石井はこれ以前においても決して日本と渤海のみを見ていたわけではなく、日渤外交と唐・新羅の関係に言及することも少なくなかったが［石井一九七六など］、この頃には日唐・日羅関係の専論も発表するようになるのである。

私が注目する論文に、「八・九世紀の日羅関係」がある。本論文は七五二年の新羅使来日を契機に、日羅関係の重心が外交から貿易へ移った点を指摘したものである。もっともその四半世紀後、七七九年を以て新羅使の来日は終わるため、論文のタイトルにある「九世紀」を検討する必要は、一見ないようにも感じられる。しかし石井は本論文において、新羅使途絶の前提に来日新羅人の民間貿易があった可能性を指摘している。九世紀になると新羅海商の来日が目立つようになるが、石井は新羅使途絶もそこにつながる動向の一齣だったと考えていたようである。つまり石井は日羅関係史について、公使途絶を以て検討を終えるのではなく、その先がどうなったのかという問題にまで目を向けていたのである。また石井は本論文で、延暦度遣唐使派遣（八〇四年）に先立って日本から新羅に派遣された使者について（なおこれ以前、この使者に関する研究はほとんどなかった）、遣唐使が漂流した場合に捜索の協力を求めることを目的としていたと推定するが、一方で遣唐使派遣後にも『三国史記』に散見する「日本使」の到来記事については、大宰府官や府管内国司が使者を派遣して私貿易を営ませたものである可能性を指摘する。これもやはり、日羅関係の重心が貿易に置かれるようになる状況を意識した指摘であろう。

石井説の当否はここでは論じないが、ここではその視点に着目したい。当時古代対外関係史研究において、主に関心が向けられたのは律令国家群の国家間交渉であり、その後の対外関係の展開については、一九七五年の『森克己著作選集』六巻の刊行を以てすでに決着したかの如き様相を呈していた。そのような中で石井は、外交の時代から貿易の時代への転換を明確に意識していた。石井は民間貿易の時代まで見通す視野を持つ、当時としては数少ない研究者だったのであり、その点でやはり森の後継者だったのである。

（三）第三期：中央大学着任から論文集刊行前後まで（一九八八〜二〇〇一頃）

「八・九世紀の日羅関係」発表の翌年、民間貿易への関心という方向性を本格的に進めた論文として、「九世紀の日・唐・羅三国間貿易について」［石井一九八八a］が発表された。本論文は新羅海商・唐海商による東シナ海貿易の様相を、唐の藩鎮による貿易商人の組織など新たな視点を加えて論述した重要な成果である。また現在ではよく知られている『高野雑筆集』所収の恵蕚・義空関係書簡も、唐海商関係史料として初めて利用されたのは本論文である。唐末に始まる民間貿易の研究について、「ポスト森克己」の研究を提示し、その後の研究活況の先駆けとなった点で、本論文の重要性は強調してもし過ぎることはないと思う。

　本論文は、一九八八年度の『歴史と地理　日本史の研究』誌上（一四一〜一四四号）で企画された「民間レベルでの外交」（この「外交」はdiplomacyの意ではなく対外交流の言い換えだろう）をテーマとした連載の一環として依頼されたものだが、「民間レベル」が注目された背景には、前年十一月から始まった大宰府鴻臚館《こうろかん》跡の発掘があるに違いない。そこから出土する多様な舶来品は古代史研究者の注目を集め、商人による民間貿易の重要性が強く認識されるきっかけとなった。これを受けて一九九〇年頃から、古代国家の貿易管理体制に関する論文が多くの研究者によって発表されるようになるが、鴻臚館跡発掘のニュースの直後、平安初期の貿易商人の専論を執筆できる蓄積を持つ研究者は、現場で発掘の指揮を執っていた貿易陶磁器研究者の亀井明徳を除けば、石井くらいだったのではないか。

　さらに石井は「一〇世紀の国際変動と日宋貿易」［石井一九九二］で、日宋貿易の時代まで視野に収めるに至り[6]、特に「肥前国神崎荘と日宋貿易」［石井一九九八c］は、平安期日宋貿易のあり方を知る上で必読の基本研究となっている。さらに石井の遣唐使関係論文でもっともよく引用される「いわゆる遣唐使の停止について」［石井一九九〇］も、実質的には「遣唐使以後」の時代を扱っている（本論文が扱う寛平度遣唐使派遣計画は、最後の遣唐使となった承和度から半世紀以上経過した時点での出来事である）。なお付言しておけば、「肥前国神崎荘と日宋貿易」「いわゆる遣唐使の停止について」に共通するのは、周知の基本史料に記されている史実を、改めて文字の意味・用法から考察し直すという、一見愚直極まりない方法を取りながら、それによって説得力のある史実の見直しの提案に成功している点である。この点でこれらは石井正敏史学の真髄を鮮やかに感じさせる代表作となっている。

　律令期日本の対渤海関係史から研究を始めた石井は、ここに至り対唐・新羅関係、さらに国家間交渉が後退する九世紀の対外貿易や、摂関・院政期の日宋貿易まで、研究を手掛けることになった。さらに次に触れるが、この頃にはすでに入宋僧の研究にも着手しており、その後は日麗関係史の研究も始める。ここに石井は、少なくとも律令期およびそれ以後に関しては、日本古代対外関係史に稀有なオールラウンドプレイヤーとなる。それは繰り返すように、丸山と森の学恩により得られた時間的・空間的視野の広さが可能にしたものだった。なお同時期の東京で、石井と並んで古代対外関係史研究を牽引した國學院大學の鈴木靖民は、当初律令期およびそれ以前の日朝関係を研究の核としていたが、後には蝦夷・南島方面へも研究対象を広げる。両者の研究対象の拡大は方向こそ異なったが、ともに日本古代史に広い視野を提供した点では共通していた。

(四) 第四期：『日本渤海関係史の研究』以後（二〇〇一頃〜二〇一五）

石井は二〇〇一年に日渤関係史研究をまとめた論文集を[石井二〇〇一]、二〇〇三年には律令期を中心とした対外交流史の概説書を刊行する[石井二〇〇三]。そしてこれと前後して、石井はさらに新しいテーマへと手を広げるが、特に力を入れたのは入宋僧、特に成尋《じょうじん》に関する研究だった。石井は森克己の死後、吉川弘文館の『人物叢書』で奝然《ちょうねん》・成尋という二人の入宋僧の伝記執筆の担当を引き継いでいた。おそらく石井は『日本渤海関係史の研究』上梓が視野に入った時点で、研究の軸を入宋僧に移すつもりだったのだろうと、私は考えている。(7)

ただし石井の入宋僧研究はこの時期に始まるものではなく、すでに一九九三年には「入宋巡礼僧」を発表している[石井一九九三]。本論文は現在まで、北宋期の入宋僧を研究する上での基礎的な研究として頻繁に引用されている。これは自ら編者となった『アジアのなかの日本史』に収録されたもので、石井は論集編者として自らこのテーマを選んだのだろう。あるいは一九八八年に母校中央大学に戻った頃から、森から引き継いだ『人物叢書』の件を、以前にも増して強く意識するようになったのかもしれない。(8)一九九〇年代後半の石井は日渤関係史の専論を多く発表する傍らで、入宋僧に関するエッセイもたびたび発表しており、一九九八年三月には成尋が百日参籠の行を修した備中新山に訪れている[石井一九九八d]。同年秋に東京大学で成尋の旅行記『参天台五臺山記』の輪読会を始めるに当たり（当時院生だった私も雑用係として参加した）、石井が顧問役を快諾して下さったのも、すでに醸成されていた成尋への関心の反映だろう。九月十九日、第一回輪読会の席上では、以後陸続として発表される成尋関係の専論の嚆矢となった「成尋生没年考」[石井一九九九b]の元になる報告も行なわれた。二〇〇四〜〇七年には、成尋や『参天台五臺山記』に関わる専論を立て続けに四本発表し、最晩年にも入唐・入宋僧を扱った「遣唐使以後の中国渡航者とその出国手続きについて」[石井二〇一五]を発表している。

石井は「一見するための百聞をおろそかにしてはいけない」という「恩師」（丸山・森・飯田の中の一人だろう）の言葉に基づいて、遺跡調査の際には「百聞」、すなわち十分な下調べを行なうことを信条としていたが[石井一九九八d]、多くの成尋関係論文も『人物叢書』執筆の準備としての「百聞」の意味を持つものだろう。成尋伝の問題点を論じた「成尋——一見するために百聞に努めた入宋僧」［石井二〇〇五］の副題は成尋の人生を語ると同時に、これに見習おうとする自身の思いをも託したものと思う。ただその慎重な姿勢が多くの優れた研究成果を生んできたことは事実であるが、石井が「百聞」の過程で志半ばにして倒れ、その成果が幻となったことは、成尋研究もしくは平安期対外関係史研究において大きな打撃であった。早くから『参天台五臺山記』に注目してきた藤善眞澄は、二〇一一年に『参天台五臺山記』の訳注刊行を完了し［藤善訳注二〇〇七～一一］、翌年逝去しているが、藤善の訳注と石井の伝記の双方が揃っていれば、成尋研究はさらに大きく進展したはずなだけに、残念な思いは増す。

石井の成果として他に挙げるべきものとしては、日麗関係史の研究もある。最初の本格的論文は、十世紀末に日麗国境地帯で起こっていた紛争を考察した「日本・高麗関係に関する一考察」である［石井二〇〇〇］。この頃日本人が起こしていた紛争のため、日本が高麗から抗議を受けていたという史実を正面から扱ったのは、おそらくこの論文が初めてだろう。二〇〇六年以後になると日麗関係の研究が特に目立つようになり［石井二〇〇六など］、新羅末期の海賊に関わる研究も含めれば、二〇一二年まで主なものだけでも七本に及ぶ。入宋僧に関する個別研究の発表は二〇〇七年からしばらく空くので、これと入れ替わりで日麗関係に注目するようになったのだろう。なお二〇〇八年からは、石井の下で中央大学大学院に進学した近藤剛が、精力的に日麗関係史研究の論文を発表している［近藤二〇〇八など］。この頃は石井・近藤師弟によって連年多くの関連論文が発表された。

さらに石井晩年の二〇一四年には、鎌倉時代の日宋・日元関係史に関わる論文も発表されている［石井二〇一四ａｂ］。これは二〇一二年にＮＨＫ Ｅテレで放送された「さかのぼり日本史」外交篇で、石井が鎌倉時代を担当したことが関係している。本番組で放送された内容は、翌年内容を増補した上で『「武家外交」の誕生』［石井二〇一三］としてまとめられたが、その中で取り上げられた問題の一部を実証的に膨ませたのが、二〇一四年の両論文である。もしも石井が存命していたら研究の対象はどこまで広がったのか、想像は尽きない。

（五）史料から研究へ

以上の諸研究の他、石井の研究を特徴付けるものとして、史料研究の比重の高さも指摘しておきたい。石井の研究には、既知の史料であっても丁寧な読み直しを行なうことで新たな

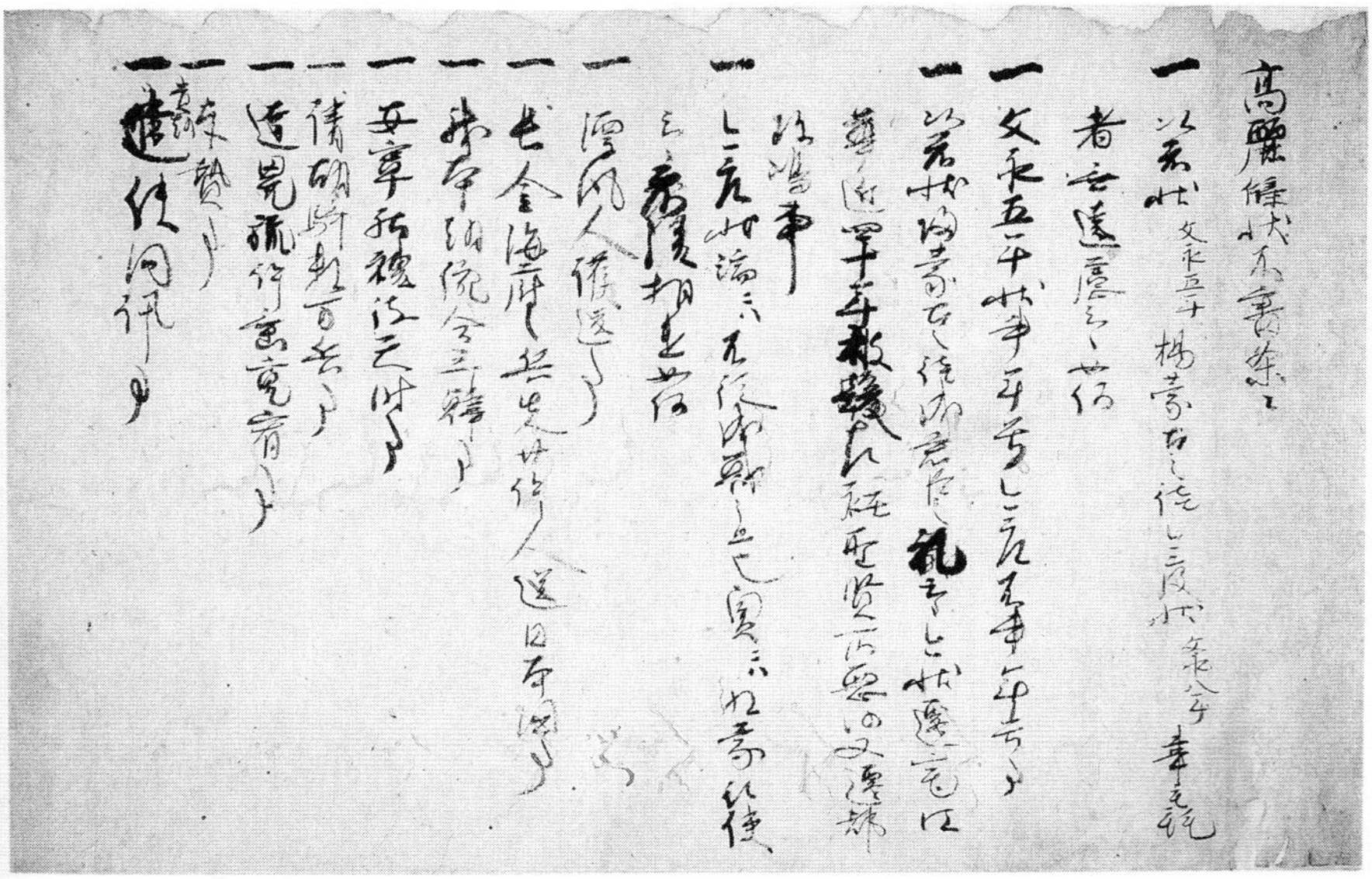

図3 『高麗牒状不審条々』（東京大学史料編纂所第36回史料展覧会図録『東アジアと日本 世界と日本』より転載）

史実を見出したものが多く、その点で過半は史料研究としての側面も持つ。それは飯田瑞穂の教えを受け、史料編纂所の公務をこなす中で、鍛え上げられたものだろう。特に史料紹介や史料研究の類は、史料編纂所時代以後多く発表されている。これについては本書の岡本真の論考で詳しく言及されるだろうが、ここでは必要最低限の範囲で言及しておきたい。

石井の史料研究の嚆矢となるのは「文永八年来日の高麗使について」で［石井一九七八b］、史料編纂所所蔵文書の中から見出した『高麗牒状不審条々』なる古文書を紹介したものである（**図3**）。本文書は一二七一年、高麗三別抄から日本へ救援を求める牒状が送られた時、一二六八年の高麗牒状との内容の異同について朝廷で検討した時に作成されたものだが、三別抄による救援要請の史実を直接伝える史料は、それまで存在しなかった（推測する説はあったが）。石井はこの史実を踏まえた上で、当時の日本を取り巻く国際環境も明らかにした。これは単なる史料紹介と呼ぶべき内容ではなく、中世対外関係史の通史的叙述にまで加筆を要求するほどインパクトを持つものだった。(9) なお石井の史料紹介は、史料編纂所着任翌年の一九七七年十月に所内の研究会で行なった報告を元にしたものである［石井二〇一一註1］。つまり石井は着任から一年半にして、中世対外関係史上の重要な史実を一つ明らかにしたのである。それまで石井が発表していた論文はすべて古代対外関係史、その中でも日渤関係史に関わるものだったが、史料編纂所に移ったことは、その研究の枠を大きく広げる契機となったといえよう。

史料編纂所時代に深く関わった史料として『善隣国宝記』がある。一九八二年、田中健夫は集英社から『善隣国宝記』『続善隣国宝記』の訳注本作成を依頼された。これを引き受けた田中は、独自に『善隣国宝記』の諸本の調査を行なっていた石井にも声をかけ、分担して作業を開始したという。これは一九九五年、『訳注日本史料』シリーズの一冊として刊行を見た［田中編一九九五］（以上、本書の田中健夫あとがきに拠る）。『善隣国宝記』については、読み下しは田中・石井の両名が関わり、校訂・注釈はすべて石井の担当だった（なお『続善隣国宝記』は田中が担当）。『善隣国宝記』上巻には、古代から南北朝時代までの外交記事を収載しており、その中には他の史料に見えない独自のものも含まれる。石井が本書に特に関心を持ったのはこの点だったのだろうが、中巻・下巻は室町期の外交文書集となっており、石井の専門からはかなり離れた時代の史料である。だが石井は室町期の文書についても詳細な訳註を施し、妥協していない。

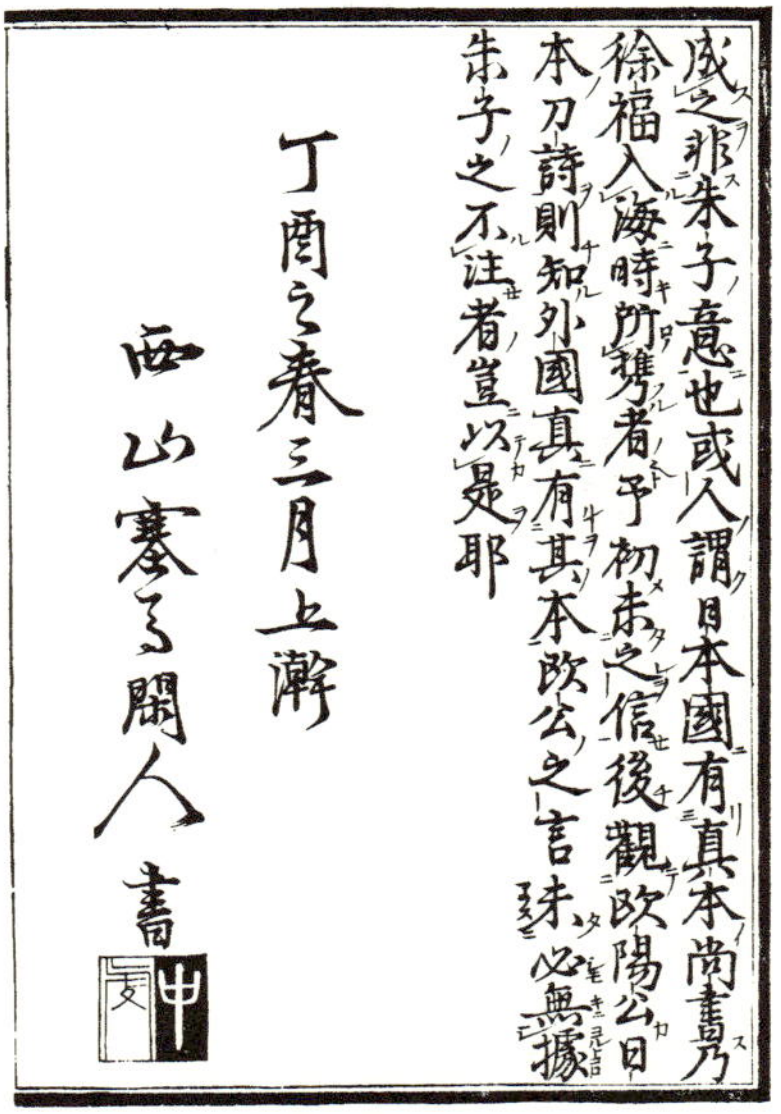

図4　明暦版『善隣国宝記』跋（国書刊行会刊影印本より転載）。末尾に「中虔」の印影。

石井は訳注本作成の副産物として、「以酊庵輪番僧虎林中虔」も発表している［石井一九九五］。これは十七世紀後半に活躍した天龍寺僧虎林中虔《こりんちゅうけん》の略歴や、大学頭林春斎との交流、対馬赴任時に得た朝鮮情報などを明らかにしたもので、外交と関わるものではあるが、一見して石井の他の論文とは大きく異なるテーマを扱っている。おそらく石井が虎林に関心を抱いたきっかけは、虎林が「西山塞馬閑人」と称して明暦三年版『善隣国宝記』の跋を記していることだろう（**図4**）。書誌研究・訳註作業の中で触れた人物については、中世どころか江戸時代までも関心を伸ばす石井の縦横無尽な関心には驚かされる。特に虎林の研究は、時代の広がり（古代から江戸時代まで）・空間の広がり（対外関係）・厳密な史料読解（『善隣国宝記』諸本調査の延長）という石井の信念のすべてを体現した論文といえる。

他にも古代対外関係史と関わる史料に視点を据え、江戸時代の検討にまで及んだものとして、「徳川光圀と『高麗史』」［石井一九八八b］、「朝鮮通信使との交流と『東国通鑑』」［石井一九八九］がある。また薩摩藩士伊東祐昌の琉球渡航日記『肥後守祐昌様琉球御渡海日記』（一六三八～三九）を紹介するなど［石井一九八六b］、時には近世史料そのものにも関心を示している。晩年の仕事では、一三六七年に外国への返牒に関する先例をまとめた『異国牒状記』の諸本対校テクストの掲出、および成立過程の研究［石井二〇〇九］も重要である。『異国牒状記』に記される先例は古代のものが大半を占めており、その点で古代対外関係史研究における重要史料だが、これを扱う際の信頼すべき基礎研究が、ここに提供されたことになる。(10)

おわりに代えて――石井正敏とその前後

石井の研究を時間軸に沿って四期に分け、これに史料研究も加えて、その概要を見てきた。研究対象は多岐にわたるが、多くは①日渤関係を中心とする律令期の外交、②唐末～宋代の日中貿易、③北宋期の入宋僧、④中近世史料研究に分類することができよう。この中で初期の研究テーマは①であり、その中でも日渤関係史が核だったことは動かないだろうが、中央大学赴任後は②③にも研究対象を広げ、①に劣らない優れた成果を出し続けた。

個別テーマに関する石井の功績については他章で述べられるので、ここで私が論じることは重複になってしまうだろう。一方で、すべてのテーマを総体的に見た上での評価も、私の手には余る。そもそも古代対外関係史研究において、律令期とそれ以後の時代にまたがる研究を総合的に手掛けた者は、石井の同世代には他にいない。比較対象となり得るのは師の森克己くらいなので、結局師弟間での学問の継承の話となってしまう。ただ本稿の最後で石井と森の比較をしてみるのは、まったく無意味な作業でもないかもしれない。

石井が真に森の成果に向き合うに当たっては、特に①から②③への展開が大きかったと思われる。まず①について、森は律令期外交に関して『遣唐使』の著があり［森一九五五］、個別論文もいくつか発表しているが［森一九七五］、石井が当初主な研究対象とした渤海については、主著『日宋貿易の研究』［森一九四八］で渤海使の貿易活動を扱ったこと以外は、あまり大きく取り上げていない。その点で石井が大学院で研究対象とした日渤関係史は、森の研究で未追及の部分であり、絶妙なテーマ設定だったともいえる。これに対して②③、特に②は森の研究の中心部分である。私が研究を始めた一九九〇年代後半でさえ、「日宋貿易は森克己によって研究されつくされているから、もうやることはない」という意見が多く聞かれたが（実際にはすでに一部の研究者による見直しが始まっていたのだが）、石井の頃にはなおさらだっただろう。もっとも森克己逝去（一九八一年）の後は、教え子の石井がその研究を引き継がざるをえなかったという側面もあっただろう（特に『人物叢書』の件）。それは石井にとって大きな壁との対峙でもあったはずである。[11]

石井と森の研究の特徴は、②③に関する両者の研究を比較する時、よく見えてくるように思う。詳論はしないが、森は五〇〇頁を越すボリュームの『日宋貿易の研究』の中で、日朝中の（さらに時にはイスラーム世界の）豊富な史料を用い、奈良時代から南北朝時代にかけての対外関係の展開を、国際環境にも目を配りつつ論じている。その雄大な体系性・構成力は見事と言わざるをえない。また平安京貿易の消長と大宰府貿易の発展、管理貿易から荘園内密貿易へ、受動的貿易から能動的貿易へ、自由貿易から統制的貿易への復帰へ、などという分かりやすい枠組みの提示も森の魅力の一つである。その一方で森は、史料紹介や事例紹介の性格が強い一部の論文を除き、個別史料の入念な検討はあまり行なっておらず、多くは歴史の流れに即して関連史料を列挙するという手法を採っている。これに対して石井は、理論や体系的な枠組みの提示よりも、個別の史実の確定に力を注ぐ実証主義の立場を堅持し続けた。[12]石井はこれによって森が気付かなかった問題を見出したり再検討したりすることに成功している。一九九〇年頃から盛んになった平安時代の貿易管理制度の研究には、森の挙げた事例・史料を厳密に再検討することで成果を上げたものが少なくないが〔山内晋次一九八九、田島公一九九五など〕、そうした研究の先駆者としての位置づけも可能だろう。

史料の入念な検討に基づく石井の研究を覆すには、石井以上に入念な史料への取り組みが求められることになる。石井の研究の再検討は今後の世代の仕事だが、少なくとも実証レベルでは、森の研究を突き崩す以上に時間がかかることは想像に難くない。もちろん先学の研究が必ず否定されねばならないわけではなく、後の世代による検証を経て妥当性が確認され、それを前提とした論が構築されていくことも十分に考えられよう。ただ少なくとも石井という巨人に対して挑戦を挑む新世代が現れないことは、当の石井自身がもっとも悲しむ事態に違いない。幸い現在は、日渤関係史研究についても、日宋貿易研究についても、入宋僧研究についても、石井が研究を始めた頃と比べればはるかに多くの現役研究者が活躍している。さらに今後現れるはずの新世代も含め、「ポスト石井正敏」の研究がいかなる展開を見せるのか。その活性化こそが、石井の望むところだろうと思う。

注

(1) 余談だが、後述の『参天台五臺山記』第一回輪読会で、石井から、すべての字を辞書で調べるような気持ちで読んでいきたいという趣旨のコメントがあった。これを聞いた私は、いかにも石井先生らしいなと感じると同時に、この会では時間がかかってもできる限り丁寧な下調べをして行こうと、肝に銘じたことを覚えている。

(2) 田中健夫によれば、戦後の日本史研究では「歴史は世界史の基本法則にしたがって展開するもので、対外関係の研究などは歴史研究の本流から外れた無駄な作業である」とされており、先輩には「真剣に方向転換のみちを勧めてくれた」者もいたという［田中二〇〇三、二六三頁］。戦後のマルクス主義歴史学全盛期の中で研究を始めた石井にも同様のことがあったことは、容易に想像できる。実際に石井は大学院時代の回想として、「渤海を研究しても先はない」といった声を聞くこともあった」と述懐している（『日本渤海関係史の研究』あとがき、六五六頁）。法政大学で石井の先輩だった藤本孝一は、飯田瑞穂が院生時代の石井に対して、日渤関係史研究に見切りをつけるように勧めていたところを眼前で見たことがあるという（二〇一六年九月、藤本氏から伺ったお話に拠る）。後述するように、飯田は石井がもっとも学恩を受けた師の一人であり、石井のためを思って真摯なアドバイスを行なったものに違いないが、真摯に考えれば院生が対外関係史を研究テーマに選ぶべきではないというのが、当時の研究者の多くにとって常識的な意見だったのだろう。

(3) 石井は大学紛争が盛んだった大学院生時代、森の授業は少なかったとして、「もっともっと教えていただきたかった」と晩年に述懐している［石井他二〇一五、四六二頁］。

(4) 『増補改訂日中・日朝関係研究文献目録』の石井・川越による序文に、「われわれは、日本史と中国史と専攻の分野を異にはするが、ともに地域にとらわれない研究を志すことにおいて一致し」とあるのは、こうした志向の一端を表明したものである。

(5) 本書所収の新稿「序説　日本・渤海関係の概要と本書の構成」註8に、「本書校正中に、浜田耕策『渤海国興亡史』（吉川弘文館・二〇〇〇年一一月）が刊行された」とあり、二〇〇〇年末頃には校正段階にあったらしい。またあとがきは二〇〇一年一月付けである。

(6) なおこの論文は近刊予定の石井正敏著作集に収録されない予定だが、来日唐海商徐公祐の書状（八五二年）に見える「収市」について「宮廷所要の蕃貨を先買すること」との語義を紹介したり（貿易管理体制の評価に関わる指摘）、九一一年の年紀（年期）制について朝廷の積極的な貿易関与の姿勢を示したものと評価したり、日本人の海外渡航を規制する渡海制も同じ時に制定されたと推測したりするなど、他の論文に見えない重要な指摘が散見する。

(7) 後述する『参天台五臺山記』輪読会の後、そのようなご趣旨の発言を聞いたことがある。

（8）　なお石井が受講した森克己のゼミのテクストは『参天台五臺山記』だった（『日本渤海関係史の研究』あとがき、六五七頁）。

（9）　たとえば石井の研究に触発された同僚の村井章介は四年後に、「高麗・三別抄の叛乱と蒙古襲来前夜の日本」を発表している［村井一九八二］。

（10）　一九九七年の講義で石井が『異国牒状記』を扱った時、私は授業後にそれがいかなる史料なのか質問したことがあったが、その時石井は、いずれちゃんと検討を行ないたいと言っていた。おそらく『善隣国宝記』訳注を終えた時点で、次に検討すべき史料として意識されていたのだろう。

（11）　「ぼくは結局、森先生の研究の落ち葉拾いをしているような、そんな感じでいつも思っております。何かちょっと気が付き、これは面白いと思っても、でも待てよ、そうだ、先生何か触れられているかなと調べると、やっぱり触れられているんですね」との述懐も［石井他二〇一五、四六九頁］、それを感じさせる。

（12）　実は石井が意外なほど冷淡なのが、石母田正の対外的契機論、東夷の小帝国論や西嶋定生の冊封体制論など、当時流行した歴史理論で、少なくとも主著『日本渤海関係史の研究』では一度も言及されていない（ただし西嶋の東アジア世界論については概論的叙述などで言及はある［石井二〇〇三、二頁］）。荒野泰典・村井章介との共著では冊封体制論も論じられているが［荒野・石井・村井一九九二］、石井の単著で正面から取り上げられたことはないのではないか。これは酒寄雅志が一九六〇年代以後の新たな渤海史研究（当然石井の研究も含むはず）の前提として、石母田・西嶋の理論を措定していることと対照的であり［酒寄二〇〇一、一七頁］、この点からも石井が理論・枠組みより実証を重視する立場にあったことはいえるように思う。一九九〇年代から唱えられた海域アジア史論や、二〇〇〇年代から唱えられた東部ユーラシア論などについても、直接言及した例はおそらく存在しない。

参考文献

荒野泰典・石井正敏・村井章介編一九九二～九三『アジアのなかの日本史』全六巻、東京大学出版会
荒野泰典・石井正敏・村井章介編二〇一〇～一三『日本の対外関係』全七巻、吉川弘文館
石井正敏一九七〇「大宰府の外交面における機能――奈良時代について」『法政史学』二二
石井正敏一九七三「日本通交初期における渤海の情勢について――渤海武・文両王交替期を中心として」『法政史学』二五
石井正敏一九七六「渤海の日唐間における中継的役割について」『東方学』五一
石井正敏一九七八ａ「朝鮮における渤海観の変遷――新羅～李朝」『朝鮮史研究会論文集』一五
石井正敏一九七八ｂ「文永八年来日の高麗使について――三別抄の日本通交史料の紹介」『東京大学史料編纂所報』一二
石井正敏一九八一「唐の「将軍呉懐実」について」『日本歴史』四〇二
石井正敏一九八三「大伴古麻呂奏言について――虚構説の紹介とその問題点」『法政史学』三五
石井正敏一九八四「張九齢作「勅渤海大武藝書」について」『朝鮮学報』一一二
石井正敏一九八六ａ「『古語拾遺』の識語について」『日本歴史』四六二

石井正敏一九八六b「史料紹介『肥後守祐昌様琉球御渡海日記』」『南島史学』二八

石井正敏一九八七「八・九世紀の日羅関係」『日本前近代の国家と対外関係』吉川弘文館

石井正敏一九八八a「九世紀の日・唐・羅三国間貿易について」『歴史と地理　日本史の研究』一四一

石井正敏一九八八b「徳川光圀と『高麗史』」『茨城県史研究』六〇

石井正敏一九八九「朝鮮通信使との交流と『東国通鑑』」『季刊青丘』一

石井正敏一九九〇「いわゆる遣唐使の停止について――『日本紀略』停止記事の検討」『中央大学文学部紀要』史学科三五

石井正敏一九九二「一〇世紀の国際変動と日宋貿易」『新版古代の日本』2、アジアからみた古代日本、角川書店

石井正敏一九九三「入宋巡礼僧」『アジアのなかの日本史』Ⅴ、自意識と相互理解、東京大学出版会

石井正敏一九九五「以酊庵輪番僧虎林中虔」『前近代の日本と東アジア』吉川弘文館

石井正敏一九九七「渤海王の世系について」『中央大学文学部紀要』史学科四二

石井正敏一九九八a「大宰府と外交文書に関する最近の所説をめぐって」『日本歴史』六〇三

石井正敏一九九八b「縁海国司と外交文書――中西正和氏「渤海使の来朝と天長五年正月二日官符」（本誌一五九号）における拙論批判に答える」『ヒストリア』一六二

石井正敏一九九八c「肥前国神崎荘と日宋貿易――『長秋記』長承二年八月十三条をめぐって」『古代中世史料学研究』下、吉川弘文館

石井正敏一九九八d「入宋僧成尋の夢と備中国新山寺」『れきし』六三

石井正敏一九九九a「「第一回渤海国書について」補考」『中央史学』二二

石井正敏一九九九b「成尋生没年考」『中央大学文学部紀要』史学科四四

石井正敏二〇〇〇「日本・高麗関係に関する一考察――長徳三年（九九七）の高麗来襲説をめぐって」『アジア史における法と国家』中央大学出版部

石井正敏二〇〇一『日本渤海関係史の研究』吉川弘文館

石井正敏二〇〇三『日本史リブレット　東アジア世界と古代の日本』山川出版社

石井正敏二〇〇五「成尋――一見するための百聞に努めた入宋僧」『古代の人物』6、王朝の変容と武者、清文堂出版社

石井正敏二〇〇六「『小右記』所載「内蔵石女等申文」にみえる高麗の兵船について」『朝鮮学報』一九八

石井正敏二〇一一「文永八年の三別抄牒状について」『中央大学文学部紀要』史学科五六

石井正敏二〇一三『NHKさかのぼり日本史　外交篇［8］鎌倉「武家外交」の誕生――なぜ、モンゴル帝国に強硬姿勢を貫いたのか』NHK出版

石井正敏二〇一四a「年未詳五月一四日付源頼朝袖判御教書案について――島津荘と日宋貿易」『中央史学』三七

石井正敏二〇一四b「至元三年・同一二年の日本国王宛クビライ国書について――『経世大典』日本条の検討」『中央大学文学部紀要』史学科五九

石井正敏二〇一五「遣唐使以後の中国渡航者とその出航手続きについて」『島と港の歴史学』中央大学出版部

石井正敏・川越泰博一九七六『日中・日朝関係研究文献目録』国書刊行会（一九九六年に増補改訂版が同出版社より刊行）
石井正敏他二〇一五「座談会　森克己論集再刊と思い出」『新編森克己著作集』五、古代～近代日本の対外交流、勉誠出版
榎本渉二〇一〇『僧侶と海商たちの東シナ海』講談社選書メチエ
近藤剛二〇〇八「嘉禄・安貞期（高麗高宗代）の日本・高麗交渉について」『朝鮮学報』二〇七
酒寄雅志一九七七「八世紀における日本の外交と東アジアの情勢——渤海との関係を中心として」『国史学』一〇三
酒寄雅志二〇〇一『渤海と古代の日本』校倉書房
対外関係史総合年表編集委員会編一九九九『対外関係史総合年表』吉川弘文館
田島公一九九五「大宰府鴻臚館の終焉——八世紀～十一世紀の対外交易システムの解明」『日本史研究』三八九
田中健夫一九九四「法真寺のころの丸山さん」『断片的自画像』私家版
田中健夫一九九七「戦後の中世対外関係史研究（下）」『日本歴史』五八七
田中健夫二〇〇三「焼跡から対外関係史の研究へ」『対外関係史研究のあゆみ』吉川弘文館
田中健夫編一九八七『日本前近代の国家と対外関係』吉川弘文館
田中健夫編一九九五『訳注日本史料　善隣国宝記・新訂続善隣国宝記』集英社
藤善眞澄訳注二〇〇七～一一『参天台五臺山記（上・下）』関西大学出版部
村井章介一九八二「高麗・三別抄の叛乱と蒙古襲来前夜の日本（上・下）」『歴史評論』三八二・三八四
森克己一九四八『日宋貿易の研究』国立書院
森克己一九五五『日本歴史新書　遣唐使』至文堂
森克己一九七五『続日宋貿易の研究』国書刊行会
山内晋次一九八九「日本の荘園内密貿易説に関する疑問——一一世紀を中心として」『歴史科学』一一七

【Ⅰ　総論】

石井正敏の史料学

――中世対外関係史研究と『善隣国宝記』を中心に

岡本　真

おかもと・まこと――東京大学史料編纂所助教。専門は日本中近世対外関係史。主な論文に「「堺渡唐船」と戦国期の遣明船派遣」（『史学雑誌』一二四―四、二〇一五年）、「天文年間の種子島を経由した遣明船」（『日本史研究』六三六、同）などがある。

もっとも基礎的な部分に史料学的な検討を据えた石井正敏の諸論考は、それが日本対外関係史という研究領域においても極めて有用であり、かつ必要であることを明示した。また、『善隣国宝記』にかかわる彼の作業は、その後の同領域の研究発展に大きく寄与したのである。

はじめに

石井正敏の著作のなかに、「『参天台五台山記』研究所感――虚心に史料を読む、ということ」というものがある（『日本歴史』六〇〇、一九九八年）。入唐僧成尋の日記『参天台五台山記』の記述をもとに、読み手の先入観や思い込みが史料解釈のあやまりを導き得ることを説いたものだが、副題として掲げられた「虚心に史料を読む」の実践こそが、石井の研究の土台をなしていることは、その一端に触れたことのある者なら、誰もが気づくに違いない。

もちろん、可能な限り固定観念を排して、厳密な史料の解釈を志向するのは至極当然のことであるし、その重要性は歴史研究者の誰もが認識していよう。だが、そのなかでも石井は、日本の前近代対外関係史研究の分野において、それをもっとも貫徹した研究者の一人のように見うけられる。なぜなら、実に多くのその論著に、他の研究者が提示し得なかった緻密な史料解釈が、ふんだんに盛り込まれているからである。そして、こうした論著こそが「石井正敏の歴史学」を体現しているのであり、そのもっとも基礎的な部分を形成しているのが、史料学的な検討だと考えられる。

そもそも史料学とは、史料自体を対象として、それが作成された背景、作成当時および以後に果たした機能や役割、現在まで伝来してきた過程などを研究する学問を指し、その対象となる史料は、文献、遺物、遺構、文学、系図、絵図、地図など、多岐にわたる。(1) 石井の研究の場合、幅広い分野の史料への目配りを怠っていないのはもとより言うまでもないが、こと史料学的側面においては、文書や記録といった、文献史料についての成果が顕著である。そのため本稿では、主として文献史料について、石井の研究の、史料学の分野における学問的貢献について論じたい。もちろん、そうした研究の多くでは、史料学自体が追究の対象となっているわけではなく、史料解釈をもとに新たな歴史事実を浮かび上がらせることに主眼が置かれている。だが、その基礎を探ってみると、史料自体への理解、すなわち史料学的な検討の上にこれが成り立っていることは瞭然である。

以下では、はじめに石井の業績を振り返り、それらの史料学的側面を具体的に見てみたい。ただし、同じ分野の研究者であるとはいえ、古代から中世前期を中心に、広く近世までをその射程に収めた石井に比し、稿者はこれまでに中世後期の事柄について若干の考察をしてきたに過ぎず、石井の研究全般を対象とするには僭越のきらいがある。そこで本稿では、研究範囲の隣接・重複する、鎌倉・南北朝期の対外関係史にかかわる論考に焦点をしぼることとする。そして次に、石井の研究の史料学への寄与を論じるうえで欠かすことのできない『善隣国宝記 新訂続善隣国宝記』を取り上げ、最後にこれからの前近代対外関係史研究における当該分野の課題に言及したい。なお、本稿で参照した石井の論考の多くは、『石井正敏著作集』第三巻・第四巻（勉誠出版、二〇一七年刊行予定、以下、著作集と略称）に収録される。

一、鎌倉・南北朝期研究とその史料学的側面

(一)「高麗牒状不審条々」の紹介

鎌倉・南北朝期対外関係史研究に関する石井正敏の諸論文のなかで、学界にもっとも大きな影響を与えたのは、①「文永八年来日の高麗使について——三別抄の日本通交史料の紹介」（『東京大学史料編纂所報』一二、一九七八年、著作集第三巻収録）であろう（以下、冒頭に丸数字を付した書籍や論文は、その数字で略記）。この論文において石井は、東京大学史料編纂所所蔵「高麗牒状不審条々」を紹介し、それが文永八年（一二七一）に送られてきた高麗牒状にかかわるもので、同五年に高麗から送られてきた牒状との差異をはじめとする、不審点

や注意すべき箇所などが箇条書きされた史料であることを明らかにした。

文永八年に来日した高麗使節の存在自体は、『吉続記』同年九月条に関連する記述があったことから、石井の研究以前にも認知されてはいた。だが、その詳細は明らかにされておらず、発遣者についても、モンゴルに帰順していた高麗朝廷とする説と、[2]珍島に拠ってモンゴルに抗戦していた三別抄とする説が提示されており、[3]前者が通説の位置を占めていた。そうした状況のなか、石井は前述の史料の読解を通じて、後者が正しいことを実証したのだった。

この①の公表以後、日本では、村井章介が「高麗牒状不審条々」を援用しつつ三別抄の乱の歴史的位置を究明したり、[4]のちに教科書の記述に①の成果が反映されたりするなど、少なからぬ影響が見られた。だがそれ以上に韓国でも、「高麗牒状不審条々」がモンゴルに抵抗した英雄として称えられていた、三別抄にかかわる史料であったことから、大きな反響を呼んで考察が加えられた。その結果、同史料各条の解釈をめぐって、論者のあいだに見解の相違が生じることさえあった。こうした状況のなか、前稿から二十年あまりの時を経て石井が公表したのが、②「文永八年の三別抄牒状について」(『紀要』史学五六、中央大学文学部、二〇一一年、韓国語版は二〇一〇年、著作集第三巻収録)である。この論文において石井は、三別抄が送ってきた牒状の作成背景を考察したうえで、「高麗牒状不審条々」各条に関する、前稿以後に日韓両国でなされた指摘を論点別に整理し、諸研究における見解の相違が、同史料のどの文言の解釈の差異に起因しているか、原典史料に立ち返ってたどったうえで、自身の解釈と見解を披瀝したのである。

(二)『「武家外交」の誕生』と元寇関連外交文書

二〇一三年に刊行された③『「武家外交」の誕生――なぜ、モンゴル帝国に強硬姿勢を貫いたのか』(NHK出版、二〇一三年、著作集第四巻収録)は、それまで主として日本古代対外関係史研究における活躍がめざましかった石井にとって、はじめての中世を対象とした単著書であった。同書は、「NHKさかのぼり日本史　外交篇」というシリーズのなかの一冊で、前年末に放送されたテレビ番組の内容を書籍化したものである。そのあとがきによると、前述の②の執筆を経て、あらためて鎌倉期の対外関係について考えていたところ、番組への協力と出演の依頼があったとのことである。そして書中では、外交文書の形式・文言・日付、外交の意志決定権のありか、情報蒐集などを鍵に、二度にわたる合戦や、蒙古襲来前後の時期における日本とモンゴル・高麗との関係、外交をめぐる鎌倉時代の幕府と朝廷の関係について、石井の理解が示されたのだった。

この番組および書籍が契機となり、二点の学術論文が二〇一四年に公表された。ひとつは④「至元三年・同十二年の日本国王宛クビライ国書について――『経世大典』日本条の検討」（『紀要』史学五九、中央大学文学部、著作集第三巻収録）である。この論文において石井は、諸本比較を通じて至元三年（一二六六）の日本国王宛クビライ国書の原本の姿をさぐり、あわせて至元十二年の国書についても考証を加えた。もうひとつが、⑤「年未詳五月十四日付源頼朝袖判御教書案について――島津荘と日宋貿易」（『中央史学』三七、同）である。この論文では、『島津家文書』所収の年未詳五月十四日付源頼朝袖判御教書案の分析がなされ、同文書に語られる貿易船の着岸地について、島津荘域（日向・大隅・薩摩）とする一般的な理解と、[5] 博多津とする新説[6]のうち、後者の妥当性が指摘された。これらはいずれも、③では一般向けに書かれたがゆえに検討過程が省略されていた事柄について、史料に則して詳細な考証をおこなったものであった。

(三) 貞治六年の高麗使節をめぐる諸史料

前述の「高麗牒状不審条々」の紹介以前から、石井正敏が少なからぬ関心を抱いていたのが、『異国牒状記』という史料である。同史料は、南北朝期、貞治六年（一三六七）に高麗から使節が到来したのを契機に作成されたもので、古代より当時に至るまでの、中国および朝鮮から文書や使節が送られてきた際の、朝廷や幕府の対応の先例が、仮名書きで記されている。これに関する研究成果を、石井は⑥「『異国牒状記』の基礎的研究」（『紀要』史学五四、中央大学文学部、二〇〇九年、著作集第三巻収録）として世に出したが、その付記には「中央大学大学院博士課程在学中、森克己先生の『日宋貿易の研究』で『異国牒状記』の存在を知り、その研究を志した」とあって、[7] 早くも学生時代から同史料に関心を抱いていたことが知られる。

この論文において石井は、『異国牒状記』の原文を、前田育徳会尊経閣文庫所蔵本を底本に、東京大学附属図書館所蔵本と対校しつつ翻刻した。同史料の翻刻は、それまでにも『大日本史料』第六編之二十八などに掲載されてきたが、尊経閣文庫本に存した錯簡や脱落がそのまま継承され、校訂されることがなかったために、意味の通らない箇所があった。石井はそれを正しただけでなく、釈文を付して自身の解釈を示し、そのうえで成立時期、作者、伝来過程にまで考察を加えたのである。

さらに翌年には、右の⑥で得られた成果を発展させて、⑦

「貞治六年の高麗使と高麗牒状について」(『紀要』史学五五、中央大学文学部、二〇一〇年、著作集第三巻収録)を公表した。この論文は、前述の貞治六年の高麗使節が携行した、征東行中書省箚付・咨文の醍醐寺所蔵写本および関連史料を翻刻し、諸本をもとに校訂したうえで、古文書学的側面から考察したものである。そして、⑥で検討した『異国牒状記』を信頼できる基礎史料と位置づけ、同年に相次いで高麗から来日した二使節(うち一方は前述の箚付・咨文を携行)について、それぞれ征東行中書省名義と高麗国王名義の、別々の使節とする近年の説を批判し[8]、両者あわせてひとつの使節である可能性を説いたのだった。

(四)論考の特徴と史料学への寄与

以上、石井正敏の著した鎌倉・南北朝期の日本対外関係史にかかわる論考を、三つに区分して概観してきたが、これらについて指摘できるのは、議論の核となる史料について、いずれも綿密な史料学的検討が加えられている点である。具体的に見てみると、概説書である③は措くにしても、①および②では「高麗牒状不審条々」やそこに記された三別抄牒状について、作成された背景や時期に関する考察がなされており、④では日本・中国・朝鮮の史料をもとに至元三年(一二六六)の日本国王宛クビライ国書の校訂テキストを提示するのに先だって、それぞれの概要や性格を論じ、信頼すべき史料の確定作業をおこなっている。また、⑤では表題にもある御教書案の発給経緯について検討を加えているし、⑥では『異国牒状記』の校訂テキストの提示のみならず、その史料としての特質を解明している。そして⑦では、征東行中書省箚付・咨文について古文書学的な分析をおこない、その発給者や発給過程について考察しているのである。

こうした史料学的な検討は、史料紹介に主眼を置いた①を除けば、いずれも考証の過程での基礎作業としておこなわれたものである。すなわち、石井の論考では、議論の核となる史料を提示し、既往説を必要に応じて参照して、時には忌憚なくそれを批判し、そのうえで自身の史料解釈を提示して自説を展開するといったスタイルが、しばしばとられており、その土台となる部分こそが史料学的な検討なのである。こうした諸論考は、対外関係史という、日本史のなかでは比較的最近盛んになった研究領域においても、史料学研究が極めて有用であり、必要であることを実証したものと評価することができる。石井の斯学への貢献は、この点に認められよう。

二、『善隣国宝記 新訂続善隣国宝記』の編纂

(一) 田中健夫との共同作業

石井正敏の対外関係史料学への寄与を語るうえで忘れてはならないのが、訳注の施された『善隣国宝記 新訂続善隣国宝記』（集英社、一九九五年、以下訳注本と略称）の編纂であろう。『善隣国宝記』は、上巻には南北朝期以前における、主として仏教・仏僧による対外交流の歴史記述が、中・下巻には室町期の外交文書が、それぞれ収められた、五山僧瑞渓《ずいけい》周鳳《しゅうほう》（一三九一～一四七三）の撰した三巻本の外交史料集である。また、『続善隣国宝記』は、五山や対馬に集積された『善隣国宝記』以後の外交文書が、近世後期になってまとめ上げられた、編者不明の書籍である。そして、これらを収めた前述の訳注本は、「訳注日本史料」というシリーズもののなかの一冊で、諸本の対校により良質なテキストを提供しただけでなく、読み下し文を体系的に作成して解釈を示し、さらには多岐にわたる詳細な頭注や補注を提供しており、読者の理解を助ける、配慮の行き届いたものである。

　この訳注本に関して、書誌情報上では、前近代対外関係史の泰斗である田中健夫の名のみが、編者として挙げられている。しかし、実際には田中と石井が共同で編纂したものであって、そのことは同書の凡例に、以下のように明記されている。

　一、原文・読み下し文・頭注・補注等の分担は次の通りである。

「善隣国宝記」　原文校訂　石井正敏
　　読み下し文　田中健夫　石井正敏
　　頭注・補注　石井正敏
「新訂続善隣国宝記」　田中健夫

つまり、『新訂続善隣国宝記』については田中が一手に担った一方で、『善隣国宝記』の方は二者の協業にかかり、特に原文校訂および頭注・補注の作成は、主に石井が担当したのである。(9)

また、以下に示す、田中の記した同書のあとがきからは、訳注本の編纂に石井が加わった経緯の一端をうかがい知ることができる。

　一九八二年（昭和五十七年）の夏、当時東京大学史料編纂所にいた私のところに、集英社の高田和彦氏と富澤清人氏が来訪され、同社で企画中の「訳注日本史料」の一冊に『善隣国宝記』と『続善隣国宝記』とを収録したいとの希望を述べられた。『善隣国宝記』の注釈書作成は宿願としていたところであり、よろこんでお申し出を引

受けた。そのころ、石井正敏氏は独自に『善隣国宝記』の諸本の調査をおこなっていたので参加を懇請し、以後は分担を定めて共同で作業を進めた。

この記述から、田中も石井もそれぞれ独自に『善隣国宝記』に関心を抱いていたこと、持ち込まれてきた「訳注日本史料」の企画を引き受けた田中の依頼に応じて、石井が編纂に参加したことが知られる。こうして両者の共同作業によって編まれたのが、この訳注本なのである。

(二) 原文校訂と注釈

訳注本編纂にあたって石井が担当した、『善隣国宝記』の原文校訂および頭注・補注を具体的に見てみると、まず前者に関して、原文には、明暦三年(一六五七)刊行の版本が底本として用いられた。同版本は、今日もっとも流布しており、かつ版刻の際にも校訂が加えられたようで、誤脱字がないわけではないものの、比較的善本である。何より、系統を異にする後述の写本がいずれも一巻本の体裁を取っているのに比し、版本は上・中・下三巻本で、今日伝存が確認されていない原撰本の体裁を存しているとおぼしい。これらの点からして、明暦三年版本を底本とした判断は、至当と言うべきであろう。

また、この原文との対校には、実に十一点にもわたる、来歴も様々な『善隣国宝記』の写本、すなわち東京都立中央図書館市村文庫本、同和田文庫本、東京大学史料編纂所本、大東急記念文庫本、大倉精神文化研究所本、天理図書館本、京都大学附属図書館谷村文庫本、京都府立総合資料館本、名古屋市立図書館蓬左文庫本、静嘉堂文庫続群書類従本、中村栄孝氏旧蔵本が用いられた。こうした種々の写本および『元亨釈書』をはじめとする他の関連史料との対校の成果は、翻刻された原文に傍注や頭注を付す形で、訳注本に反映されている。石井自身がかつて述べたように、史料の校訂は「本当の「力持ち」にしかできない」仕事である。[10] この訳注本における『善隣国宝記』の校訂は、まさに「力持ち」である石井の研究経験や史料読解力、該博な知識が結実したもののように見うけられる。

そして、対校に用いられた右の十一点の写本に関しては、訳注本に収録された単著論文である⑧「『善隣国宝記』諸本解説」(著作集第四巻収録)において、木版本や活版本とともに、それぞれの装丁や印記、識語など書誌情報に関する詳細な解説を施している。そこで言及された情報は、本論文以前には知られていなかった事柄も多い。訳注本の編纂について田中の依頼がある以前より、石井が独自に実施していた諸本調査の成果が、存分に活かされたものと言えよう。

さらに、石井は⑧において、字句の異同や書誌情報などから、十一点の写本のうち、中村栄孝氏旧蔵本は市村文庫本の写しであること、東京大学史料編纂所本・大東急記念文庫本・天理図書館本・京都府立総合資料館本は同系統と考えられることなどを指摘した。そして、版本の上・中・下三巻のうち、外交文書を収めた中巻にあたる部分に関し、写本には、版本と同様の編年配列となっているものと、相手先別の類纂配列になっているものがあることを明らかにし、市村文庫本、和田文庫本、中村栄孝氏旧蔵本の三点は後者に該当することや、表記の差異から、瑞渓周鳳の原撰本は類纂配列であった可能性の高いことを指摘したのだった。原本の現存が確認できない史料について、諸写本から原本の姿を可能な限りたどることを試みるこうした姿勢は、④において、至元三年(一二六六)の日本国王宛クビライ国書に関しておこなった作業と通じるものがあるように思われる。

次に頭注・補注について見てみたい。訳注本の頭注には、前述のような校訂注と、語句注とが掲げられ、そこに収まらない詳細な補足情報や特に論じるべき事柄などは、補注に収められている。こうした注釈の体裁は他の「訳注日本史料」各巻でも同様であることから、共通方針にもとづくものであったと考えられるが、特筆すべきは、『善隣国宝記』部分に関する補注の豊富さである。そのことは、二三八頁分の『新訂続善隣国宝記』の本文に関する補注が一九頁分なのに対し、二四八頁分の『善隣国宝記』の本文には九二頁分の補注が付されている点からも、おのずとしれよう。そしてこの補注では、上巻部分に収められた古代以来中世にまでおよぶ記事の解説だけでなく、中・下巻部分に収められた室町期の外交文書のほとんどについて、一点一点の発給経緯や、文書にかかわる内外の事跡が、参考文献を挙げつつ詳説されている。幅広い時期について研究してきた石井の、該博な知識が惜しみなく注がれていると言える。

以上のような『善隣国宝記』について石井がおこなった作業は、その後の前近代対外史研究の進展に大いに寄与し、訳注本は、現在に至るまで、基礎史料として広く援用されてきた。そして近年の、室町期の日朝関係における、国書改竄に関する議論が進むにつれ、[11]瑞渓周鳳の『善隣国宝記』編纂方針など、新たな視角からの同書の史料学的検討の必要性が喚起されているように見うけられる。

おわりに

以上述べてきたように、石井正敏の史料学への貢献は、前近代対外関係史という領域において、自身の研究をもって史料学の有用性と重要性を示したことと、訳注本編纂を通じて同領域の研究の進展に寄与し、それがさらなる史料学的検討の必要性の提起につながったことにあると考えられる。

最後に、これからの前近代対外関係史研究における史料学の課題に言及したい。まず『善隣国宝記』に関して述べるならば、右に述べた編纂方針以外にも、例えば写本系統の追究もなされるべきである。前述の通り、石井は訳注本編纂にあたって十一点の写本を参照したが、近年の目録情報の充実などにより、これまでで最古の、永禄十一年(一五六八)の書写奥書を有するケンブリッジ大学図書館本[12]をはじめ、新たに六種の写本の存在が確認されている。これらも加えた全十七点の写本から、いま一度、写本系統や原撰本の姿について考える必要があるのではないだろうか[13]。

また、石井が取り上げた史料や、訳注本所収のもの以外にも、前近代対外関係史にかかわる史料は無数にある[14]。それらに関し、史料学的側面から検討をおこなう必要があろう。特に外交文書に関して述べるならば、日本古代のものについては、四六二年~九三〇年の外交文書の諸本を対校したうえで、語釈や現代語訳も付した史料集『訳注　日本古代の外交文書』(鈴木靖民・金子修一・石見清裕・浜田久美子編、八木書店、二〇一四年)が近年刊行された。これに比し、中世以後に関しては立ち後れている印象を受ける。石井の学問を発展的に継承し、『善隣国宝記』や『新訂続善隣国宝記』の枠を超えた幅広い史料学的研究が、今後なされるべきであろう。

注

(1) 網野善彦「史料論の課題と展望」(『岩波講座日本通史別巻三　史料論』岩波書店、一九九五年)、箱石大「戊辰戦争研究のための史料学」(同編『戊辰戦争の史料学』勉誠出版、二〇一三年)。
(2) 池内宏『元寇の新研究』一(東洋文庫、一九三一年)。
(3) 根本誠「文永の役までの日蒙外交――特に蒙古の遣使と日本の態度」(『軍事史学』五、一九六六年)。
(4) 村井章介「高麗・三別抄の叛乱と蒙古襲来前夜の日本」(同『アジアのなかの中世日本』校倉書房、一九八八年、初出一九八二年)。
(5) 太宰府市史編集委員会編『太宰府市史』中世資料編(太宰府市、二〇〇二年)。
(6) 大塚紀弘「唐船貿易の変質と鎌倉幕府――博多綱首の請負から貿易使の派遣へ」(『史学雑誌』一二一―二、二〇一二年)。
(7) 石井正敏「『異国牒状記』の基礎的研究」(『紀要』史学五四、中央大学文学部、二〇〇九年)三四頁。
(8) 岡本真「外交文書よりみた十四世紀後期高麗の対日本交渉」(佐藤信・藤田覚編『前近代の日本列島と朝鮮半島』山川出版社、二〇〇七年)、李領「十四世紀の東アジア国際情勢と倭寇――恭愍王十五年(一三六六)の禁倭使節の派遣を中心に」(科学研究費研究成果報告書『中世港湾都市遺跡の立地・環境に関する日韓比較研究』(村井章介代表)、二〇〇八年)。

（9） こうした、書誌情報上には主編者のみを挙げ、凡例に編纂分担者の名を明記する方式は、「訳注日本史料」の他の本でもとられおり、シリーズの共通方針のようである。

（10） 石井正敏「皆川完一先生の古稀を祝う」（『紀要』史学四三、中央大学文学部、一九九八年）二九一頁。

（11） 橋本雄「室町政権と東アジア」（『日本史研究』五三六、二〇〇七年）、同『偽りの外交使節』（吉川弘文館、二〇一二年）など。

（12） Charlotte von Verschuer, "Ashikaga Yoshimitsu's Foreign Policy 1398 to 1408 A.D.: A Translation from Zenrin Kokuhōki, the Cambridge Manuscript," *Monumenta Nipponica* 62, no. 3, 2007, p. 276.

（13） これに関しては別稿を予定している。

（14） 『善隣国宝記』の撰から漏れた外交文書の一例として、岡本真「龍集戊寅八月日付遣朝鮮国書について」（義堂の会編『空華日用工夫略集の周辺』義堂の会、二〇一七年）参照。

東亜 East Asia 2017 2月号

一般財団法人 霞山会
〒107-0052 東京都港区赤坂2-17-47
（財）霞山会 文化事業部
TEL 03-5575-6301 FAX 03-5575-6306
http：//www.kazankai.org/
一般財団法人霞山会

特集――変わる中国のビジネス事情

ON THE RECORD 明暗混在する中国経済の現状と日本企業の戦略 後藤 康浩
日本企業による対中直接投資と中国国内再投資の現状 高見澤 学
中国の「走出去」対外投資の現状と課題 朱 炎

ASIA STREAM
中国の動向 濱本 良一 台湾の動向 門間 理良 朝鮮半島の動向 塚本 壮一

COMPASS 浅野 亮・遊川 和郎・平野 聡・廣瀬 陽子
Briefing Room 16年目のアフガンの対テロ戦争 ― トランプ米政権の発足で転機迎えるか 伊藤 努
CHINA SCOPE 料理人の職業資格は世界一 中西 純一
チャイナ・ラビリンス（154） 2017年の主要イベント、抗日期間の修正と怪文書 高橋 博
連載 新時代の台湾（5）
継承と前進：蔡英文政権による原住民族政策見直しの動き 松岡 格

お得な定期購読は富士山マガジンサービスからどうぞ
①PCサイトから http://fujisan.co.jp/toa ②携帯電話から http://223223.jp/m/toa

三別抄の石井正敏——日本・高麗関係と武家外交の誕生

近藤 剛

こんどう・つよし——開成中学校・高等学校教諭。専門は日本高麗関係史。主な論文に「嘉禄・安貞期（高麗高宗代）の日本・高麗交渉について」（『朝鮮学報』二〇七、二〇〇八年）、「『平戸記』所載「泰和六年二月付高麗国金州防禦使牒状」について」（『古文書研究』七〇、二〇一〇年）、「一二世紀前後における対馬島と日本・高麗——『大槐秘抄』にみえる「制」について」（中央大学人文科学研究所編『島と港の歴史学』中央大学出版部、二〇一五年）などがある。

石井正敏は古代対外関係史の研究者として広く知られているが、渤海滅亡後の高麗・朝鮮の渤海認識を明らかにするなど、高麗への関心も早くから抱いており、「高麗牒状不審条々」の発見・紹介は国内外の学界に大きな衝撃を与えた。二〇〇〇年以降は古代からの連続性を念頭に置きながら、深遠な学識によって日麗関係の諸問題に自在に切り込み、晩年には、「武家外交」の誕生過程の解明に挑んだのであった。

はじめに

今から十年程前の二〇〇六～二〇〇七年の一年間、当時中央大学大学院の博士後期課程に在籍していた筆者は、大韓民国ソウルにある高麗大学校への交換留学を行った。卒論指導において、日本と高麗との関係史は、研究の余地がまだ十分にあることを石井正敏先生に教わって以来、学部・大学院を通じて、二〇一五年の一月まで、研究指導をしていただいた。上記の留学を勧めてくださったのも石井先生のご指導による（以下「石井」と略称する）。

石井は『日本渤海関係史の研究』（吉川弘文館、二〇〇一年）、『東アジア世界と古代の日本』（山川出版社、二〇〇三年）の単著を上梓し、勤務校の中央大学では日本古代史分野を担当していたことから、古代対外関係史研究の第一人者であったことは、国内外で広く知られている。留学中、筆者は韓国の研究者から「渤海史（研究者）の石井正敏」の教え子ということで様々な調査・交流の機会を得ることができたが、それと同等に、中世史研究者からは「三別抄（研究）の石井正敏」の教え子として良くしていただいた。当時、石井の三別抄に関する専論は、一九七八年に発表した「文永八年来日の高麗使について――三別抄の日本通交史料の紹介」（『東京大学史料編纂所報』一二）があり、これと関連して、「モンゴルの高麗支配に抵抗した三別抄」（『歴史読本』昭和六〇年臨時増刊号、新人物往来社、一九八五年）、「蒙古襲来前後の日本と蒙古・高麗」（NHK歴史誕生取材班編『歴史誕生』（3）角川書店、一九九〇年）を発表しているが、韓国では「文永八年来日の高麗使について」が翻訳されているだけであった。(1) すなわち、この一本の論文が日本のみならず、韓国において非常に大きなインパクトを与えたことがうかがえるのである。そして、特に二〇〇〇年以降、日本と高麗の関係に関する成果を次々と発表し、晩年には最後の単著となる『「武家外交」の誕生』（『さかのぼり日本史 外交篇［8］鎌倉』NHK出版、二〇一三年）において、高麗・モンゴルとの外交交渉を通じて、古代から中世にかけて、日本の外交のあり方がどのように変化していったのかという問題に取り組んだ。本稿ではこれらの成果を中心にみていきたい（なお、本稿では三十五年にわたる石井の研究を取り扱うことになるが、用語の表記についてはその時々によって異なる〈例えば、「フビライ」・「世祖」・「クビライ」など〉。本稿では引用文を除いては、最新の論著にある表現を使用することをあらかじめおことわりしておく。また史料の読み下し文は〈 〉、引用文の中略は「……」であらわした）。

一、渤海史研究の一環としての高麗認識論

（一）高麗時代の渤海観の検討から高麗史研究がスタート

『石井正敏著作集』第一巻（勉誠出版、二〇一七年刊行予定）に掲載の著作目録や『日本渤海関係史の研究』の「あとがき」からも知られるように、石井の歴史研究は日本と渤海の外交関係を探求するところから始まった。卒業論文執筆時には関連史料の蒐集を行っているが、この点について次のように述べている。

日本・渤海外交をテーマにすることに決めたが、さて何を中心にすればよいのかは漠然としている。それではともかく関連史料をすべて集めてみようと思い立ち……B5判四〇〇字詰めの原稿用紙に、関連する史料を写すことから始めた。四年生になる前の春休みのことである。『続日本紀』から始まる五国史の編年史料の冊、『本朝文粋』『菅家文草』など詩文の冊、両唐書及び『冊府元亀』など中国史料の冊、そして「律令」や『延喜式』など外

交制度記事の冊と増えていった。

（六五五頁）

この「自作の史料集」は、その後も増補されていったことを大学院の授業などで話しており、おそらく高麗・朝鮮時代の書物に残された渤海に関する記録についても蒐集していたと考えられる。こうして蒐集した史料を生かした研究が、「朝鮮における渤海観の変遷——新羅～李朝」（『朝鮮史研究会論文集』一五、一九七八年、『日本渤海関係史の研究』に収録）で、渤海滅亡以降の朝鮮半島における渤海に対する認識を考察した論文である。高麗時代の渤海観について、創始者王建《おうけん》は渤海に極めて強い親近感を抱いており、多くの亡命渤海人を擁していたが、その背景として、高句麗復興・旧領回復という理念から、渤海・高麗ともに高句麗の継承者であるという民族感情的な共通基盤を有していた。ところが「渤海は靺鞨人の国家である」という新羅の伝統的理解に重点を置いた金富《きんぷ》軾《しょく》により、『三国史記』に渤海に関する記載が殆ど採られなかったために、渤海への関心が徐々に失われていったことを指摘した。このように、石井の高麗史研究の端緒は、渤海史研究の延長線上にあるものであった。

（二）平安・鎌倉期の渤海観

これと対になる論文が、二〇〇六年にソウルの国立中央博物館で開催された第十二回高句麗研究会国際学術大会（現、高句麗渤海学会）で報告した内容をまとめた「『源氏物語』にみえる「高麗人（こまうど）」と渤海」（『高句麗研究』二六、二〇〇七年）と、その内容を加筆修正した「藤原定家書写『長秋記』紙背文書「高麗渤海関係某書状」について」（『人文研紀要』六一、二〇〇七年）である。前者では「はじめに」で次のように述べている。

> 今から三〇年近く前に「朝鮮における渤海観の変遷」なる論文を草して以来、一方の日本においてはどうであったのか、特に外交終焉後の日本における渤海観についてもまとめてみたいと思い、史料の蒐集を続けている。
>
> （一六九頁）

そこで平安・鎌倉期の史料にみえる渤海関係記事を紹介し、外交終焉後、日本の人々にとっての渤海は、来日渤海使との詩文を通じた交流の印象が強く残っており、好意的かつ日本が憧憬する中国文化を体現する存在として高く評価していることを指摘した。その上で、宮内庁書陵部に所蔵されている冷泉家旧蔵、藤原定家書写『長秋記』紙背文書の一通に、高麗・渤海・東丹国の歴史に関わる記述のある文書（石井はこれを「高麗渤海関係某書状」と称す）について、校訂・釈文を付すとともに、書写年代や文書作成の経緯について検討した。従来この文書は、嘉禄三年（安貞元・一二二七）に起きた倭寇禁圧をめぐる高麗との外交問題に関わる史料として理解されていたが、(2) 書写年代が、外交問題の起こる以前である嘉禄元年(一二二五)十一月から嘉禄二年(一二二六)四月までであると推定されることから、直接の関わりがないものと判断した。そして、『明月記』や定家自筆本『奥入』の記録から、元仁元年(一二二四)十一月から翌嘉禄元年二月まで行っていた『源氏物語』の書写事業において、定家が書き終えたところから読解・注釈を進めていたところ、『源氏物語』冒頭において、主人公光源氏の命名に関わる重要な場面に登場する「高麗人」について関心を持ち、渤海の歴史について尋ねた某からの定家宛返書と推測した。そしてこの推測が妥当であれば、従来『源氏物語』の「高麗人」を来日渤海使と関連づけて解釈するのは、文永頃の『紫明抄』が現在のところ初見であるが、「高麗渤海関係某書状」により、すでに定家も同様の理解を有していた事が推測され、『源氏物語』とともに渤海との交流の記憶が人々に脈々と伝えられていたことを示す史料であると結論付けた。「高麗渤海関係某書状」は一〇〇字程度の短い文書で、しかも『長秋記』書写の料紙に用いられたため、一部が切られて読み取れない箇所も少なくないのであるが、書誌学・古文書学のみならず国文学の知見をも取り入れて、画期的な成果を残した。

以上のように、石井は諸外国の情報や相互認識がどのような素材で形成されていったのか、ということに強い関心を持っていた。二〇一〇年から荒野泰典・村井章介とともに編者として刊行した『日本の対外関係』シリーズの第一巻(『東アジア世界の成立』吉川弘文館)の冒頭では、「研究の歩み」としてこの観点をさらに推し進め、前近代のそれぞれの対外関係の諸事象が、どのような史料を蒐集・分析・編纂することで位置づけられてきたのか、という視角から論じられている。その中でも触れられているが、高麗時代の基本史料である『高麗史』が江戸時代に日本に伝えられたことを、「徳川光圀と『高麗史』」(『茨城県史研究』六〇、一九八八年)で指摘している。『高麗史』はもともと印刷部数が少ない上に、戦術などの記述が多いため、境を接している女真人に知られることを恐れて流布には慎重であった。それが元禄四年(一六九一)頃に一本が日本に伝えられ、蔵書家として名高い前田綱紀と、『大日本史』の編纂を行っていた徳川光圀とが入手につとめ、最終的に綱紀が「金百両」で購入したらしい。しかし、現在前田家の蔵書を所有する前田育徳会尊経閣文庫には現存せず、『高麗史』が一般に流布するようになるのは明治四十一〜四十二年(一九〇八〜一九〇九)に国書刊行会から活字本が出版されてからであった。

二、平安時代の日本・高麗関係史研究

(一) 森克己の日本・宋・高麗三国間貿易研究の継承・発展

石井が日本・高麗関係についての専論を集中的に発表するのは、『日本渤海関係史の研究』の上梓を目前とした二〇〇〇年以降である。石井は中央大学大学院において、日宋貿易研究の大家である森克己を指導教授として教えを受けており、森の没後（一九八一年）より、高麗を含めた日宋貿易関係の仕事を引き継いだ。ただその背景には、後述する三別抄関係の文書の紹介をはじめとした蒙古襲来と高麗・日本関係の業績があったからに他ならない。森の仕事を引き継いだ端的な研究として、「日本と宋・高麗――民間貿易の展開」（田中健夫編『世界歴史と国際交流――東アジアと日本』放送大学教育振興会、一九八九年）がある。ここでは、日宋貿易の進展にともない「日本商人」や北九州の官人の派遣する使者により高麗との貿易も活発になっていくこと、また貿易品の検討を通じて、日本から高麗に輸出したものがさらに宋に輸出される場合や、逆に宋から高麗に入ったものが日本に転送されるというような事例があることを指摘し、日本・高麗・宋の連鎖関係が鎌倉時代にも引き継がれていくことを具体的に述べた。そして、このような貿易に関しては積極的であったが、外交面では消極的であったとする。例えば、承暦四年（一〇八〇）に高麗国王の文宗（在位一〇四六～一〇八三）が病のために医師の派遣を日本に求める牒状を送ってきた、いわゆる「請医一件」においては、治療の失敗を考慮して結局医師を送らず、大宰府から高麗牒状の文言・形式の不備を指摘し、これを朝廷に伝えることができない旨を記して発給したことを述べている。

上記の「請医一件」を含めた、日本・高麗の二国間関係に焦点を当てた研究としては、これ以前の一九八七年に発表した「日本と高麗」（土田直鎮編『海外視点 日本の歴史5 平安文化の開花』ぎょうせい）がある。これは高麗の建国・朝鮮半島の再統一から、十一世紀末までの日本との関係について述べた概説で、この時期に起きた日麗間の大きなできごとを取り上げて、検討を加えている。特に刀伊《とい》の入寇（一〇一九年）と「請医一件」について取り上げ、関連史料を解読しながら事件の経過を時系列に沿って要領よく示している。この論文と田島公「「海外との交渉」三、高麗との関係」（橋本義彦編『古文書の語る日本史2――平安』筑摩書房、一九九一年）は、平安時代の日麗関係の概説を扱った論文として数多く参照されている。概説については、その後二〇一〇年に「高麗との交流」（荒野泰典・石井正敏・村井章介編『日本の対外関係』第三巻、

吉川弘文館）を発表した。高麗の建国から十二世紀、すなわち平安時代の日本と高麗との交流について述べたものである。そこでは、上記の「請医一件」についての叙述もあるが、最新の知見を踏まえた上で認識をあらためている箇所がある。例えば、この時牒状をもたらした大宰府の商人である王則貞《おうそくてい》という人物について、「日本と高麗」では「中国系商人」とするが、「高麗との交流」では、新羅末期に朝鮮半島南部を拠点として活躍した王逢軌《おうほうき》といった王姓もいることから、新羅・高麗からの渡来人の可能性についても指摘している。

石井は同年に『国史大辞典』第七巻（吉川弘文館）で「進《しん》奉船《ぼうせん》」の項目を執筆した。進奉船はモンゴル襲来以前の日本・高麗関係の重要なテーマの一つであり、その理解には森克己をはじめ諸説ある。(3) きわめて字数の限られた著述であるが、基本史料の整理から、十二、三世紀ごろの高麗には、「進奉の礼」すなわち朝貢の形式を具備して渡航した商船に交易を認めるという原則があったと推測し、その約定は高麗と対馬との間で結ばれたものであろうと指摘した。

一九九二年に発表した「一〇世紀の国際変動と日宋貿易」（田村晃一・鈴木靖民編『新版 古代の日本2 アジアからみた古代日本』角川書店）では、日本が宋や高麗との外交関係に消極的になった背景として、九世紀の段階で、日本みずからが政治外交は求めずという姿勢に変化したことの重要性について指摘した。そして、いわゆる「年紀制」と「渡海制」に関しては、森克己の見解を継承・発展させ、これを出入国管理令のごときもので、「渡海制」の法源を律ではなく延喜朝廷の律令制再建策の一環にあったと論じた。

（二）平安時代の高麗観

石井が発表した平安時代の日本・高麗関係史に関する専論は、「日本・高麗関係に関する一考察――長徳三年（九九七）の高麗来襲説をめぐって」（中央大学人文科学研究所編『アジア史における法と国家』中央大学出版部、二〇〇〇年）と、「『小右記』所載「内蔵石女等申文」にみえる高麗の兵船について」（『朝鮮学報』一九八、二〇〇六年）である。

これらの論文でまず指摘できることは、従来、中世対外関係史の立場からアプローチされることの多かった平安時代の高麗観を、石井はこれまで研究の対象としてきた渤海・新羅から高麗へと至る連続性の中で捉えようと試みた点である。

「日本・高麗関係に関する一考察」は、これまで森克己が概説的に触れていた程度であった長徳三年の日麗交渉に関して扱った、初めての専論といえる。長徳三年十月に奄美島民が九州を来襲したことを、大宰府からの飛駅使が高麗国来襲と誤報し、藤原道長をはじめとする公卿たちの色を失わせた。一方、高麗が五〇〇艘の兵船で来襲するという噂があったが、このように飛駅使が誤報をもたらした背景として、その四ケ月前の長徳三年五月に、高麗国から「日本国」・「対馬嶋司」・「対馬嶋」宛てにそれぞれ牒状が送られてきたことがあった。この中に日本国を辱める内容があり、宋の謀略ではないかと疑う意見まで出された。具体的な内容については、『権記』長徳三年十月一日条により、それ以前に〈鶏林府に到りて犯を成す〉日本人の行動、すなわち後世の倭寇を彷彿とさせる行動を伝え、それを非難し、禁圧を強く求める抗議の内容ではなかったかと推測した。日本側ではこの牒状を無礼に思うとともに、高麗の強硬な態度に警戒心を募らせ、いつか高麗が報復ないし犯人逮捕のための来襲があるかもしれないと感じ、それが、十月の奄美島民の来襲の話を高麗の襲撃と理解してしまったことにつながったとする。

石井がこの時の日麗交渉を、後に頻りに行われる倭寇禁圧交渉の先駆けとみることができると結論付けたことは大きな成果であった。それは従来扱われてきたような、国家間の関係や交渉を重視するだけではなく、相互の境界領域における人々の行動に焦点を当て、その視点から残された史料を再検討したことで、この一件が国家間の問題にまで波及したことを明らかにしたからである。史料上の制約が大きい日麗関係史研究の進展に、新たな可能性を提示した意義を認めることができる。(4)

そして、この論文では平安時代における日本人の高麗観についても具体的に言及している。対外認識に関しては、田中健夫の「史料に遺された対外認識はすべて部分的な認識、個人的な認識の集積にすぎないことを自覚することから、集団や地域の共通の対外認識の解明が始まるのである」、「部分的認識の一般化・抽象化は、一方では事実の隠蔽をおかすことであり、国際認識を解明する作業には危険なことといわねばならない」という指摘(5)を十分に踏まえた上で、平安貴族たちがどのような材料に基づいて高麗観を形成していったのかという点について検討している。これについて石井は、

> 過去の資料として、記紀を始めとする史書・記録・文書等による知識がまずあげられるであろう。そして同時代の資料としては、折に触れて報告されてくる朝鮮・中国との前線基地大宰府および長門など沿海諸国からの報告が、その重要な情報源になったことと思われる。
> （一七一頁）

と述べる。具体的には平安末期に成立した九条伊通《これみち》著『大槐《たいかい》秘抄《ひしょう》』の中にある対外関係記事を平安時代の標準的な高麗観と捉え、日本人の朝鮮観の源流ともいえる神功皇后の三韓

征伐説話を受けて、高麗が何時復讐のために襲ってくるかもしれない警戒を要する相手として認識するとともに、現実的には朝鮮・中国の前線基地である大宰府・長門などの沿海諸国からの報告が、その重要な情報源になったことを指摘した。

このような外交の最前線からの情報を受けて、より高麗に対する警戒を強めることになった事件が、寛仁三年（一〇一九）の、いわゆる刀伊の入寇事件である。『小右記』所載「内蔵石女等申文」にみえる高麗の兵船について」では、この時、大宰府から刀伊入寇の詳しい経緯を記した「大宰府解」と、刀伊に連れ去られたものの高麗軍に救出された内蔵石女らの体験談を筆録した申文を考察したものである。「申文」という体裁ではあるが、実質は大宰府官人が取り調べに際して聞き出したかったことで、彼らの主な関心は高麗の軍事力の程度を知るという点にあった。(6) これらから、日本が甚大な被害を受けた刀伊の賊を散々に撃破した高麗の軍事力に対する脅威や警戒心、さらに新羅以来の造船技術の優秀性・先進性をあらためて覚ることとなったであろうと指摘した。そして、対馬に滞在していた高麗使を大宰府まで招いたことについては、日本の国情を読み取られ、防備の薄いことを察知されることに神経を使い、高麗に軽侮されることを恐れる意識がうかがえるとする。一方、この時高麗側は日本人捕虜たちを丁重に扱っており、関係を改善するには絶好の機会であったが、公卿らはそれを望まなかった。そこには上記の状況により高麗に対する恐怖心が増幅し、新たなる脅威として人々の脳裏に刻まれたことにもよるが、「大宰府解」に〈新羅は元敵国也。国号の改め有りと雖も、猶お野心の残るを嫌う〉とあるように、新羅以来の敵国と認識していたことが明白に述べられていることも指摘する。

ただ、前述のように、高麗は新羅の後継国家とする立場と渤海（高句麗）の後継国家とする立場があり、それは日本側も認識していたとする。前掲「高麗との交流」では、次のように述べている。

> 日本には高麗に対する認識に二つの面があったことにも注意したい。すなわち、新羅の後継者という側面と渤海の後継者という側面であった。……この二つの高麗観は、渤海の後継者観は平和時にあらわれ、新羅の継承者観は対立時にあらわれるという特徴がある。（八七―八八頁）

このうち後者については、これまで述べてきたようにしばしば言及されているが、前者に関しては、必ずしも詳しく論じられてはいない。一つは「請医一件」の際の陣定の席において、権中納言源経信が〈朝貢絶ゆといえども、猶お略心なし〉と述べ、医師を派遣すべしとする意見を述べていることを論拠としている。あるいは後の史料になるが、『異国牒状記』の中に「高麗国は神功皇后三韓を退治せられしより、永く我朝に帰して西藩となりて、君臣の礼を致し、朝貢を毎年舟八十艘を送りし事、上古は絶えず。しかるに中古以来太元国に従へられて彼藩臣となる。しかありともいかでか旧盟を忘れん。仍テ代々高麗の礼は各別の事なり。無礼の事、ことに其沙汰あり」と対高麗外交の基本姿勢を述べた一節を根拠にしていると思われる（「『異国牒状記』の基礎的研究」『紀要』（中央大学文学部）史学五四、二〇〇九年）。

（三）史料の一文字から日麗関係史の新境地を開く

石井の研究スタイルは、論の中心となる根本史料に関しては、原本・写本レベルから再校訂を施し、字句を確定させた上で検討を進めていくというもので、まさに「石井正敏の歴史学」の真髄といえるであろう。大学院時代に、厳密な実証史家として知られている飯田瑞穂から、一字一句を忽せにしない史料読解の薫陶を受け、さらには東京大学史料編纂所で、『大日本史料』第三編の編纂などに携わることで得られた知識や経験に裏打ちされた、職人的な勘とでもいうべき高い見識によって、新境地を開いていった。前述の「『小右記』所載「内蔵石女等申文」にみえる高麗の兵船について」では、「内蔵石女等申文」の中で高麗の兵船について述べている記事に関して、『大日本古記録』をはじめとする通説において[7]「不懸檝」とあるところを、「下懸檝」とすべきであることを写本から指摘した。この一文字の違いから、高麗の兵船に関する構造を検討し、高麗顕宗代に東女真対策のために作られた「戈船《かせん》」であることを論証するだけでなく、朝鮮時代の十六世紀において、倭寇対策のために建造された万屋船《ばんおくせん》にその特徴が兼ね備えられていると言及した。さらには『蒙古襲来絵詞』に描かれた軍船にも共通点を見出すことができ、この船が元ではなく、高麗で建造された可能性が高いことまで指摘し、朝鮮船舶史の分野にまで大きなインパクトを与えた。

もっとも石井自身は「むすび」において、

> 本稿の目的は、『小右記』の著名な記事について、通説の「不懸檝」を「下懸檝」とすべきことを指摘し、わずか一文字の校訂が史料の解釈にもたらす影響の大きさを示すことにある　（六三頁）

と述べているように、特に史料上の制約が大きい日麗関係史料の扱いについて、より慎重に取り組むべきことを示した。中央大学の学部・大学院の授業において、石井は学生たちに対し、大向こうを唸らせるような論を組み立てたとしても、史料のわずか一文字が違えば、その解釈はたちまち砂上の楼閣に終わってしまう。よって根本史料は活字本ではなく写本から見ることが肝要であると話していたが、まさにこのことを実際に示した論文であった。

また、下文でも触れる貞治六年（一三六七）に来日した高麗使の倭寇禁圧交渉に関する史料である『異国牒状記』や『報恩院文書』についても、活字本ではなく写本から再校訂を行って本文を確定させている。『『異国牒状記』の基礎的研究」では、尊経閣文庫に所蔵されている『異国牒状記』について、貞治六年の五月二十三日〜六月二十六日までの間に、官務小槻《おづき》兼治《かねはる》勘例を参考に作成され、後光厳天皇に献上されたものの草案原本であることを明らかにした。これを延宝六年（一六八〇）に高辻豊永《たかつじとよなが》が加賀藩主前田綱紀に贈っているのであるが、一巻九紙で構成されている文書の紙継に錯簡があることを指摘し、本来の順序で再校訂を加えている。このことについて石井は、論文の「付記」の中で、石井が大学院生であった頃に尊経閣文庫に関わっていた飯田瑞穂より「原本紙継ノ錯乱アリ」と書かれた識語から手がかりを得て研究を進めたと記している。今後『異国牒状記』を史料として扱う場合には、『大日本史料』などの活字本ではなく、『『異国牒状記』の基礎的研究」にある本文を利用しなければならないであろう。

さらに、『報恩院文書』所収の「征東行中書省箚付」・「高麗国征東行中書省咨」・「高麗使臣交名及び雑記」についても、醍醐寺文書写真版を底本として、『大日本史料』・『大日本古記録』・『太平記』を参考に、『異国出契』などを利用して対校した。そして、文書の記述内容もさることながら、古文書学的な視点からも検討を加え、原文書の残存例が極めて少ない高麗時代の外交文書様式復元の可能性についても言及した（後述）。

三、「高麗牒状不審条々」の発見と研究

（一）「高麗牒状不審条々」の紹介

「はじめに」で述べた通り、石井は東京大学史料編纂所在職時に、その保管文書の中から発見した一葉の文書を、「高麗牒状不審条々」と名付けて調査し、その成果を一九七八年に「文永八年来日の高麗使について――三別抄の日本通交史料の紹介」として世に紹介した。この論文が日韓両国に与えたインパクトは絶大であった。

「高麗牒状不審条々」は十二条からなり、第一〜第三条には、文永八年（一二七一）に到来した高麗牒状と、それ以前の文永五年（一二六八）の牒状とを比較して、不審と思われる箇所を抄出している。そして第四条以下は、文永八年の牒状の内容に関して注意すべき箇所を抄出したものであっ

た。文永八年に高麗からの牒状が到来したことは、吉田経長の日記である『吉続記』文永八年九月二日条に「関東使随身高麗牒状」とあることから知られていたが、その内容は、同記同年九月二日条に「蒙古兵可来責日本、又乞糶、此外乞救兵歟」とあるのみであった。これについて根本誠は、この時期の前後の状況から、「高麗三別抄の反乱軍からのものであろう」と推測していた。(8) 石井は「高麗牒状不審条々」の第三条に「今状、遷宅江華近四十年」・「遷都珎嶋」とあるのに加えて、夷狄蒙古の風俗は聖賢の嫌悪するところであると述べていることから、「正規の高麗朝廷ではなく、珍島に拠った三別抄側の表現と考えるのが最もふさわしい」(四頁)と指摘した。すなわち、文永八年の高麗牒状は、文永七年(一二七〇)に蒙古の開城への還都命令に背いて反乱を起こした三別抄が、江華島から珍島に移って元・高麗両政府に反抗していた時期に、日本に対して救援を求めて発給したものであったことが確定されたのである。

(二)国内外における影響

石井が本論文を発表すると、李佑成が韓国で発表した新聞記事(後述)を受けて、一九七九年四月二十日付の『統一日報』に、「高麗の三別抄政府鎌倉幕府に外交文書」と題する記事が出された。その後、村井章介が三別抄の乱について検討した論文の中で、本文書を取り上げて意義を明らかにした。(9) 一九八五年には『歴史読本』において「モンゴルの高麗支配に抵抗した三別抄政府」と題する短文を執筆し、一九八九年にはNHKの番組である「歴史誕生」において、「解読された謎の国書」と題する特集が組まれた。これには石井本人も出演し、翌年に書籍化された際には「蒙古襲来前後の日本と蒙古・高麗」として文章を載せている。そこでは、文永の役から弘安の役までの間、すなわち両国が準戦時下にあったのであるが、クビライは日本との貿易を認めていることを指摘した。これは海外貿易の利益に注目して巨額の収入を得ていた宋の方針を引き継いだものであり、クビライの日本に対する働きかけも、マルコ・ポーロの『東方見聞録』に黄金の国と紹介されていることからもあるように、日本の富に着目し、貿易を行う意図であったと述べた。そして、蒙古の属国となった高麗にも日本人の商人が往来していたのだが、このように日本商人が元、高麗へ積極的に出かけていったにも関わらず、高麗を舞台に起こっていた三別抄の乱をはじめとする情勢を日本側が全く把握していなかったような状況について疑問を提示しており、今後解明されるべき課題であると指摘した。

一方の韓国では、石井の論文発表翌年(一九七九年)の

『中央日報』四月十六・十七日紙面に、李佑成が「『三別抄政府』外交文書発見」と題する文章を寄せ、反蒙古の英雄三別抄に関する具体的な史料ということで注目を集めた。一九八五年に尹龍爀による石井論文の韓国語訳（注1参照）が発表されると、本格的な研究が進められた。そして現在にいたるまで、十本以上もの専論が発表されているほか、モンゴル関係を扱う概説書や史料集などにはほぼ必ずと言ってよいほど参照される文書となっている。

（三）「高麗牒状不審条々」の研究

その後、三十年以上が経過した二〇一〇年に、「文永八年の三別抄牒状について」（高麗大学校日本史研究会編『東アジアのなかの韓日関係史』下、J&C。原文はハングル）が発表され、翌年に中央大学文学部の『紀要』（史学五六）に改訂・増補を加えた日本語版が発表された。この執筆の背景について石井は「はじめに」と「付記」で次のように述べている。

> 筆者の旧稿（「文永八年来日の高麗使について」―近藤）は副題に「三別抄の日本通交史料の紹介」と付したように、「高麗牒状不審条々」の紹介を中心としたものであるので、詳しい検討や考察は示していない。そこでこれまでの日韓両国における研究史と論点を踏まえて、現在考えていることについて述べてみることにしたい。
> （『紀要』二頁）

> 本論文は、「高麗牒状不審条々」について一九七八年に紹介論文を発表して以来、主に韓国の研究者の方から多くのご意見をいただいているので、きちんと整理しておきたいとの考えに基づき、まとめたものであるが、直接の契機は、今年（二〇〇九年）に入り、韓国のKBS「歴史追跡」（四月二十日放映）、そして日本のNHK「ETV特集 日本と朝鮮半島二〇〇〇年」（九月二十七日放映）で相次いで三別抄の特集が組まれ、取材を受けたことによる。
> （『紀要』三四頁）

本論文では、三別抄の乱の全体像を年表形式で確認をした上で、『吉続記』などを利用しながら、文永八年の三別抄牒状の内容がどのようなものであったのかを検討する。その後、牒状の作成時期について、村井章介が述べる三別抄が拠点としていた珍島陥落の直前とする見解を妥当とし、三別抄の首領裴仲孫《はいちゅうそん》が生き残りをかけて行った蒙古使忻都《きんと》との交渉が不調におわった四月末から珍島が陥落する五月十五日の直前と指摘した。そして「高麗牒状不審条々」各条を日韓の先行研究を示しながら逐条的に考察を加えている。特に議論となっている第五条「漂風人護送事」と第六条「屯金海府之兵、先廿許人、送日本事」は連動するものとみて、先行研究をすべて退けた上で、蒙古が日本人漂流者の護送を名目として、金海府に駐屯する兵を日本に派遣しようとしていると解釈した。

四、モンゴル・高麗との交渉と「武家外交」の誕生

石井にとっては結果的に晩年の研究となってしまったが、二〇〇〇年代後半以降は武家外交の成立過程を明らかにすることに関心が向けられた。前述のごとく「高麗牒状不審条々」の紹介・研究を通じて蒙古襲来前夜の日・元（高麗）交渉について検討をしており、また一九九五年には田中健夫とともに『善隣国宝記 新訂続善隣国宝記』を集英社より刊行している。『善隣国宝記』は臨済宗の僧である瑞渓周鳳《ずいけいしゅうほう》が、寛正五年（一四六四）に遣明表作成の命を受けたことを契機として編纂が始められたものであり、「現存する対外関係の本格的な著作」で「必要から生まれた史料集であり研究書である」と『日本の対外関係』第一巻の「研究の歩み」の中で述べている（一一頁）。さらには、先に触れた『異国牒状記』も、貞治六年の倭寇禁圧を求める高麗使との対応の中で作成されたものである。財団法人日韓文化交流基金が刊行した『日本における韓国・朝鮮研究 研究者ディレクトリ』（二〇一一年）には、二〇一〇年の調査内容が掲載されているが、そこで石井は対象とする年代を「四世紀～一四世紀」としている（一一頁）。同年に出版した『日本の対外関係』第一巻の「東アジア世界の成立」の中では、卑弥呼の魏への遣使について検討を加えているため、三世紀まで年代を広げているが、石井にとって、古代対外関係史の体系的理解には、古代外交の終焉と中世「武家外交」の成立の解明が要諦であったのではないかと思われるのである。

（一）室町幕府初度の外交経験——貞治六年の高麗使について

一三五〇年以降に猖獗を極めたいわゆる前期倭寇に対して、その禁圧を求める高麗からの使者が貞治六年に来日したできごとは、室町幕府がはじめて経験した外交交渉であった。この一件については、『報恩院文書』に高麗使がもたらした牒状そのものが残っているほか、自筆本が現存する『師守記』をはじめ、『後愚昧記』・『善隣国宝記』・『太平記』・『高麗史』など様々な記録があり、他の日本・高麗関係のできごとに比べ情報が豊富である。しかしながら、この時来日した複数の高麗使（金龍《きんりゅう》・金逸《きんいつ》〈金乙・金一〉・金凡貴《きんぼんき》〈金乙貴〉）の関係性や、来日の時期にずれがあることについて、また、この時の高麗使がもたらした文書「征東行中書省箚付」・「高麗国征東行中書省咨」・「高麗使臣交名及び雑記」（石井はそれぞれ文書

Ⅰ・Ⅱ・Ⅲと称す）のうち、ほぼ同じ内容が記されている「箚付」と「咨」が征東行中書省名義であることや、これらの文書を高麗使節の誰が日本のどの機関に提出したのかなどについては議論となっており、事実の解明が困難な問題を多く有している。

この問題について石井は、これまで先学が注目することのなかった二つの点からアプローチを試みた。一つは、この案件を審議する際に作成された『異国牒状記』を、従来の研究ではほとんど参照されていないことを指摘し、これを大いに利用したことである。そのため、前述のごとく「『異国牒状記』の基礎的研究」（二〇〇九年）において、紙継の錯乱を正すことにより本文を確定し、その読解により本文書にのみ見られる情報を抽出し、翌二〇一〇年に発表した「貞治六年の高麗使と高麗牒状について」の中で問題の解明を進めた。

そしてもう一つが、報恩院文書所収の文書Ⅰ・Ⅱ・Ⅲに古文書学的な考察を加えたことである。この点については、「貞治六年の高麗使と高麗牒状について」の中で次のように述べている。

> 何よりも問題としたいのは、……既往の諸説はそれぞれに基本史料に史料批判を加えながら論述されてはいるが、牒状の記述内容に重点をおいて検討が進められており、牒状の文書としての考察がほとんどなされていないことである。そこで文書Ⅰ・Ⅱ・Ⅲ写に古文書学的考察を加えることからはじめて、使者ならびに牒状に関する諸問題について考えてみたい。（一八頁）

この手法に基づいて文書を分析したところ、台頭・平出や、字詰め、余白の状態、異体字の存在などの特徴から、文書Ⅰ・Ⅱ・Ⅲは誤写がままみられるものの、原本を忠実に写していると判断した。また、文書Ⅰの途中にある署押Aと最終行にある署押B、そして文書Ⅱの最終行にある署押Cを検討し、Aの署押はB・Cに比べて明らかに大きいことから、より高位の者によって付されたものであることを推測した。そしてBとCには花押らしきものが四つ記されているが、配列は異なるものの共通していることを見出した。以上の特徴からさらに分析を進め、内容的にはほぼ同じ文書ⅠとⅡについて次のような性格の違いを明らかにした。

> 文書Ⅰは征東行中書省内部の文書で、日本国宛咨文の発給と使者の選任を命じ、これを受けて使者が選任され、使者に公布された箚付であり、文書Ⅱは使者の名を明記した征東行中書省の「日本国」に宛てた咨文とみなされるのである。……元来は文書Ⅱが正式の牒状であるが、金龍は身分証明のために文書Ⅰも日本側に提出したもの

であろう。　（二九頁）

そして、『牧隠集』文藁・巻一五所収「贈諡忠敬廉公（廉悌臣）神道碑」の記述から、征東行中書省名義の文書には、郎中以下の左右司のほか、丞相である国王の署押が加えられていた場合があったことから、同省名義の文書Ⅰ・Ⅱには丞相ならびに左右司の署押が加えられたとする。すなわち、三ヵ所にみえる署押のうち、署押B・Cに比べ大きく堂々しており、中に「長」の草書体と判読される文字のある署押Aは、征東行中書省長官である丞相高麗国王恭愍王の自署である可能性を指摘し、署押B・Cは郎中以下の左右司のものであると判断した。さらには、「皇帝聖旨裏」からはじまる征東行中書省名義の文書を使用した背景について、文書Ⅲの分析から、高麗が倭寇禁圧の目的を果たすために元の威光を利用しようとしたことに加え、名分関係において日本よりも上位にあろうとする高麗の自尊意識が存在していたと理解した。

以上のような古文書学的な考察を経た上で、『異国牒状記』の記述を利用して諸史料の検討を行い、複数みられる高麗使の性格については、次のように論じている。

牒状（文書Ⅰ・Ⅱ）の「金凡（乙）貴」は、「金乙」が正しく、「金乙」は「金逸」に通じ、すなわち、金逸・金龍が遣日本使として牒状に記載されることになるのである。……金逸（金乙）・金龍は二隻で元来同時に日本（博多）に向かう予定であった。牒状と礼物を搭載した金龍の船は悪風などにより出雲方面に漂着し、隠岐・伯耆を経て入京した。一方の金逸一行は出発が遅れるか、あるいは日本到着後の身分照会で手間どるなど、何らかの事情で上京が遅れた。牒状と礼物は金龍が携行していたので、自ずから公式牒状は一通（文書Ⅱ）であったとみなされるのである。　（四五頁）

詳細な考証過程については本論文をご覧いただきたいが、貞治六年の高麗使について研究した上記二本の論文は、古文書学の深い学識に加え、古代の日渤・日羅関係史研究の第一線でこれまで挙げてきた成果を存分に生かしており、まさに「石井正敏の歴史学」の真骨頂を発揮したものといえよう。石井は本論文の中で、しばしば憶説や憶測という表現を使用している。史料上の制約が大きく、また自身も、征東行中書省名義の文書の書式は、

元の文書様式を踏襲しているとみられるので、元における文書発給の手続きを検討しなければならないが、この点については今後の課題……。　（二九頁）

と述べているように、検証すべき内容は少なくない。しかしながら、石井のこの仮説には自信がうかがえる。筆者は石井

の生前に、渤海史研究が自身の研究の生命線であるという旨の発言を聞いたことがあるが、日渤関係史以外の研究における重要な成果として三つを自薦された。一つは「高麗牒状不審条々」の発見とその研究。一つはいわゆる遣唐使の停止に関する研究。そしてもう一つが、この貞治六年の高麗使と高麗牒状に関する研究であった。いずれにしても、この仮説の当否については、我々が今後検証すべき課題として残されている。

(二) 武家外交の誕生

二〇一三年に、石井はNHK出版より最後の単著である『「武家外交」の誕生』を刊行し、翌二〇一四年には「至元三年・同十二年の日本国王宛クビライ国書について――『経世大典』日本条の検討」(『紀要』〈中央大学文学部〉史学五九)、「年未詳五月十四日付源頼朝袖判御教書案について――島津荘と日宋貿易」(『中央史学』三七)を相次いで発表した。これらは連動した述作であることを「至元三年・同十二年の日本国王宛クビライ国書について」の中で次のように述べている。

> 蒙古襲来を中心とする、日本と蒙古(元)関係についての研究は数多い。こうした先行研究を参考に、筆者は『「武家外交」の誕生』(NHK出版・二〇一三年)を刊行した(以下、拙著と略称する)。拙著はもともとNHK Eテレ番組「さかのぼり日本史」(二〇一二年一二月放映)の内容を一般向けにまとめた書物であるため、考証を省略しているところが多い。そこで補足の意味を込めて順次論文として発表していきたいと考えており、本論文もその一つである【補注】。……【補注】この他、本年三月刊行の『中央史学』第三七号に「年未詳五月十四日付源頼朝袖判御教書案について」を発表した。(三〇頁)

すなわち、四章構成となっている『「武家外交」の誕生』のうち、両論文は第一・二章と第四章の補足となっている(本書は歴史をさかのぼる形式で叙述されている)。

本書はタイトルに「武家外交」の誕生とあるように、古代において天皇・公家(朝廷)主導で行われていた外交が、武家(幕府)に移っていく過程を明らかにすることを目的としている。また、「情報」をキーワードとして、海外からの情報が島国日本にどのように伝えられ、蒐集・分析を加え、どのような対応を行ったのかということにも力点を置いている。[10]武家による外交は、これまで承久の乱による公武権力の逆転や、クビライ国書の到来を起点とする蒙古との外交交渉を通じて「なんとなく」わかったような気になっていたが、理解としては曖昧であったと言わざるを得ない。石井は本書において、平安期から鎌倉期における外交権の所在を、一般向けの本ということもあり、平易な文章で明快に論じている。詳細は本書をご覧いただきたいが、その部分の概要を述べると次のごとくである。(11)

律令制定以来、大宰府には西海道方面の統治と外交という二大業務が課せられていたが、鎌倉幕府が成立すると、大宰府は武家の管理下に置かれ、やがて大宰府守護所と呼ばれるようになっていくと、その性格に変化が生じた。頼朝の時代においては、天皇大権である外交には関与せずに、脆弱な政権基盤を確立させるという基本方針を貫いていたため、海外業務についてはあまり関心を向けなくなり、現地の裁量範囲が広がっていった。承久の乱を経て武家の優位が確立してくると、大宰府・諸国―朝廷（太政官）という単純であった流れに、武家の鎌倉（幕府）・京都（六波羅）が加わって複雑化し、また諸国の情報も朝廷ではなく、鎌倉に届くようになっていった。そして大宰少弐を務めた武藤資頼《むとうすけより》やその子の資能《すけよし》は、独断で高麗や宋との貿易に関与するなど、これまでにない新しい動きがあらわれた。大宰府までは相当量の海外情報が入っていたとみられるが、そこから少弐（武藤）氏が幕府や京都にどの程度伝えたかどうかは問題であるとする。このような状況下において、文永五年にクビライ国書および高麗国王元宗の書簡がもたらされた。これまで見たことのない書式と内容に公家たちは「驚歎」し、返書を送らなかった。そして翌文永六年（一二六九）に届いた蒙古と高麗からの牒状に関しては、朝廷で審議を重ねた結果、返書を送ることに決めた。菅原道長の子孫にあたる長成に草案を起草させて幕府に送り、確認の上、大宰府から交付するように伝えた。ところが、執権北条時宗は寄合で検討を加え、返書を送らずという結論を出し、朝廷が作成した返書を握りつぶし、クビライの要求を無視する結果となった。幕府が頼りとした南宋の渡来僧は、母国が蒙古によって侵略されていく現実をみており、その情報は偏っていた。時宗にとっても中華は宋であり、中華を脅かす夷狄蒙古という認識をいだいており、「征夷」大将軍を戴く武家政権が夷狄に屈するわけにはいかなかったとする。そしてこの時点において、日本における外交の意志決定権が朝廷から幕府に移ったと指摘した。この後文永八年に趙良弼《ちょうりょうひつ》がもたらした三度目の蒙古国書に関しても、幕府は返書を送っておらず、朝廷においても、前回幕府に握りつぶされた長成の起草案を修正したものを出せばよいのではないかとの結論をわずか一日で出しており、公家たちも自分たちに外交の決定権がないことを悟っていることを示しているとする。また、時宗が頼りとした無学祖元らの渡来僧（禅僧）を外交相談役として周囲においていたが、後の室町・江戸幕府においてもこの組み合わせで武家が自前の外交を展開しており、まさにこの時期に素地が作られたことを指摘した。

おわりに

以上、石井正敏の主に日本・高麗関係史の研究成果について述べてきた。最後に、石井の研究を今後どのように継承していくべきなのか、筆者なりの考えを述べて本稿のむすびとしたい。

日本・高麗関係史に関しては、前述のごとく史料上の制約が大きく、情報が断片的で全体像を把握することが困難である。そのため、残された史料をより緻密に読解・分析することが求められる。これまでみてきたように、石井の研究は、根本となる史料を活字本に依拠するのではなく、原本・写本レベルから校訂を加えて本文を確定し、必要に応じて古文書学的な分析を加え、内容の読解に入っていく。当該期における日韓の史料は、編纂史料や古記録・古文書はもとより、個人の文集や墓誌銘・鐘銘などの金石文に及ぶ。これらを集成した年表や史料集は数多く刊行されており、[12]研究に益するところは大きいが、どうしても誤植等があるため、万全を期すには可能な限り原典に当たることが新たな研究につながる突破口となろう。石井の研究成果は、その地道な努力の集積によって得られたものなのである。

今後我々が取り組まなければならない具体的なテーマを挙げれば、まず「認識」の問題として、高麗の対日本観に関して明らかにしていく必要があろう。「日本・高麗関係に関する一考察」の中で、

新羅・高麗の日本観、日本認識についても検討が必要と思うが、今のところ筆者には準備がないので、今後の課題としたい。（二〇一頁）

と述べており、その後「高麗との交流」や「貞治六年の高麗使と高麗牒状について」の中で、高麗が自ら中華の皇帝とする自尊の意識があったことについて述べているが、今後さらに追究する余地のある問題であろう。日麗間の具体的な動向については、新たな史料の発掘や再発見に努めることは言うまでもないが、平安時代でいえば、いわゆる「進奉船」の変遷について明らかにしていく必要があろう。石井は「高麗との交流」の中で、「軽々に結論を出すことは難しい」（一〇八頁）と述べているように、研究者によって様々な説が提示され、論争となっている問題である。そして、「至元三年・同十二年の日本国王宛クビライ国書について」の中で次のような指摘がある。

クビライの時代を中心とする蒙古（元）・高麗と日本の

外交文書については……近年のユーラシア規模の史料学研究、特にモンゴル語文献に対する研究が進展している状況を受けて、あらためて検討する必要があるのではないかと考えている。（三頁）

すなわち、高麗の事元期（十三世紀半ば）から末期における外交文書を中心とした交渉過程の再検討を行うことも、我々に残された課題であろう。

注

(1) 尹龍爀「삼별초의 일본 교통사료（三別抄の日本交通史料）」（『史郷』二、一九八五年）。

(2) 田島公「冷泉家旧蔵本『長秋記』紙背文書に見える「高麗」・「渤海」・「東丹国」」（上横手雅敬編『中世公武権力の構造と展開』吉川弘文館、二〇〇一年）。

(3) 森克己「日・宋と高麗の私献貿易」（『続々日宋貿易の研究――新編森克己著作集3』勉誠出版、二〇〇八年、初出一九五九年）。他に青山公亮「通商関係の一班――特に所謂進奉船貿易に就いて」（『日麗交渉史の研究』明治大学文学部、一九五五年、初出一九二五年）、中村栄孝「十三・四世紀の東アジアと日本」（『日鮮関係史の研究』上、吉川弘文館、一九六五年、初出一九六二年）。李領「中世前期の日本と高麗――進奉関係を中心として」（『倭寇と日麗関係史』東京大学出版会、一九九九年、初出一九九五年）など。

(4) 例えば、山内晋次「朝鮮半島漂流民の送還をめぐって」（『奈良平安期の日本とアジア』吉川弘文館、二〇〇三年、初出一九九〇年）はすでに一九九〇年時点で境界領域の人々の交流について注目して研究をしているが、著書に収録するに際してはいわゆる「進奉船」に関する叙述をはじめ、高麗の部分を増補されている。他に拙論「嘉禄・安貞期（高麗高宗代）の日本・高麗交渉について」（『朝鮮学報』二〇七、二〇〇八年）、同「一二世紀前後における対馬島と日本・高麗――『大槐秘抄』にみえる「制」について」（中央大学人文科学研究所編『島と港の歴史学』中央大学出版部、二〇一五年）なども参照。

(5) 田中健夫「相互認識と情報」（『東アジア通交圏と国際認識』吉川弘文館、一九九七年）。

(6) 村井章介「一〇一九年の女真海賊と高麗・日本」（『日本中世の異文化接触』東京大学出版会、二〇一三年、初出一九九六年）。

(7) 韓国では数多くの成果があり（当該論文六五頁を参照）、日本では村井章介「一〇一九年の女真海賊と高麗・日本」（注6前掲書）などが挙げられる。

(8) 根本誠「文永の役までの日蒙外交――特に蒙古の遣使と日本の態度」（『軍事史学』五、一九六六年）。

(9) 村井章介「高麗三別抄の叛乱と蒙古襲来前夜の日本」（『アジアのなかの中世日本』校倉書房、一九八八年、初出一九八二年）。

(10) もともと「ヒト・モノ・情報」の動きに注意を払って研究を進めていたが、二〇〇〇年以降になると、特に「情報」の持つ歴史的な意義について大きな関心を寄せた。二〇〇一～二〇一〇年には、中央大学人文科学研究所において「情報の歴史学」チームを研究代表として立ち上げ、その成果を、中央大学人文科学研究所編『情報の歴史学』（中央大学出版部、二〇一一年）にまとめた（二〇〇九年四月から二〇一五年三月までは同研究所の所長を務めた）。なお、「教育×Chuo Online」の「研究」二〇一一年四月二十一日付に、「情報の歴史学」と題した記事を寄せている（URL：http://www.yomiuri.co.jp/adv/chuo/research/20110421.html）。

（11）拙論「新刊紹介 石井正敏著『NHKさかのぼり日本史外交篇［8］鎌倉「武家外交」の誕生――なぜ、モンゴル帝国に強硬姿勢を貫いたのか』」（『中央史学』三七、二〇一四年）。

（12）日韓における最近の成果をいくつか挙げると、例えば、対外関係史総合年表編集委員会編『対外関係史総合年表』（吉川弘文館、一九九九年）、盧明鎬他編『韓国古代中世古文書研究』上・下（ソウル大学校出版部、二〇〇〇年）、張東翼『日本古中世高麗資料研究』（SNU PRESS、二〇〇四年）、金龍善編『高麗墓誌銘集成』第五版（翰林大学校出版部、二〇一二年）、金龍善編著『続高麗墓誌銘集成』（翰林大学校出版部、二〇一六年）などがある。

日本古代交流史入門

鈴木靖民・金子修一・田中史生・李成市［編］

日本古代史を捉えるための新たなスタンダード！


ヒト・モノ・文化・情報の移動と定着、受容と選択を伴いつつ変容していく社会と共同体――。

日本列島の歴史はウチ／ソトに広がる多層的・重層的な関係性のもとに紡がれてきた。

三世紀～七世紀の古代国家形成の時期から、十一世紀の中世への転換期までを対象に、三十七名の第一線の研究者により、さまざまな主体の織りなす関係史の視点から当時の人びとの営みを描き出す。

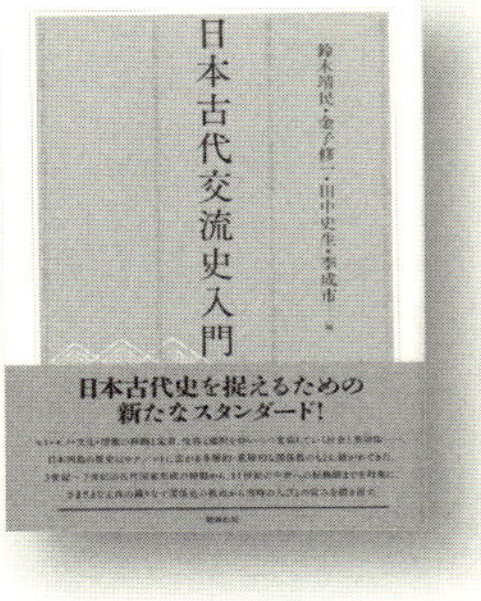

本体3,800円（+税）
A5判・並製・592頁
ISBN978-4-585-22161-6

勉誠出版
千代田区神田神保町3-10-2 電話 03(5215)9021
FAX 03(5215)9025 WebSite=http://bensei.jp

「入宋巡礼僧」をめぐって

手島崇裕

石井正敏の渡海僧（特に入北宋僧）に関する研究について、一、僧侶の人物研究、二、「入宋巡礼僧」「求法から巡礼へ」といった渡海僧の理解、の二点から紹介し、さらに、今後継承すべき論点や課題を探った。一に関して、成尋の実像を明確に捉えた石井の方法を紹介し、奝然や寂照の人物を描く関連史料について、石井の研究を踏まえて筆者独自に考察してみた。二に関して、「入宋巡礼僧」の定義について再確認したうえで、「求法」僧と「巡礼」僧との間で、どのような性格が継承されているのか、その連続面について今後考えていく必要があることなどを述べた。

てしま・たかひろ――韓国慶熙大学校外国語大学日本語学科助教授。専門は仏教を中心とした対外関係史（特に平安時代）。主な著書・論文に『平安時代の対外関係と仏教』（校倉書房、二〇一四年）、「高麗と北宋の仏教を介した交渉について――入宋僧を中心に」（伊東貴之編『「心身／身心」と環境の哲学――東アジアの伝統思想を媒介に考える』汲古書院、二〇一六年）などがある。

はじめに

本稿は、石井正敏の多岐にわたる仕事のうち、入宋僧（北宋への渡海僧）に関する一連の研究を紹介し、その成果を受け継ぎ、発展させる手がかりを探るものである。

まず、主な入宋僧関連研究を公表順に挙げたい。(1)

①「一〇世紀の国際変動と日宋貿易」（鈴木靖民他編『アジアからみた古代日本 新版 古代の日本2』角川書店、一九九二年）

②「入宋巡礼僧」（荒野泰典他編『自意識と相互理解 アジアのなかの日本史V』東京大学出版会、一九九三年）

③「入宋僧成尋のことなど」（『古文書研究』四三、一九九六年）

④「入宋僧奝然のこと――歴史上の人物の評価をめぐって」（『古文書研究』四七、一九九八年）

⑤「『参天台五台山記』研究所感――虚心に史料を読む、ということ」（『日本歴史』六〇〇、一九九八年）

⑥「成尋生没年考」（『中央大学文学部紀要』一七七史学科四四、一九九九年）

⑦「成尋――一見するために百聞に努めた入宋僧」（元木泰雄編『王朝の変容と武者　古代の人物6』清文堂出版、二〇〇五年）

⑧「源隆国宛成尋書状について」（『中央史学』三〇、二〇〇七年）

⑨「『成尋阿闍梨母集』にみえる成尋ならびに従僧の書状について」（『中央大学文学部紀要』二一六史学科五二、二〇〇七年）

⑩「遣唐使以後の中国渡海者とその出国手続きについて」（中央大学人文科学研究所編『島と港の歴史学　中央大学人文科学研究所研究叢書61』、二〇一五年）

⑥⑦のように、入宋僧成尋《じょうじん》の人物像・伝記に関する研究があり、関連する史料分析が平行して行われている。各論考のなかには、ほかの入宋僧の人物像に関する考察もある。

他方、②「入宋巡礼僧」は、北宋への入宋僧に関する簡にして要を得た概論で、現在に至るまで、入（北）宋僧を取り扱う研究では必ず参照される基本文献となっている。

さて、①「一〇世紀の国際変動と日宋貿易」の末尾（三六一―三六二頁）で、石井は、

以上、公的な外交をもたなくなってからの日本と中国・朝鮮との関係について、仲介役としての商人の活動を中心に眺めてきたが、商人のほかに、この時期の対外関係のうえで注目されるのが、留学僧である。遣唐使が派遣されなくなってから、唐への求法・巡礼を希望する僧侶は商船を利用して往復している。［中略］それは五代でも同様であった。そして宋代にも、建国まもない九八三（永観元）年に入宋した奝然を筆頭に、寂照・成尋・戒覚らがあいついで渡航している。[2]

と述べる。そのうえで、先行研究を踏まえつつ、入（北）宋僧は、「日本の体面を考えることなく、公使と同じような成果を望むことができ」る便利な存在であり、「日本朝廷の対外的な窓口として、たんなる巡礼僧以上の役割を担っていた」可能性を指摘する。ただし石井は、同時に、「入宋僧の性格について解明すべき問題は多」いとし、実際に、以後その研究に取り組んでいったのである。

そして、恵蕚《えがく》（八四〇年に初度の渡海）から戒覚《かいがく》（一〇八二年渡海）までの渡海僧侶を分析対象とした、⑩「遣唐使以後の中国渡海者とその出国手続きについて」は、「おわりに」で

以下のように述べる（六三頁）。

島と港への関心から、遣唐使以後の中国渡航者の発着地について検討し、出国に至るまでの手続きについて考えてきた。［中略］公使の途絶後、新しい事態に国家はどのように対応したのか、今後もさらに検討を進めたいと考えている。

①⑩の「公的な外交」「遣唐使」「公使」といった語からわかるように、入宋僧（渡海僧）研究において、石井は、遣唐使の存在を念頭においたうえで、それとの性質の連続性や違いを見出そうという一貫した姿勢を持っている。

石井の遣唐使研究は、一九八〇年代に集中的に取り組まれたものという。(3) 時期的にみて、①以降の入宋僧研究は、遣唐使研究の延長として展開されたものと見ることもできる。遣唐使を核とする古代の対外関係は、十一世紀の入宋僧までを論じてこそ十全に理解できる、という石井の立場は認めてよいだろう。この点に留意しつつ、以下、具体的には、一、入宋僧の人物研究の方法、二、「入宋巡礼僧」という入北宋僧（渡海僧）理解、に関して、石井の研究を改めて紐解き、可能な限り石井の言葉に沿いながら、今後の課題などについて論じていきたい。

一、入宋僧の人物研究について

（一）成尋伝のための史料の「発掘」

⑥「成尋生没年考」は、関連する史料類を網羅し、通説を再検討したうえで、入宋僧成尋の生没年（一〇一三～八一）を明らかにした基礎的論考である。石井がこのような基礎的作業に着手したのには、理由があった。⑥の末尾の「〔付記〕」によると、石井には、恩師のひとり、森克己が生前なしえなかった成尋の伝記執筆を引き継ぐ意志があり、「伝記のイロハ」である生没年の確定にまず努めたという。そして、「これを機会にさらに生涯に及んでみたいという気持ちに、ようやくなってきた」ともいう（三〇頁）。これより前、③「入宋僧成尋のことなど」、⑤「『参天台五台山記』研究所感――虚心に史料を読む、ということ」のような、成尋と『参天台五臺山記』（成尋の在宋日記）に関するエッセイ・覚書も公表しており、伝記研究の準備は着実に整えられていた。

そして以後も、⑥で扱われた成尋関係史・資料の一つひとつについて、その利用価値を厳密に追究する作業をともないつつ、成尋の人物研究が精力的に進められていく。

まず、⑧「源隆国宛成尋書状について」に触れたい。ここでは、従来の成尋研究が積極的に取り上げてこなかった、

『阿娑縛抄』（一九六、明匠等略伝下、日本下）所収「熙寧六年成尋書状」が取り上げられる。石井は、同書状が利用されてこなかった理由の一つを、

> 一見して『参記』の抄録を思わせ、内容に新味がないことがもっとも大きな理由であろう。日本を離れてから、五台山に巡礼し、祈雨の奇跡を顕して、善恵大師号を得るまでとなっており、ほぼ『参記』の記述と重なっている。［中略］その一方では、『参記』に照らすと明らかな誤りもある。そのこと故に信憑性に欠け、真の成尋書状とみなすことに疑問が抱かれているのかもしれない。

としたうえで、『『参記』には見られない記述もあり、『参記』記事を補う貴重な史料」と位置付ける（四八頁）。そして、⑧の綿密な考証により、これまで顧みられなかった史料の「再発掘」が行われたのである。

石井は、この成尋書状は、成尋の叔父である源隆国が在宋中の成尋に宛てた手紙（『朝野群載』巻二十所収）のなかに「禅札一緘」として見える、隆国宛書状に他ならないと結論付ける。成尋が、『参天台五臺山記』そのものの執筆に加え、自ら、日記を抄録した形の書状を作成し、渡宋の後援者である叔父隆国に送っていたとするのである。

成尋は、自身の在宋体験について、おそらく伝達する相手(4)が望む情報を想定しながら取捨選択してまとめ直し、一つの書状を書いたことになる。入宋僧が、海外の情報を自分自身でどのように取りまとめて日本に伝えるのか、その際の僧侶の心性とはいかなるものなのか、といった側面に踏み込む手掛かりを得られたことこそ、⑧の貴重な成果だといえよう。

⑨「『成尋阿闍梨母集』にみえる成尋ならびに従僧の書状について」では、石井を含めた「歴史研究者」が成尋の母による歌日記（歌集）『成尋阿闍梨母集』をあまり利用してこなかったこと（逆に、「日本文学（国文学）研究者」が成尋の在宋日記『参天台五臺山記』を十分に利用していないこと）への反省に立ち、「成尋の入宋以後の行動を考える上で、その思考を形成し、準備期間とも言える入宋以前」を理解するために『成尋阿闍梨母集』理解が欠かせないと述べる（二頁）。そして実際に、『成尋阿闍梨母集』に引かれる書状を分析、入宋直前直後の成尋像を考える史料としての『母集』の有効性を証明していく。

⑦「成尋――一見するために百聞に努めた入宋僧」は、前後して公表された諸研究の成果を踏まえた成尋略伝である。ここでは、成尋（関連史料が少ない入宋前の成尋）の人物像を浮き彫りにするべく、『大雲寺縁起』が多く用いられる（大雲寺は成尋もかつて寺主を務めた京都岩倉の寺院である）。それ以

前、⑥で、同縁起の活字本・写本について簡単な整理がなされており、活字本系統と実相院蔵本には内容の異なる部分が多いことを指摘、『大雲寺縁起』そのものについて、さらに検討を加える必要がある」としていた（二四頁）。⑥では二系統を別の史料として用いている。このような慎重な判断のもと、学術論文というよりは概説的な文献であるという理由もあろうが、⑦では実相院蔵本を用いて、渡海前の成尋が描出されるのである。

以上の諸研究では、渡海僧（成尋）に関わる史・資料類――仏教書（図像集）・かな日記・寺社縁起――の価値が「再発掘」され、その利用法が具体的に提案されている。これらの作業を通じて、成尋の人物像が、いっそう具体的に浮き彫りになっていったのである。

また、今後の入宋僧研究は、歴史研究と、文学など隣接諸研究分野の垣根を超えて進められるべきもの、という石井の学問的姿勢についても、同時に確認できた。

（二）奝然と寂照の人物像をめぐって

石井の眼は、同様の精度をもって、成尋に先行して入宋した僧、奝然《ちょうねん》（九八三年入宋、九八六年帰国）と寂照《じゃくしょう》（一〇〇三年入宋、不帰）にも向けられようとした。一九九八年の「随筆」である④「入宋僧奝然のこと――歴史上の人物の評価をめぐって」（九四―九九頁）では、奝然の生涯を語る史料が乏しいことを前提に、石井が「日頃考えていること」として、大江匡房（一〇四一～一一一一）撰『続本朝往生伝』が取り上げられる。

同書の大江定基（寂照）伝には、次のような内容がある。

> 日本国は人を知らず、奝然をして渡海せしめしは、人なきを表すに似たり。寂照をして宋に入らしめたるは、人を惜まざるに似たり[5]

石井は、この寂照伝の逸話について、

> 簡潔な文章で、いかに寂照が優れた人物であったかを、特に奝然と対比することによって見事に描いている。［中略］『続本朝往生伝』は浄土信仰の流布とともに多くの人に読まれた書物であり、およそある種の寂照・奝然のイメージ、人物像を作り上げるのに大きな役割を果たしているであろう。

と述べ、進んで、この逸話誕生の経緯を探索する。④は、奝然や寂照の人物像を具体的に捉えていくうえで必要な、用いるべき史料の吟味（史料批判）の段階にあるといえよう。

石井は、この寂照伝の逸話が、次の史料を下敷きにして創作されたという。本稿でも多く言及する史料なので、長くなるが、必要な部分を引用しておく。

［『本朝文粋』巻一三「奝然上人入唐時為母修善願文」慶滋保胤作、天元五年（九八二）七月十三日］

仏子奝然、至心に合掌して仏に白して言さく、奝然心願有り、如来證明すべしと。奝然天禄以降、渡海に心する有り。本朝久しく乃貢の使を停めて遣はさず。入唐間《しば》しば商賈の客を待ちて渡るを得。今其便に遇ひて、此の志を遂げんと欲す。奝然願はくは先づ五台山に参りて、文殊の即身に逢はんと欲し、願はくは次に中天竺に詣りて、釈迦の遺跡を礼まんと欲す。［中略］奝然去り難き家郷を去り、棄て難き恩愛を棄て、心を無知の域に寄せ、身を異類の人に委ぬ。豈に哀からざらんや、豈に痛ましからざらんや。然るに猶ほ軀命を顧りみず、名利に着せず、海を渡り山に登り、寒さを忍び苦を忘るは、修行是なる勤めにして、罪根漸く滅ばん。大慈大悲の、釈迦・文殊、以て憐愍すべく、以て相迎すべしと。

仏子の自ら此願を発し、独り此の心を怪しむ。何に況や道と云ひ俗と云ひ、誹謗盧胡の者已に千万人、弟子童子、勧誘して相ひ従ふ者纔に二三輩なり。Ⓐ其の謗る者の云はく、凡そ入唐求法の人、自宗には弘法大師、天台には伝教大師、皆是れ権化の人、希代の器なり。此の外の倫《ともがら》、才名衆に超へ、修学世に命《な》あり。仏子の如き者、古人に及ばざるの喩、猶ほ天の階すべからざるがごとし。定めて知りぬ、我朝に人無きを表はさんことをと。竊に以れば意を得ざる人、陳ぶる所宜く然るべし。［中略］奝然聊か胆を三宝に露はし、兼ねて嘲を衆人に解かん。Ⓑ仏子其の行必ずしも綸言を待たず、縦ひ帰るとも何ぞ敢へて職任を貪らん。是れ斗藪の為なり、是れ菩提の為なり。Ⓒ若し適々天命有りて、唐朝に到ることを得ば、人有りて我に問はん、是れ汝は何人ぞ、本土を捨てて、巨唐に朝するは、何の心有り、何の願ひ有らんやと。答へて曰はく、我れは是れ日本国無才無行の一羊僧也。求法の為に来たらず、修行の為に即ち来るなりと。其の詞是の如くならば、本朝に於て、何の恥有らんや。［後略］[6]

この願文（以下、「奝然願文」と略記）は、入宋前の奝然が、老母のために逆修（生前にあらかじめ追善供養を営むこと）を行ったときのもので、文人慶滋保胤（?〜一〇〇二）の作である。②では、入宋僧を「入宋巡礼僧」と定義付ける基礎史料として用いられるものでもある（後述）。

入宋して五臺山、中天竺の聖地霊跡を目指す奝然に対し、「入唐求法」は、弘法大師や伝教大師のように権化の人、希代の器か、「才名衆に超へ、修学世に命あ」る人が行ってきた。奝然のようなものは、「我朝に人無きを表は」すようなものだ、との非難があった（傍線Ⓐ）。そこで、奝然は、もし無事に中国に渡ることができ、中国人から何のために来たのかと問われたならば、「日本国無才無行の一羊僧」で、「求法の為に来たらず、修行の為に即ち来るなり」と答えよう、そうすれば日本の恥にはならない、と反論するのである（傍線Ⓒ）。

石井はこの傍線Ⓐ（特に二重線部）に着目し、先の寂照伝の逸話と「その表現、発想がよく似ており、逸話が、逆修の願文を出典としていることは明らかではなかろうか」と考える。また、

親交のあった慶滋保胤が奝然の意を汲み、謙遜を込めながらも、その自信のほどを叙述したところである。もし逸話の出典がここにあるとすれば、和歌の本歌取りにも似た名文とも評し得るが、考えようによっては、謙遜の言葉尻をとらえた、ずいぶんと悪質な行為ではなかろうか。

と、傍線Ⓐないし奝然願文全体や、寂照伝の逸話について述べるのである。

石井は、同逸話を「撰者匡房ないし大江家による創作ではないかと疑っている」ともいう。そして別に、匡房の『江談抄』第四の奝然の逸話[7]も紹介し、

寂照のライバルとしては、宋建国後、最初の入宋日本人として厚遇され、凱旋帰国した奝然が誰よりもふさわしく、彼よりも優れているとの評価は、なによりも寂照の名声を高めることになり、延いては大江家一族の誇りともつながってくる。いわば、異国に散った祖先顕彰の意識が逸話の背後に強く働いているのではあるまいか。

とするのである。

石井は、同逸話と奝然の願文との関連について、②のときからの懸案であり、「もしすでに指摘された文献があれば、ご教示願いたい」と述べていた（④、九六頁）[8]。両者の入宋僧関連史料としての価値を見極めるため、両者の関連性や匡房の「本歌取り」について、より深い考察を望んでいた節がある。そこで、項を改めて、筆者なりに両者の関連について少し考えてみたい。

(三) 文人貴族における、遣唐使—入宋僧の系譜

筆者は、奝然願文について、次の史料を意識しているのではないかと考えたことがある。[9]

『続日本紀』巻三 慶雲元年（七〇四）秋七月甲申朔

正四位下粟田朝臣真人、唐国より至る。初め唐に至りし時、人有り、来りて問ひて曰はく、「何処の使人ぞ」といふ。答へて曰はく、「日本国の使なり」といふ。我が

使、反りて問ひて曰はく、「此は是れ何の州の界ぞ」といふ。答へて曰はく、「是は大周楚州塩城県の界なり」といふ。更に問はく、「先には是れ大唐、今は大周と称《なつ》く。国号、何に縁りてか改め称くる」ととふ。答へて曰はく、「永淳二年、天皇太帝崩じたまひき。皇太后位に登り、称を聖神皇帝と号ひ、国を大周と号けり」といふ。問答略《おほむね》了りて、唐の人我が使に謂ひて曰はく、「亟《しばしば》聞かく、海の東に大倭国有り。これを君子国と謂ふ。人民豊楽にして、礼義敦く行はる」ときく。今使人を看るに、儀容大《はなは》だ浄《きよ》し。豈信《まこと》ならずや」といふ。語畢《をは》りて去りき。(10)

奝然願文（傍線Ⓒ）が想定するのは、宋（九六〇年建国、九七九年に中国統一）という新しい王朝が安定期に入ろうとする時期に、中国に日本人が初めて渡海するという場面である。他方、『続日本紀』当該部が描くのは、中国側が一時唐から周に国号変更されているという点でも画期をなす時期のことだが、さらに日本側も、「日本」国号のもとで初めて遣唐使を送り出したという、日中交渉における転機となった場面でのことである。

つまり、新たな王朝とのはじめての接触を目前に控え、奝然願文は、それ以前の日中関係の画期をなした大宝度遣唐使粟田真人のエピソードを、一つの「本歌」と意識していたのではないか。単なる偶然かもしれないが、両者は、中国に到着すると中国の人がやってきて問答がはじまる点が似ている。そして、粟田真人は「日本」の遣唐使として、みごと日本を礼儀の国と印象付けることに成功した。対して、相手側が唐から新たな王朝となり、日中の関係が更新されようとする場面で、奝然は先例のようにうまく立ち回れるだろうか。本朝の恥を晒すのではないか。奝然願文のなかみに触れる人たちは、このような期待と不安を持ちながら、奝然と唐人の問答に耳をかたむけることになるのではないか。

奝然願文は、直接には稀代の器たる入唐僧最澄・空海と奝然とを比較するものである。ただし、この願文は、冒頭部で当該時期における「乃貢の使」（遣唐使）の不在を述べることからはじまる。願文は、最澄・空海らの背後にイメージされる「才名衆に超へ」た人々として、入唐僧を伴い海を渡った、「儀容大だ浄」き遣唐使そのものも見通していると思うのである。(11)

以上を受けて、本稿では、奝然（奝然願文という「本歌」）を踏み台とした寂照像を創り出した匡房も、奝然願文の「本歌」（＝遣唐使）まで見通していた可能性を想定してみたい。

保胤は、日本初の往生伝『日本往生極楽記』を著す（九八三〜九八五年四月以前成立）など、浄土教への理解が深かったが、寛和二年（九八五）には自身も官位を捨て出家する。心覚、のち寂心と名乗り、長保四年（一〇〇二）に没した。(12) 九八二年の奝然願文執筆時にも、既に遁世への思いが萌しており、自身の内面を奝然に重ねつつ、石井が「謙遜」と捉える文章を書いた可能性はないだろうか。奝然は、一介の「修行」僧としての身であり、異国の人との交渉の機会にめぐりあったとしても、世俗の事柄には関わらない、かつての遣唐使（や入唐求法僧）のように、国の代表としての役目は負わないのだ、と。

一方、匡房は、そのような保胤の「謙遜」の結果を、文字通りに奝然が無能であるとあえて捉えた。そして、奝然と対比されたであろう、儀容（礼儀正しく堂々とした態度）そなわり君子国を体現するかのような過去の遣唐使節の姿を、寂照（＝文人大江定基）と重ね合わせることで、大江一族（匡房自身）の誇りにつなげようとしたのではないか。

宋と日本との接触を念頭に願文を作成した保胤に対し、(13) 匡房もまた、宋や高麗との対外交渉において、いくつかの外交関連文書の作成にあたった経験がある。よく知られるのは、次の事例であろう。承暦三年（一〇七九）、中風の病に悩む高麗王文宗が日本に医師派遣を要請してきた際に、(14) 派遣を断る牒（高麗国礼賓省宛ての大宰府名義の牒）を匡房が執筆しているのだ。

そして匡房は、この返牒の一節が、宋で百金をもって一篇に換えるほどの句だと評判になり、宋の天子も賞翫したのだと、晩年に自讃している（『江談抄』第五、都督自讃の事）。中国から賞賛されることへの憧れが透けてみえるが、この、匡房が帯びた「対中華意識」、すなわち「中国文化に対する日本人の劣等感と、それが屈折して顕在化するところの対抗意識・優越感、その複合した意識」に関しては、つとに論じられている。(15)

奝然願文という「本歌」の内容を否定する作業は、寂照（大江家）顕彰であると同時に、「本歌」で否定されていたものの顕彰ともなるだろう。繰り返すが、匡房は、国を代表して中国に渡り、そして中国から賞賛される存在であった過去の遣唐使と、寂照―大江家―匡房自身を重ね合わせているのではないだろうか。

保胤と匡房を大きな枠で捉えるならば、「文人貴族」とすることができるだろう。実際に中国に渡り、中国の人と問答をする機会、つまり、自らの（文人としての）才覚・素養を披露し、そしてそれを介して母国日本の優れた姿を見せるチャンスに遭遇したのに、あえてその場を避け、問答そのものを回避しようとする奝然（と、願文作者、文人貴族慶滋保胤）

の姿勢こそ、匡房の否定したかった点だと思う。『続本朝往生伝』大江定基（寂照）伝でも、冒頭で「文章に長じ、佳句は人の口にあり」とまず記される寂照であれば、中華の人との接触の場で、恥など晒すことなく、優れた遣唐使たちが中国人との問答を通じて母国の宣揚に成功したのと同様、新たな王朝、宋からの賞賛も勝ち得るのだ、という意識を読みとってみたい。

この点に関するより踏み込んだ検討は別の機会を期したいが、多かれ少なかれ、入宋僧の精神を代弁する願文や、宋、高麗への牒状といった文章作成を通じて、対外関係方面の当事者意識を有していたであろう平安時代文人貴族の系譜のなかに、奝然願文（保胤）―寂照伝の逸話（匡房）も追わなければならないのではないか（当然、その家格の違いなどにも留意しながら行われるべきである）[16]。

以上、匡房や保胤の描く入宋僧の人物像が、仮にほとんど実像をとどめないものであったとしても、例えば、作品のなかの入宋僧には何が求められたのか、という点の分析を通じて、作者や作品そのものが帯びる対外観を推察することはできるだろう。そして、遣唐使と入宋僧との連続性を重視する石井の視点は、各史料において入宋僧の人物像を創りだす作者の意図を探るときにも、重要な意味を持つものと考えられるのである。

二、「入宋巡礼僧」再考

（一）「求法僧から巡礼僧へ」という図式

石井は、前掲の奝然願文の内容を受け、②「入宋巡礼僧」の冒頭で次のように述べる（二六五―二六七頁）。

> 奝然のいう「修行」とは、「求法」の対語として用いられており、文殊菩薩の住地として信仰をあつめる五台山や釈迦の聖跡への参詣を希望していることからすれば、聖地巡礼こそ修行である、と理解しているとみてよいであろう。つまり聖地を訪れることにより自己の罪障消滅を祈ることを主たる目的としたものであって、そこには師をもとめて法を学び、鎮護国家に資するという目的をもって入唐した遣唐使時代の留学僧とは際だった相違がある。そして奝然以後の入宋僧は、もっぱら五台山をはじめとする聖地巡礼を目的として渡航するようになる。

そして、奝然以下、「単に性格が求法から巡礼へと変わっただけでなく、公的な外交の開かれなかった時代の日宋間の掛け橋として重要な役割を果たしている入宋僧」の考察を進める。

さて、ここで、直接奝然と対置される入唐僧のイメージは、

「遣唐使時代」の留学僧が代表し、それは「鎮護国家に資する」目的を持つものたちである。これが「求法」の僧だと捉えられよう。

それに対して、「聖地を訪れることにより自己の罪障消滅を祈る」のが主目的となった僧侶が奝然以後の入宋僧だと石井はみる。②における「入宋巡礼僧」の基本的な定義である。

さらに、石井は、入宋僧を「送り出す朝廷—貴族社会」にも着目し、「彼らを通じて外交を結ぼうという意識はなかった」としたうえで、「末法をひかえた貴族たちは、聖地巡礼に旅立つ入宋僧を援助することを功徳とし、はじめは貴族層の代表として、朝廷をあげて彼らを送り出していた」という。それから、成尋の例（渡海の勅許がおりず、藤原頼通ら特定の貴族との関係が強く、今上帝後三条天皇や関白教通らとの関係はうかがえないこと）を踏まえて、「次第に巡礼僧が特定の人々と結びつく、いわば個人主義的な色彩が強くなってくる」とし、「求法から巡礼への動きにさらに新たなる傾向があらわれてきた」とみる（二八二—二八三頁）。つまり、巡礼僧は、貴族たちの贖罪の代行を担って聖地に赴く僧侶だ、と定義付けることもできる。

以上から、石井の「入宋巡礼僧」は、（ⅰ）自己の罪障消滅を祈るため、そして（ⅱ）貴顕の贖罪代行を担い、聖地に赴く僧侶のこととなるだろう。なお、石井の見解は、木宮泰彦、森克己といった先行研究[17]の入宋僧理解をも踏まえ導き出されるものである。

②では、「入宋巡礼僧」の定義を示し、唐〜北宋期に中国に渡る僧侶の性格が、「求法僧」から「巡礼僧」へと変わっていく、という見取り図が示された。なお、その変化の時期として、八四〇年ごろ、「嵯峨皇后橘嘉智子の依頼を受けて五台山に宝幡や鏡奩を施入している恵蕚の行動」などが「巡礼僧」の先駆となるとしながらも、巡礼を主たる目的とする僧の登場時期の目安として、成尋渡宋申文（『朝野群載』巻二十）のなかで、成尋に連なるタイプの巡礼僧のはじめとして名を記された、興福寺僧寛建《かんけん》の渡海（九二七年）を挙げている（二六六頁）。

（二）「巡礼」の具体像——成尋の場合

それでは、「入宋巡礼僧」の五臺山「巡礼」は、どのようなものだったのか。成尋の場合について、彼の在宋日記『参天台五臺山記』から確認してみる。

成尋は、延久二年（一〇七〇）、聖跡巡礼を名目とする出国の勅許を願いでていた。周知のとおり、この時期、国外に出国する場合、天皇による渡海の勅許が必要であった（石井⑩など参照）。だが成尋は、許される前に商船に便乗して密航している（『参天台五臺山記』冒頭）。
入宋後の彼は、天台山を経て上京し、皇帝と謁見する。その際、五臺山行きの許可を得る（『参天台五臺山記』煕寧五年十月二十二日条）と、厳寒のおりであり、春に参詣したらよいと勧める宋の高官に対しても、従僧と通事の帰国が迫っているから、と答え（同二十七日条）、すぐに旅立った（同十一月一日条）。そして、五臺山に到着すると（十一月二十八日条）、故後冷泉天皇書写経など、そして藤原師信の亡妻の鏡・髪を奉納し、その請文を五臺山中核寺院真容院から得ると、すぐに下山している（十二月二日条）。滞在わずか三泊四日である。五臺山往来の旅費支給に関する官文書に、成尋たちを五臺山で焼香させ、終わったら開封にまたつれて返る、という文言があり（十一月一日条）、長期の逗留ははじめから許されていなかったのかもしれないが、あまりにも短い滞在時間である。

ここで参照したいのは、⑨『成尋阿闍梨母集』にみえる成尋ならびに従僧の書状について」の叙述である（三八―三九頁）。

五台山に故後冷泉天皇書写経等を奉納し、奝然将来一切経以後の新訳経典等を持たせて弟子を帰国させたところで、全て「朝恩」に報いることができたと一区切り付け、あとはひたすら自らの「本意」（宿願）を果たすべく天台山等で修行に務めたのではなかろうか。入寂までの行動が一切知られていないことも、それを裏付けているように思われる。

補足すると、入宋後の成尋は、例えば奝然請来以降の新訳出経典類に限って下賜を願い出たり、精力的に書籍入手に努めたりするなど、母国に送るべき仏書収集に努めていた。これら仏書類と、五臺山での故後冷泉天皇書写経などの供養証明書を、翌年帰国する予定のあった従僧に託して母国に送ることを優先していた。

他方で成尋は、五臺山下山にあたって、次の機会には、百日の「修行」を遂げ、各山を「巡礼」するとの意志を日記に記している（十二月一日・二日・三日条）。彼自身の思う「巡礼」は、次回の五臺山訪問時に持ち越されたわけである（ちなみに、再度の訪問がかなったかは不明である）。

弟子帰国までの時期で成尋の在宋を前後に区分するなら、前期＝五臺山代理結縁も含めた、母国を代表する「公務」を推進する時期（実際には渡海の勅許はおりなかったが、いわば国家の代表と自任して活動した時期で、『参天台五臺山記』執筆期とちょうど重なる）、後期＝自身のための宗教活動を推進する時期、とに大きく分けられるようだ。つまり、石井の「入宋巡礼僧」定義のうち、前期は定義（ⅱ）が、後期は定義（ⅰ）

が、前面に出てきているようにみえる。成尋の場合、従僧帰国使の時期に影響されたのであろうが、はっきり（i）（ii）が区分されていた。

(三) 入宋「修行」僧

石井もいうように、成尋の場合、自らの「本意」は（i）の方にある。ここで、⑦「成尋——一見するために百聞に努めた入宋僧」の、以下の文章も参照したい（二九七—二九九頁）。

成尋は早くから入宋巡礼の希望を抱いていた。［中略］厳しい修行を治暦四年（一〇六八）から始めている。延久二年の「成尋申文」に、〈常に座して臥せず。勇猛に精進して、一心の誠を凝らすこと、三ヵ年に及ぶ〉とみえ、［中略］成尋が入宋のために自ら課した行とは、常に座った状態で、寝るときにも横にならないというものであったことがわかる。「縁起」［引用者注—『大雲寺縁起（実相院本）』のこと］には、〈漸く暮年に及び、宇治関白亭にも啓して永く公請を辞し、入唐求法の素懐を祈らんがため、如法院の東に多宝塔〈号宝塔院〉を建立す。……塔の艮の角に住み、昼夜眠らず〉云々とある、〈昼夜眠らず〉も文字通り眠らないということではなく、横になって眠ることをしない行を指している。成尋は入宋のための苦行を治暦四年から、入宋実現まで続けていたのである。

成尋は、治暦四年の後冷泉天皇の死を契機とし、既に公《く》請《じょう》（朝廷から国家的な法会や修法に召されること）を辞し、いわば遁世の身となっていた。そして、将来の宋の聖地巡礼（本意＝定義（i））に備え、苦行を続けていた。

このような成尋の姿は、奝然願文の「修行」僧イメージと重なるように思う。中国人に対し、日本の恥を晒すことを回避するべく、奝然は、「斗藪」し「菩提」に至るための「修行」僧だと自らを位置付けた（傍線Ⓑ©）。この、奝然願文のなかの「修行」僧は、かりに中国から帰国しても、「何ぞ敢へて職任を貪らん」（僧位僧官の栄達を求めない、という意味だろう）というものでもあった。僧位僧官（僧綱位）は、公請の対象となり、法会や修法の場で活躍することで得られる。そこに集うのは、朝廷—天皇のための祈りを担う、いわば国家公務員的な性格を帯びる僧侶たちであった。奝然願文の「修行」僧は、そのような僧侶の交わりから離脱した僧として描かれていた。成尋は、この奝然願文のような「修行」僧としての渡海を「本意」としていたことになろう。

さて、成尋の場合、藤原頼通や娘寛子（後冷泉天皇皇后）などの有力な後援者があり（②参照）、（ii）の貴顕の贖罪代行をも果たさなければならなかったわけだが、仮にそのような有力貴顕との関連がなければ、入宋巡礼僧は、完全に定義（ⅰ）タイプの僧侶となる。このような入宋僧としては、一〇八二年に密航し、神宗謁見ののち五臺山に住した播磨国の小寺院の僧戒覚が挙げられる。彼の場合、渡海に際し、勅許を申請していないようである。つまり、定義（ⅱ）タイプの入宋巡礼僧となる予定はなかった。（ⅱ）の代理結縁は、聖地巡礼を名目として出国する僧侶が渡海の勅許を申請し、許可された場合に、「貴族層の代表として、朝廷をあげて」課されるものであった。戒覚は、はじめから定義（ⅰ）の入宋巡礼僧としての出国を希望していた。基本的にはこのタイプの入宋僧は、奝然願文の言葉をかりるなら、「入宋修行僧」とでも呼べるものである。

以上を踏まえると、石井の「入宋巡礼僧」については、例えば、「入宋巡礼僧」（（ⅰ）＋（ⅱ））から「入宋修行僧」（（ⅰ））へ、といった図式の細分化をはかることもできるだろう。あるいは、「入宋巡礼僧」概念のなかで、「入宋修行僧」の占める割合が大きくなっていく、と捉えるべきかもしれない。成尋の場合、入宋してから従僧が帰国する前までの一年半弱は「入宋巡礼僧」だったが、その後宋で往生するまでの八年程度は、「入宋修行僧」として活動した。そして、出国前に苦行を開始してからの時期は、入宋後の後者の時期と連続するであろうから、成尋自身も、ほぼ「入宋修行僧」に近い立場かといえる。

「入宋巡礼僧」、あるいは、宋以前の中国に渡海した先達も含め「巡礼僧」と呼ぶとき、そのなかの定義（ⅰ）と定義（ⅱ）の比重や両者の関係性は、僧侶個々に違う様相をみせるだろう。遣唐使（入唐僧）以後の渡海僧をひとくくりにする場合、「（入宋）巡礼僧」は便利な言葉なのだが、このような点にも留意して用いたいと思う。

（四）「巡礼僧」の系譜

最後にもう一点、「求法」から「巡礼」へという見取り図で見えにくくなっている点について確認しておきたい。ここでは、「求法」の側に目を向けてみる。

石井は、「巡礼僧」と対置する「求法僧」について、「師をもとめて法を学」ぶのみならず「鎮護国家に資する目的をもって」渡海するものと捉え、その代表的イメージとして「遣唐使時代の留学僧」を挙げていた。

ここで、先行研究によると、史料上、「鎮護国家」の語は、平安時代に用いられるようになったようであり、それを奈良時代に遡及させて使用すると、「奈良時代の国家の仏教と、平安時代の仏教の差異を不明瞭にしてしまう」可能性が指摘されている。(18) これを踏まえるなら、「求法僧」を奈良時代の僧侶で代表させるか、最澄・空海（やそれ以後の渡海僧）といった平安時代の僧侶で代表させるかによって、「鎮護国家に資する」僧侶の「求法」のイメージもまた変わってくるように思われる。例えば、「求法僧」というとき、いわゆる律令国家建設のための諸制度整備の一環として中国仏教を導入する任務を強調するものか、中国の密教修法の習得・実践などを通じた国家・天皇の護持を重視する側面を見て取るのか、といった複数の捉え方ができるように思う。遣隋使・遣唐使時代の留学僧（や、商船に便乗した入唐ではあるが円珍あたりまで）をひとまとまりに「求法僧」とみることがはらむ限界点についても、今後考えなければならないだろう。

その打開策の一つとして、遣唐使時代（や、それ以後、「入宋巡礼僧」以前）の「求法僧」の様々な目的、使命や役割、中国での活動内容について、「入宋巡礼僧」との連続面を考えることが挙げられよう。ここで、先行研究によると、既に遣唐使の時代から、入唐僧が唐各地の聖跡を巡礼し、また、皇族たちから供養物納入や仏事を託されており、宗叡《しゅえい》の入唐（八六二年）に際しては、天皇もその動きに表立って加わっているという。(19) 日本の皇族貴族のあいだに五臺山という特定の聖地が浮上するのは九世紀（恵蕚以降）となるのだろうが、皇族貴族（王権）の意を受けた聖地巡礼そのものは、「求法僧」の時代にも、彼らの役割の一つであったと見ることもできる。さらにいえば、聖地・聖蹟巡礼もまた、石井のいう「鎮護国家」に資するものであったと理解できるのかもしれない。(20)

いずれにせよ、入唐僧の帯びた様々な性質が、どのように比重を変えながら、入宋僧に受け継がれていくのか。両者の「際だった相違」をみるだけではなく、このような側面についても改めて考えることが、石井の提示した「求法から巡礼へ」の見取り図、あるいは「入宋巡礼僧」という概念を深化させるために必要だと感じるものである。

おわりに

以上、入宋僧の人物像を追究する取り組みに関して、また、「入宋巡礼僧」について、石井の研究を振り返り、石井自身の言葉に即しながら、今後の課題を探ってみた。ただし、結局のところ、筆者が触れえたのは、冒頭に掲げた諸研究から導き出される豊富な成果のうちの、ごく一部分にすぎない。さらには、石井の研究全般のなかに「入宋巡礼僧」研究を位置付ける作業もなしえていない。今後、本稿で示した具体的な論点を深めていく過程で、改めて石井の業績全体と向き合いながら、細部にわたる綿密で周到な議論に学びつつ、少しでもその研究成果を受け継ぎ、発展させていきたいと考える。

注

（1）ほかに、石井正敏他編『平安文化の開花 海外視点 日本の歴史五』（ぎょうせい、一九八七年）では、カラー口絵「求法巡礼の地」の構成・文などを担当している。①に先行する仕事であり、氏が本格的に「（入宋）巡礼僧」研究をはじめる準備が整えられていたか。また、『東アジア世界と古代の日本 日本史リブレット14』（山川出版社、二〇〇三年）でも、「海外情報の情報源」である入宋僧の日記が詳しく取り上げられている（八六―八九頁）。また、石井正敏「入宋僧成尋の夢と備中国新山寺」（『日本史講座機関誌 れきし』（NHK学園）』六三、一九九八年）という短い文章もある。入宋僧成尋が渡海を前に修行を行った、備中国新山（岡山県総社市の新山寺址）の紹介と現地調査の記録である。ちなみに、文中に、「なお、遺跡等の調査に出かける時、私が留意している教えがある。『百聞は一見に如かず』というが、一見するための百聞をおろそかにしてはいけない。」という私の恩師のお一人の言葉である」（四頁）という記述が見られる。⑦の題目「成尋――一見するために百聞に努めた入宋僧」と照らし合わせたとき、興味深い。なお、同資料は、村上史郎氏の御好意で入手することができた。記して感謝申し上げる。

（2）引用文中の［ ］は引用者による（以下同じ）。なおルビは略した。

（3）二〇一五年一二月二十日の「石井正敏さんを偲ぶ会」でのでの河内春人報告による。石井の遺唐使研究については、本書の河内論文を参照されたい。

（4）⑧では、散逸『宇治大納言物語』の作者で、天竺に関心を寄せていたと思われる源隆国に対し、天竺僧らの動向に詳しい注をつけて伝えたことなどが指摘されている。

（5）もとは漢文。井上光貞・大曾根章介校注『往生伝 法華験記 日本思想大系七』（岩波書店、一九七四年）の読み下し文を引用（二四八頁）。

（6）もとは漢文。引用は、吉原浩人「慶滋保胤「奝然上人入唐時為母修善願文」考」（林雅彦・小池淳一編『唱導文化の比較研究』岩田書院、二〇一一年）の訓読文（三三―三四頁）による（新日本古典文大系本『本朝文粋』の訓読）。引用に際し、原文に付された番号は略した。傍線は引用者による。

（7）蒼波路遠し雲千里 白霧山深し鳥一声

奝然入唐し、件句［引用者注―橘直幹の句］をもつて已の作と称ふ。「雲」をもつて「霞」と為し、「鳥」をもつて「虫」と為す。唐人称ひて云はく、「佳句と謂ひつべし。恐るらくは「雲」「鳥」と作るべし」と。

石井は、「奝然の面目丸つぶれといったところであろう」という。なお、引用は、『江談抄 中外抄 富家語 新日本古典文学大系三二』一四八頁の読み下し文による（もとは漢文）。ルビは略した。

（8）④までの時期の先行研究に限ると、柳井滋「親への思い――奝然の願文」（『和漢比較文学叢書12 源氏物語と漢文学』汲古書院、一九九三年）・小川豊生「大江匡房の言説と白居易――『江談抄』をめぐって」（太田次男他編『白居易研究講座4』勉誠社、一九九四年）のほか、両者の関係そのものには触れないものの、森正人「対中華意識の説話――寂照・大江定基の場合」（『伝承文学研究』二五、一九八一年）・小峯和明「往生伝と神仙伝」(『中世文学研究』一〇、一九八四年、のち『院政期文学論』笠間書院、二〇〇六年に収録)も、同逸話を考える際に参考になる論考であったといえよう。あえて区分するなら、文学研究分野に属する成果である。これらの参照がかなっていれば、石井の考察もさらに深まった可能性がある。いずれにせよ、先行研究の蓄積の面からも、この匡房の「本歌取り」は、入宋僧の人物像のみならず、当該時期の対外意識、ないし対外関係全般を考えるうえで、石井の想定以上に重要な論点と考えてよいのではないか。

(9) 拙稿「奝然上人入唐時為母修善願文」에 대한《についての》 소고《小考》(小考)」(『日語日文学研究』九六、韓国日語日文学会、二〇一六年)。

(10) もとは漢文。引用は『続日本紀 一 新日本古典文学大系一二』の読み下し文による(八一頁)。ルビを一部略した。

(11) なお、前掲注9拙稿執筆時には、江戸英雄「長篇の序章、俊蔭の物語の誕生——入唐僧の文学との関わりから」(『うつほ物語の表現形成と享受』勉誠出版、二〇〇八年、初出は二〇〇四年)を参照していなかった。江戸は、石井を踏まえたうえで、奝然願文のなかに、保胤による入唐僧のイメージ転換があったとする。すなわち、入唐求法の人(旧来の求法僧型)と区別される、等身大の人間としての奝然(新しい巡礼僧型)イメージを創造したとする。そして同願文を『うつほ物語』の清原敏蔭の物語が成立する歴史的基盤と捉え、敏蔭の人物像について、遣唐使型から入唐僧型へ変化すること、さらに、入唐僧型のうち、右述の求法僧型と巡礼僧型の両要素を備えた人物だと読み解いている(他方、拙稿は、願文のなかでは「遣唐使—入唐僧」が一連のものと捉えられているとし、それと奝然(願文では「修行僧」)とを対置させた)。奝然願文における渡海僧侶の二類型を読み解く研究として江戸説は重要であり、同説も踏まえて、今後研究を深めていきたい。

(12) 平林盛得『慶滋保胤と浄土思想』(吉川弘文館、二〇〇一年)。

(13) ほかに保胤は、奝然入宋に際して、餞の詩もよんでいる。「仲冬餞奝上人赴唐同賦贈以言各分一字」詩序(『本朝文粋』巻九)、同詩(『大日本史料』一—一九、天元五年十一月十七日条)。

(14) この一件に関しては、多くの研究がある。篠崎敦史「高麗王文宗の「医師要請事件」と日本」(『ヒストリア』二四八、二〇一五年)参照。また、石井「日本と高麗」(前掲注1『平安文化の開花 海外視点 日本の歴史五』)でも、同事件のあらましが簡潔に紹介されている。

(15) 前掲注8森論文、一四頁。

(16) たとえば、匡房の祖父匡衡の手になる「請被給穀倉院学問料令継六代業男蔭孫無位能公状」(『本朝文粋』巻第六)を分析した研究によると、菅原、大江両氏は文人貴族のなかで群を抜く家格であり、菅原為紀に対して高岳相如と慶滋保胤が、大江定基に対しては田口斉名と弓削以言が、起家(なりあがり)のゆえをもって、競い合うことを避けたのだという(小原仁『文人貴族の系譜』(吉川弘文館、一九八七年、五二—五三頁))。ちなみに、ここでは間接的に、大江定基(寂照。匡衡とはいとこの関係)と慶滋保胤が上下の関係をとって現われる。出家後は、保胤が師、定基が弟子の関係となった。

(17) 木宮泰彦『日華文化交流史』(冨山房、一九九五年、初出は一九二六年)、森克己「日宋交通と末法思想的宗教生活との連関」・「日宋交通と日宋相互認識の発展」(『増補日宋文化交流の諸問題』勉誠出版、二〇一一年、初出は一九三三年、一九三七年）など。

（18）吉田一彦「国分寺国分尼寺の思想」（佐藤信他編『国分寺の創建 思想・制度編』吉川弘文館、二〇一一年、一三頁）。

（19）堀裕「平安新仏教と東アジア」（大津透他編『岩波講座日本歴史４（古代４）』岩波書店、二〇一五年、二七二―二七五頁）。宗叡については川尻秋生「入唐僧宗叡と請来典籍の行方」（『早稲田大学會津八一記念博物館研究紀要』一三、二〇一一年）参照。

（20）このように考えると、「巡礼僧」の場合、「聖地巡礼がなかば公的に推進されていた過去の先例を踏まえ、渡海勅許や貴顕の支援を引き出すもっとも確実な名目として、聖地巡礼を掲げた。そうすることで、自らが希望する中国での宗教活動を実現しようとした」、と逆説的に捉えることも可能なのかもしれない。

湯山賢一［編］

古文書料紙論叢

料紙は何を伝えているか——
古文書をめぐる新史料論を提示する

古文書は歴史学における基本史料として研究されてきた。
しかし、その基底材たる料紙については、
あまり顧みられることがなかった。
しかし近年、料紙の持つ情報が、当該史料の位置付けを左右するほどに
重要であることが明らかになってきている。
歴史学・文化財学の知見から、現存資料の歴史的・科学的分析や
料紙に残された痕跡、諸史料にみえる表現との対話により、
古代から近世における古文書料紙とその機能の変遷を明らかにし、
日本史学・文化財学の基盤となる新たな史料学を提示する。

本体一七、〇〇〇円（+税）
B5判・上製・八九六頁
ISBN978-4-585-22184-5

【編集委員】
湯山賢一（代表）／池田寿／
富田正弘／永村眞／林譲／
保立道久／本多俊彦／山本隆志

勉誠出版
千代田区神田神保町3-10-2 電話03(5215)9021
FAX 03(5215)9025 WebSite=http://bensei.jp

石井正敏の古代対外関係史研究——成果と展望

鈴木靖民

すずき・やすたみ——横浜市歴史博物館館長、國學院大學名誉教授。専門は日本古代史、東アジア古代史。主な著書に『日本の古代国家形成と東アジア』（吉川弘文館、二〇一一年）、『倭国史の展開と東アジア』（岩波書店、二〇一二年）、『日本古代の周縁史』（岩波書店、二〇一四年）、『古代日本の東アジア交流史』（勉誠出版、二〇一六年）、『日本古代交流史入門』（共編著、勉誠出版、二〇一七年）などがある。

古代対外関係史の研究では冊封体制を核とする東アジア世界論が大きな課題である。石井正敏はこの問題にほとんど論及しなかった。石井は渤海を主対象とし、唐・宋・新羅などとの外交を中心とする関係史の実証的究明を積極的に展開した。先行論文の史料を細かく再吟味して捉え直し、先学を批判しながら史実の確定に努めた。だが、石井は突如逝き歴史像の再構築はとだえてしまった。

一、東アジア世界論と石井の研究——はじめに

石井正敏が日本古代史、特に対外関係史の研究分野で歴史学界に登場したのは一九七〇年のことであり、それ以来、病気のために没する二〇一五年までおよそ四十五年、次々に対外関係史の様々な分野、テーマにわたって研究成果を公にし続けた。今日の日本における日本史および対外関係史の代表的研究者として学界内外に影響を与えてきた人物である。

一九七〇年代から今日に至るまで、日本の対外関係史研究にとって、大きな課題は「東アジア世界」のなかで倭と呼ばれた時代以来の日本をどう位置づけるかであった。また研究者の多くはそうした動向にどう向き合うかが問われてきたといっても差し支えない。東アジア世界論は中国史家の西嶋定生により一九六二年を最初にして、七〇年代に度々提起されたもので、五世紀の中国南朝の宋の周辺の諸国、諸民族の首長による遣使・朝貢と、それに対する皇帝の国王号・将軍

号・官爵号の除正、すなわち冊封《さくほう》と文物の回賜を機に律令・漢字・仏教・儒教などの授受を通して東アジアの国際体制が形成され、歴史的運動を続けたとするのに典型的な理論である。これと連動して石母田正は中国帝国の周辺国である日本（倭）が周囲の国や地域を配下に置く小帝国（小中華）であったとする「東夷の小帝国」論を唱えた。石母田は七〇年、日本の古代国家論を一書にして公刊したが、そのなかの国際的契機論は王権、国家の形成が自生的な社会展開だけでなく、対外的な関係を契機にして確立することを論じたのであった。

　これらは今日まで日本史のみでなく、朝鮮史、中国史の研究でも議論が交わされ、東アジア世界論の中核である冊封体制論が中国中心で周辺国の主体性を軽視するという批判、国際的契機論の過度の評価を戒める見解がある。また二〇一〇年代に入って、東アジア世界論とは別個に、「東部ユーラシア世界」論が日本史研究者によって唱えられて今日に及んでいる。そのほかに西嶋の日本の古代から近世までの前近代を見通した概観を承けて、例えば華夷秩序を江戸時代史の理解に適用させる研究もある。中国では辺疆史との絡みなどで、日本の研究にリンクしうるいくつかの世界構造論がある。

　このような対外関係史研究の流れのなかで、石井はどう向き合い、対応してきたであろうか。これに関して、石井には村井章介、荒野泰典との共編著『アジアのなかの日本史』Ⅰ〜Ⅵ（東京大学出版会、一九九二〜九三年）があり、その約二十年後同じ編者により刊行された『日本の対外関係』一〜六（吉川弘文館、二〇一〇〜一三年）がある。後者で石井は一〜三の『東アジア世界の成立』、『律令国家と東アジア』、『通交・通商圏の拡大』の編集、執筆を担当している。これらは多数の執筆者を擁した共同研究でもあるが、三冊の書名の通り、東アジア世界の成立から始まり、古代国家としての律令国家とその東アジアとの関係、次いで通交・通商（交易）圏の拡大という具合に、時代の推移につれて変容する古代日本の対外関係の実態と性格が示されている。この歴史把握は研究者の間で特殊なものでなく、いわば今日の古代史なり日本史全般なりの普遍的な理解であるとみられる。

　石井がこうした認識を有していたことは、すでに二〇〇三年の『東アジアと古代の日本』（山川出版社）という一般読者向けの日本史リブレットにおいて述べるところに窺われる。この書は日本律令国家の対外交流、東アジア国際貿易の展開と日本、海外情報と日本という章名にみられるように、律令国家成立以後の対外交流の軌跡を述べるもので、上記の十年程後の編集につながっているといえる。石井は外交と貿易を軸に据え、キーワードが「人物」つまり人と物の移動に集約されるとする。「人物」に関しては後述するとして、このことに敢えて留意するなら、前述の「東アジア世界」については日本のおかれた国際的環境を指す言葉として、漢の時代以来東アジア史上に登場して中国歴代王朝から高句麗、百済、新羅などとともに東夷の一国に位置づけられていることを記している。日本を東アジア国際社会の一員とも表現している。だが、それ以上に具体的な記述は見当たらない。

石井は日本の側から東アジアを眺め、いわば中国や朝鮮諸国と切り離して、相対的に捉えようと考えているかのようである。これも日本史全体を通しての多くの研究者の一般的な見方であるかもしれない。だが、西嶋の東アジア世界論とは、批判があるものの、前近代の歴史空間として中国、朝鮮、日本にわたる国際政治構造を想定し、その歴史の運動体として理解しようとする、あくまで日本を意識した理論仮説ではなかったか。西嶋は東アジア世界史、少なくとも東アジア交流史の考えを組み立てまとめることを企て、それを唱えていたと思われる。東アジア世界史が成り立つとすれば、それは個々の大小様々な地域や国家の集合体でもあるので、西嶋の意図とは別に日本史や朝鮮史の側から東アジアをみることが誤っているとはいえない。東アジア世界の概念の設定によって、様々な未解明の歴史の細部がみえてくるかもしれないし、日本史の枠を超えて広い見地に立てば全体像がより鮮明に掴めないとも限らない。こうした点に対して、石井は前掲の書などにじかに深入りしたような形跡がなく、またその後の論文でもほとんど知られない。

石井は東アジア世界論の出発点というべき、南朝宋やその前の漢の時代の周辺諸国に対する冊封について、二〇〇五年、日韓の歴史の共同研究に参加した際に初めて史実の認定に関連して「五世紀の日韓関係」の論文で言及するのであり、この問題については後々まで一定の距離を置いて、いわばクールな態度を取ったものと思われる。その後、二〇一〇年代に台頭してきた日本史研究者による東部ユーラシア世界論についても発言がない。今日の対外関係史研究を代表する石井は五世紀史の通説を批判し、ほかは今後の課題とする旨を記している。だが、今となっては深く立ち入った見解を問うことがもう叶わないのが誠に残念である。

石井は明記していないので、その諸々の論考や研究スタイルからの推察にとどまるが、二〇〇〇年代初めの時点で、古代史、対外関係史の基本構想のベースになったのは、上記のアジアのなかで古代から近世（江戸時代）までの日本史を捉えるという対外関係史に比重を置いたシリーズの編集に携わって、すでに諸家の多様な研究をまとめ挙げてみる経験をしたこと、そして、石井の主著と称してよい、精緻な実証性に富んだ巨冊、『日本渤海関係史の研究』の出版から間もないことが思い合わされる。石井は史書、記録、文書など史料のいかんにかかわりなく、史料のなかの文字の書誌、解読から始まり、文章、語句の詳細な分析を経て、その上で実証の成否を論じ、史実の確定に向かうというのが研究に一貫する常道である。特に既成の研究に史料の誤読や実証の不成立、論理の不整合があると認めた場合、それへの批判は極めて手厳しい。こうして考えると、石井の研究を貫く「史料主義」とでも称すべき立場からするなら、東アジア世界論や東部ユーラシア世界論などといった論理構成や理論化を必要とする問題にはあえて関与しないか、あるいは実際とかけ離れる恐れもありうる議論には安易に加わらないとする認識、あるいは矜持に近いものがあったかもしれないと憶測する。

しかしながら、この私の評言は望蜀の嘆に属するであろう。石井が日本古代史の研究を対外関係の視点で積極的に推し進めてきたことは、その全業績をみれば一目瞭然である。今日のこの分野の学界が共有すべき通説を形成する研究の陣営に石井が加わり、その基礎となる成果の数々を担ってきたことは十分評価すべきであろう。石井の重厚な研究の一々を知って展望するなら、その学界に占めた高い位置をなんびとも否めないのである。

二、石井の研究の足跡――私的回顧から

私（鈴木靖民）が石井と初めて会ったのは、一九七一年前後、恐らく七〇年度末のことで、國學院大學の図書館三階にあった史学研究室に石井が訪れてきた時であった。私は大学院博士課程を終えた一九六九年四月から七二年三月まで史学科の助手を勤めていた。この時、石井は中央大学大学院の修士課程二年目の院生であった。石井は日宋貿易の研究をはじめとする対外関係史研究の泰斗と称され、最近もその論著が新編著作集全五巻として出版された森克己に師事し指導を受けていた。

石井はちょうど、一九七〇年春、古代国家の対外窓口である大宰府の機能を論じる論文で学界デビューを果たしたばかりであった。同論文は石井が法政大学在学中に書き直した論文をもとにして、中央大学大学院修士課程在学中に書き直した注目すべき成果であるが、「国書開封権」の問題を提起した論文であった。この「国書開封権」は外国の使節が来航して大宰府や縁海諸国に到着すると現地の官人が国書（外交文書）を開封し、調査する権限があるか、また国家から遣わされる領客使などがかかわるか、それとも使節が入京してしかるべき担

当官司で開封して天皇に上奏し、閲覧を願うのかといった論争のきっかけとなった、今日でもまだ議論の帰一しない研究テーマである。石井はこの論文などを携えて、奈良時代の対外関係史の論文を何編か発表していた、少し年上の私を尋ねて意見を求めてきたものと考えられる（当時、東京大学に留学中で、今日フランス高等研究院教授のシャルロッテ・フォン・ヴェアシュアが中央大学の森克己の授業に出席していたと聞くので、彼女も同行した可能性があるが、記憶が定かでない）。

こうして石井の、史料の細かな見直しによって重要な問題点を発掘し、改めて新たな史実を探って概念化を図り、そして次々に歴史像を築き上げていくという、その後の研究を貫く研究方法（スタイル）と姿勢が早くもここに窺い知られる。それと同時に、ここから森克己の研究を大枠で継承し、論証に努めることが始まったといってもよい、貿易あるいは通商に比重を置いた対外関係史の研究がスタートするのである。ただし、石井は当分、渤海や新羅との関係史・交流史に手を初めるのであるが、森が唐、宋（趙宋）中心の研究に焦点を定めて、渤海などに遂に着目しなかったのとは大きな違いである点は注目しなければならい。

以下、時期を追って研究の足跡をみると、博士課程在学中の石井は一九七三年からのおよそ三十年の間、渤海史、渤海との関係史の研究に集中する。

渤海　まずは一九七五年の第一回の来日渤海使節の国書、渤海の日唐間で果たした中継的役割などの論文が脳裏に浮かぶ。『続日本紀』に引く七二八年、初来日の渤海使節のもたらした国書に「前経」とある語句などの解釈をめぐって、故事の用例を漢籍の博捜によって見つけ出して従来の解読を訂正した研究は、その後も続く石井の常套手法である。上に触れたように、簡便なリブレットの序文のなかにまで、「人物」の語が本来人と物を合わせた言葉であることをわざわざ『続日本紀』の遣唐使の舵師《かじし》、川部酒麻呂《かわべのさかまろ》のエピソードを引用して述べるところにも、石井のこだわりがみられる。

また渤海国の高句麗継承意識の論文がある。これは朝鮮史研究会の幹事であった私が、一九七七年の大会での報告を勧めて取り組んだ成果で（公刊は翌年）、古代の新羅から二十世紀初めの近代啓蒙期に及ぶ朝鮮史上の歴史家・思想家の言説を収集して体系化する研究であり、程なく渤海の歴史が中国史の一部か、朝鮮（韓国）史か、果たしてどちらに属するのかという中国・韓国・北朝鮮の間で交わされる国際的な論争の先駆的業績となるのであり、日本の学界における独自の着実な実証研究として忘れがたい。

中世の分野に属するが、同じ年の、元寇に対して江華島によって抵抗する三別抄の情報が鎌倉幕府に伝えられた時の文書に端を発する研究は、大学院修了後、東京大学史料編纂所在職中に発見した輝かしい成果であり、後年まで石井の代表的な研究の一つに数えられ、学界内外でよく取り上げられることになる。

このほかにも『類聚国史』のもととなった『日本後紀』編者の書いた渤海の沿革記事の検討を通して「首領」の性格を明らかにすること、諸種の史料を集めて渤海の王系譜、世系を推定することなどの研究がある。「首領」は私が提唱した首領制論とその後の日本・中国・韓国での研究をまとめていえば、渤海の唐風の地方行政制度の州県とは別に地域社会にあった制度、秩序の核の存在であったと考えられる。首領は地域の主に牧畜を生業とする住民を統率し、外交使節にも加わる首長のことであろうが、その性格に関して地域支配者を本質とするか、官僚的存在か等々の諸説が出された状態であった。石井は前記の記事の読み直しによって独自に首領を百姓=百官とする説を表明した。渤海王の系譜の復元は諸国で錯綜する先学の案を検討し、史料を整合的に解釈し直したもので、渤海国史の解明に大いに寄与する。また『続日本紀』の津軽あたりに駐在する官人が遣わされた「靺鞨国」がどこを指すかに関する酒寄雅志などとの論争も見過ごすことができない。靺鞨の語が古代日本では渤海国を指すとは限らず、北海道のこととする。

さらに奈良時代の渤海との外交の目的なり性格なりについて、国際的位置を確保し続けるための外交であると考えられてきた通説的な考えに反対して、渤海は当初、日本と関係を結んで新羅を牽制しようとする思惑があった、つまり国家存立のための国際的安定を図るという政治的目的があったが、やがて使節に文官でなく武官を任命、派遣するような傾向は軍事重視に変化することの反映であると論じる。渤海使節の朝貢年期に関する論文もある。新羅、渤海などの朝貢の年期の問題は、元来唐、さらにそれ以前の中国の外交思想にも遡るが、外交テクニックともかかわり、今日の対外関係史研究にもなお尾を引くテーマである。

私の印象に残る石井の渤海史関係の主な業績を取り上げた。どれもが従来の学説を研究史・学説史の丹念な追跡によって捉え直すか、あるいは独自に見つけた新史料により新たな史実を紹介し、析出して先鞭をつけるなどして、後々まで自身の学説をケアし、「更新」を続けてこだわった研究である。渤海の国史、日本との関係史の論文については、この後一書にまとめられ、改めて学界に提供されることになる。

唐　これ以外の対外関係史研究も多分野にわたっている。一九八〇年前後から、石井は奈良時代や平安時代初期の唐との関係の研究成果を発表し始めた。一九七九年、八三〇年代の事実上、最後の遣唐使となった大規模な遣唐使に同行した延暦寺の入唐僧、円仁についての論考を一般向けに書いている。この円仁と同時期の新羅人で、新羅だけでなく、唐の新羅人勢力、日本の大宰府ともつながり、東アジアを股にかけて海上貿易に活躍した張宝高《ちょうほこう》（張保皐）とを取り合わせる形で描いた。これは人の移動や交流、それに貿易の観点から特定の人物の動向を捉えて、その前の時代とは異なる平安時代の新たな対外関係の様相の到来を示唆したのである。つまり日本古代国家の主導する対外関係が、政治・外交から貿易・文化へと舵を切って変遷する、おおよその形勢を浮かび上がらせることにつながるものである。これらは一般向けの書物に載せた概論であり、出版サイドの要請によったであろうが、石井は時代の変化の勘所を掴んで、専門の論文であるかどうかにかかわらず、所見を的確に叙述していることが知られる。なお張保高を軸とする新羅との関係の問題は、二〇〇〇年代に入っても石井のテーマの一つであり、韓国でのシンポジウムでも発表している。

奈良時代中葉、七五三年の唐の大明宮含元殿での朝賀の儀式で、日本よりも新羅が上位にあったために、遣唐使副使大伴古麻呂が接待に当たった将軍呉懐実《ごかいじつ》に抗議して席を変えさせた席次争いは有名な事件である。この解釈は様々で、なかには『続日本紀』の虚構であるとか、遣唐使の復命の際の虚偽であるとする極論まであった。だが石井は日本史家が触れてこなかった唐側の史書に呉懐実を探し出して実在を立証し、その職務を推測して、史料に信憑性を与えることとなった。これに関しては二〇〇七年、中国西安で呉懐実の墓誌が出土し、しかも刻される彼の閲歴によって石井が推定した通り将軍の職位にあり皇帝とも近い関係の宦官であったことが判明した。石井による推論の正しさが証明されたことにほかならず、その慧眼は驚嘆に値するとして褒め過ぎでない。このほか、『古語拾遺』の明応元年写本の識語に、八〇三年、遣唐使派遣の前に新羅に保護を依頼したことの手掛かりになる一文をみつける成果もある。九世紀末の寛平の遣唐使が停止になった事情についても諸説出されているが、石井は史料の用語の吟味から始め、また後には時の外交と内政とを関連させて解き明かす視座を示すなどしたのである。

このように石井による日唐関係のポイントになる事実を疑い、描き直そうとするいくつもの成果が公にされて、奈良・平安時代の遣唐使を軸にして展開した唐との関係史の理解が塗り替えられ、歴史像の再構築が期待される状況に近づいた。

その一端は二〇一三年暮の横浜ユーラシア文化館の遣唐使展の関連事業で催されたシンポジウムでの石井の講演に窺われる。コーディネートした私の依頼に応えて石井は病身をおして長時間立ったまま遣唐使の概論を講じ、しかも討論にも丁寧に応じたのであった。その記録が公刊されたのは石井が逝去する直前の二〇一五年五月のことであった（三月末、校正の催促に対して懇切な返信を頂いたことを思い起こす）。

新羅　一九八七年からは日本と新羅の関係についての研究を発表するようにもなる。上述の遣唐使の席次争いも新羅との関係史であるが、石井の主要な問題関心は、天平期、七三〇年代の日本古代国家の外交基調ないし性格がどうであるかにあったと見なされる。新羅の使節による公的交流は政治目的にあり、日本もそれに呼応したとする通説的な見解に異を唱えるもので、石井は通説を基本史料の『続日本紀』の記事の解釈に立ち戻って検討を加えた結果、政治から貿易、すなわち経済中心へと変質するのであって、政治目的が続いたとみるのは根拠がないと論断した。例えば来日した新羅の使節が交易活動をするのも、外交と一体的で不可分であったとみる李成市などの見地に対して批判を展開した。石井は日本の渤海との外交、次いで新羅との外交の両方を把握し直し、その性格をめぐって学界の普遍的な理解に対して異議申し立てをしたのであり、日本の奈良時代外交の基本的性格についても、積極的に論争を仕掛けたともいえるであろう。八、九世紀の新羅との関係を見通した論文もある。これらに唐との関係を加え、また新羅、渤海それぞれの立場の関係を考慮した東アジア規模の国際関係については、日唐羅三国間の貿易についての概論など、時期ごとの考察が何編かあるものの、全体の展望は遺憾ながら示されていない。

宋　一九九二年、石井は日宋貿易を主にした十世紀の研究を初めて公表する。これは私と考古学の田村晃一の編集した『新版　古代の日本』の「アジアからみた古代日本」の巻に収められたものである。以後、二〇〇〇年代後半にかけて、前述の『アジアのなかの日本史』Ⅴに入宋僧、特に成《じょう》尋《じん》を取り扱い、その行記である『参天台五臺山記』に論及し、次いで奝然《ちょうねん》の行状を論じるなどして、歴史上の人物を通した日宋関係の業績を次々と上げた。時期は前後するが、森克己は一九七五年、主著の新訂版『日宋貿易研究』を上梓した時、中央大学講師であった石井が、索引作りなど「献身的な援助」をしたことを序文に明記してその労をねぎらっている。この時、恩師森はほかにも二巻の日宋貿易と一巻の日宋文化交流を併せた、合計四巻の著作集を刊行した。石井が大学院学生後も、森の日宋関係の著作や直接の接触によって薫陶を受けたことがありありと思い浮かぶのである。森が八一年に没すると、執筆予定であった日本歴史学会編の人物叢書の成尋などの執筆を石井が引き継いだと仄聞するので、このことも石井が日宋関係の研究に踏み込む動機のひとつであったと考えられる。実際、石井の没後、村井、荒野、川越泰博などと横浜の自宅を訪れた折、書庫には「成尋」と書かれた箱に関係の史料、文献が納められていたのを目にしたことを憶えている。二〇〇〇年代には、平安末期から中世の成立期にかけての日本と高麗の関係の研究も、上記の元寇の際の三別抄との交渉の論文が著名であるが、十編余りの論文を中央大学の『中央史学』などの専門誌や歴史学の専門書を中心にして続々と発表している。これらのなかには、六国史の後の時代なので文書は当然用いるとして、『長秋記』紙背文書、『小右記』という公卿の日記、『成尋阿闍梨母集』などを駆使して、その記載の細かな分析をし、史実を導くという特色を指摘できる。

以上に触れたことのほか、古代史に関しては、隋使の裴世清、道教経典にみえる渤海商人、『源氏物語』の「高麗人」など、単独ながら興味深い探究がある。『本朝文粋』に載る後百済王の牒状と大宰府返牒（書状）のやり取りの記事を、十世紀の歴史認識、情報伝達と七世紀後半の新羅金春秋《きんしゅんじゅう》の来日の双方に関する史料として使う論文は、余人に真似できない長い時間軸の捉え方、関心の持ち方が示されている。

論文以外に、『遣唐使研究と史料』『善隣国宝記《ぜんりんこくほうき》』などの共同校訂、訳注、『対外関係史総合年表』『対外関係史辞典』の編集に従事し、前近代の対外関係史研究を牽引してきた田中健夫の指揮のもと出版するという重要な実績を遺した。二〇一一年三月の東日本大震災は歴史研究者に人間の歴史と自然、災害の関係がいかに重大事であるかと問いかけ、大きな影響を与えた。石井は直後に『中央史学』に平安時代に類似の事態を生じた貞観期についての論文を発表し、それをふまえた、歴史学研究会編の『震災・核災害の時代と歴史学』に「災害と外寇」の論文を書いている。おそらくどちらも依頼に応えて寄稿した論文であろう。

二〇一五年三月、『島と港の歴史学』が中央大学出版部より刊行された。石井が責任者となって主導した中央大学人文科学研究所での共同研究の成果であるが、自身も遣唐使停止以後に入宋した十人の僧侶を取り上げて、海外渡航と出入国の手続きの研究を最新の成果へも目配りしながら述べた論文を寄せている。石井のデビュー作が国書開封権の論考であるので、結果的に、奇しくも同じく史料としては外交文書の検討を通して、実態的にも使節の出入国という外交の要諦を明らかにすることで研究を締めくくったことになる。

三、日本渤海関係史の研究——おわりに

石井の博士学位論文は『日本渤海関係史の研究』である。上述した既発表の八〜十世紀の日本と渤海の使節による交流、関係をベースに詳細に跡付けて体系化した、二十編の個別論文で構成される大著である。幅広い多岐にわたる諸問題を、豊かな問題関心に基づいて、引き締まって静かに、しかし時に臆することなく激しく論じている。

著書は二〇〇一年二月、私の所属する國學院大學に学位請求論文として提出された。國學院大學は今日も人文系では博士学位の取得者が日本で最も多い大学であり、他大学関係の方の取得も少なくない。石井の前には同僚の近世対外関係史研究の中田易直が宮崎道生の主査により学位を取得したばかりであった。石井の謦咳に触れることの多かった門下の近藤剛によると、専門家の評価を受けたい、実質を取りたいのだと述べていたという。私は上述のように、石井とは専攻分野が重なり、長年の交わりのある間柄であり、渤海史にも多少の研究があった。國學院大學は一九九〇年代、渤海建国一三〇〇年を迎えたことも影響してか、東アジアの歴史家、考古学者が多く訪れ、何人もの留学生がいたのでシンポジウムも時々開かれていた。中国の夏応元、魏国忠、魏存成、韓国の韓圭哲、宋基豪、ロシアのエルンスト・シャフクノフ、アレクサンダー・イヴリエフ、ユーリー・ニキーチン、エルゲニア・ゲルマンなどで、世界の第一線の錚々たる方々が何度か集った。日本では石井以外に田村晃一、清水信行、酒寄雅志、古畑徹、小嶋芳孝などが加わったことがある。

私は在外研修で約一年滞在するパリに石井の著書を持参し、精読することにした。二〇〇二年三月、無事、口頭試問を経て、四月には学位授与となった。主査の私のほか、副査は大学院で講じていた唐代史の土肥義和、渤海史の酒寄雅志、史料学、文献学の吉岡眞之が務めた。國學院大學として、石井は一九六〇年の新妻利久（のち『渤海国史及び日本との関係史の研究』）、九九年の酒寄（『渤海と古代の日本』）、二〇〇〇年の馬一虹（『靺鞨、渤海与周辺国家、部族関係史研究』）に続く渤海史関係の学位取得であった。

学位論文である著作の内容は前記の渤海史関係のところで述べたので省いて、その評価を大学院文学研究科での会議に提出した審査報告書の要点を引いて列挙すると、①史料の犀利な分析により史実を論証する姿勢、方法をもって終始一貫する。②自身の先駆的研究を含めて日本、中国、韓国、北朝鮮の研究を総括し、堅実で穏当な学説を学界に提供するもの

である。③文献によって日本渤海関係史の研究を大きく進めた本格的な業績であり、国際的にも永く貢献する。④数多くある渤海史研究のなかでは、金毓黻、鳥山喜一などの実証研究を受け継ぐ系譜の上に確乎たる位置を与えられるべきもの、ということである。渤海との関係史は石井の研究の真骨頂が発揮されている。これらは石井の研究業績全般に当てはまる特色であり、共通する評価であると思われる。

私には石井との長年の交際で、楽しい思い出も多い。一九九八年、王勇の招きで、遣唐使シンポジウムのため中国杭州に一緒に行ったこと、同じ頃、石井の自宅の庭でのバーベキュー・パーティで、王勇、シャルロッテ・フォン・ヴェアシュア、川越泰博などとともに歓談したこと。私個人には事情があって逆風になったが、一九九五年、中国黒竜江、吉林両省の渤海の日本道遺跡を回ったこともある。石井のフィールドワークは珍しいが、中日関係史研究の夏応元との中国調査や田村たちとのロシア沿海州の渤海遺跡調査については、随筆を書いている。

石井正敏は古代・中世日本の対外関係史研究を、中国、朝鮮諸国などを対象にして、多角的にしかも広げて展開してきた。史料実証を最重視し、史料の見直しと先行学説の批判により、史実の論理的な解明を着実に進めて自説を構築している。史料に立ち向かう姿は執念の深さが感じられる。一見、議論を仕掛けて挑発するような筆鋒の鋭さがある。だが、解釈や復元には慎重で、節度もある。実は私心のない、ひたすら公正な事実、歴史像のみを希求する石井の真摯な姿勢が論文の端々にみえてくる。石井は『日本の対外関係』に関わる編集の作業、通史・総論の執筆を転機にして、多分、自身の研究をまとめて大成しようとする時、突如逝き、とだえてしまった。私などが目指す文献史料と考古資料を併せ用いて、王権・国家の形成や構造と関連させて考える対外関係史とは異なる、伝統的な対外関係史研究の熱意溢れる推進者であった。なかでも石井が最も力を注いで研究した渤海史は、日本史、東アジア史にとって深く関わる歴史であり、ただ一国の歴史ではない。その解明は今日的な研究課題もある。

これまで挙げてきた石井の古代対外関係史研究の成果と展望をめぐる小文には、私情を多く交えているのを否定できない。石井を失った損失は計り知れない。渤海、新羅、後三国、高麗、唐、趙宋との関係史、交流史を総合する研究は未完のままである。論文にはしばしば後考を期するという文言がみられる。東アジア世界についての議論もこれからというところであった。石井の蓄積した数多くの業績をどう受け止めて受け継ぐかが後進に問いかけられていることは間違いない。

『日本渤海関係史の研究』の評価をめぐって

――渤海史・朝鮮史の視点から

古畑 徹

ふるはた・とおる――金沢大学人間社会研究域歴史言語文化学系教授。専門は渤海史、新羅史、唐代史、前近代東アジア国際関係・国際交流史。主な論文に「渤海建国関係記事の再検討――中国側史料の基礎的研究」(『朝鮮学報』第一一三輯、一九八四年)、「小高句麗国の存否問題」(『東洋史研究』第五一巻第二号、一九九二年)、「歴史の争奪――中韓高句麗歴史論争を例に」(『メトロポリタン史学』第六号、二〇一〇年)などがある。

本稿は石井正敏の主著『日本渤海関係史の研究』を渤海史・朝鮮史の視点から論評するものである。出版当時の研究動向的評価から離れ、研究方法を軸に評価すると、渤海史・朝鮮史における実証主義の古典的名著たりうる著作といえる。ただし、渤海王家系図に誤謬があるように、その見解を絶対視するのは正しい本書への向き合い方ではない。

はじめに

私は石井正敏氏から、かつて非常に厳しい叱責の手紙を受け取ったことがある。それは、忘れもしない二〇〇一年晩夏のことである。

この年四月、石井氏は『日本渤海関係史の研究』(吉川弘文館。以下、石井著書と略称)を上梓し、私も寄贈の恩恵に浴した。総頁数六九〇頁にものぼるその大著を見た私は、一種の興奮状態から、渤海史研究者として寄贈を受けた以上は、形式的な御礼ではなく、しっかり読んで感想を書くべきと思い、この大著をいきなり読み始めてしまった。そして間もなく、その間違いに気づくこととなる。

当初、私はこの著書を、今までの石井氏の日本・渤海関係史についての諸論稿を集め、それらをバージョンアップした博士論文だと思っていた。ところが読み始めてみると、確かに原論文のバージョンアップではあるが、単なる改稿ではなく、原論文への批判・異論を洗い出して詳細に検討・反批判する補論・注・付記等が随所に、そして相当量あるという独特の体裁であることに気づかされた。当然、自分の名前が何度も登場し、その検討・反批判に納得することもあれば、納得できないこともあり、あれこれ考えているうちに読み進められなくなってしまった。

同年三月に酒寄雅志氏の『渤海と古代日本』（校倉書房。以下、酒寄著書と略称）も上梓され、佐藤信氏の企画で、両著書の出版を契機に渤海史研究の現在を問い直そうとする史学会シンポジウム「古代の日本と渤海」が、同年九月十五日に開催されることとなった。(1) 私は出席することとしたが、石井氏への返事も書けないままでは顔も合わせられず、頭を抱えていた。結局、シンポジウム一ケ月前にやっと踏ん切りがつき、御礼とそれが遅れた非礼を詫びる手紙を送ったが、丁度入れ違いで石井氏から手紙が届いた。それが冒頭の叱責の手紙である。そこには私に寄贈した石井氏の思いとそれに応えようとしない私への失望と叱責の言葉が述べられていた。慌てた私は、改めてこうなってしまった言い訳を書き、すぐ投函するはめとなった。シンポジウム会場でお会いした際に、平身低頭して謝る私に、石井氏はにこやかに「事情は分かっているから気にしないでいいよ」と言ってくれたが、それがどこまで本心だったかはわからない。

私がこのとき返事を書けなくなったのは、批判に対する石井氏の検討・反批判に非常なまでの誠実さを感じたからにほかならない。そしてそれに応えるなら、同じだけの誠実さが必要に思われた。そして迷った結果の結論は、石井氏からの批判には、手紙や書評ではなく、徹底的に吟味した論文・著書の形で応えなければならないということだった。それゆえ、石井氏の著書に対する書評依頼は、論争当事者であることを理由にすべて断った。私は、原稿依頼は原則断らない主義だが、このときばかりはそれを曲げた。

それから十五年が経つが、私は未だ石井氏の批判に応える論文・著書を書いていない。それでも準備をしてこなかったわけではないし、時を経てあらためて石井著書を再読して気付いたこともある。今回、編集側から渤海史・朝鮮史の視点から石井氏の研究を評してほしいという依頼を受けたのを天恵と思い、本稿にてその一端を披歴することで、石井氏の思いに少しでも応えたいと思う（なお、本書では、敬称を略す原則が採られているので次段落以降では敬語表現などは用いない）。

一、出版当時の評価

石井の渤海史研究の全容については、浜田久美子論文にて触れられているので、それに譲ることとし、本稿ではもっぱら石井著書の研究史的意義と方法論について論じたい。まずは、石井著書が出版された直後に書かれた書評等を概観し、当時この著書にどのような評価が与えられていたかを見ておきたい。

当時出された書評等を発表順に列挙すると、以下のようになる。

①宮永廣美「石井正敏著『日本渤海関係史の研究』」(『中央史学』二五、二〇〇二年三月)

②小嶋芳孝「書評 石井正敏『日本渤海関係史の研究』」(『歴史学研究』七六三、二〇〇二年六月)

③河内春人「渤海史研究の論点」(『唐代史研究』五、二〇〇二年六月)

④濱田耕策「書評と紹介 石井正敏著『日本渤海関係史の研究』」(『日本歴史』六五一、二〇〇二年八月)

⑤浜田久美子「研究動向 渤海史研究の歩み――石井正敏氏、酒寄雅志氏の業績を中心に」(『歴史評論』六三四、二〇〇三年三月)

⑥榎本淳一「書評 日渤関係史研究の成果と意義 酒寄雅志著『渤海と古代の日本』/石井正敏著『日本渤海関係史の研究』」(『史学雑誌』一一三―七、二〇〇四年七月)

このうち①②④⑥が書評、③⑤が研究動向であり、また③⑤⑥は酒寄著書とセットで石井著書を論評したものである。研究動向的なものが多くなったのは同じテーマを扱う酒寄著書と出版時期が重なったのが一つの理由だが、それ以上に、酒寄と石井の研究手法が好対照をなすこと、一九九〇年代から二〇〇〇年代初頭にかけて盛況を呈した渤海史研究への歴史学界全体の注目があったこと、そしてそのなかで両著書が当時の研究の一つの到達点と見えたことがある[2]。酒寄と石井の研究手法の対照性と渤海史研究の盛況の関係については、⑥で榎本が酒寄の研究を「広がり」、石井の研究を「深み」と評したうえで、「渤海史研究が今日のような盛況をみることになった背景には、酒寄氏、石井氏という研究スタイルの異なる両氏が良きライバルとして当該研究を牽引してきたということも大きな要因として挙げることができるだろう」[3]と的確に述べている。若手研究者である河内・浜田両名からすれば、個々に専評するのは荷が重く、問題を整理し課題を探る研究動向だからこそ執筆が可能だったといえなくもない。

また、②⑤⑥は歴史学全般にわたる学術雑誌、④は日本史学全般にわたる学術雑誌で、いずれも日本の歴史学界を代表する権威と伝統のある専門誌である。ここからも、当時の歴史学界において渤海史研究が注目され、石井の著書がその代表的研究と見られていたことが見て取れる。しかし一方で、朝鮮史や東洋史を代表する学術雑誌には書評がなく、評者も朝鮮史・東洋史の研究者と目されているのは濱田耕策だけである。唯一③が東洋史系の学術雑誌掲載のものだが、これも石井・酒寄両名がともに唐代史研究会の会員であったことに起因しているから、東洋史側からの評価を得ての書評掲載ではない。

これらの書評の傾向と関連して興味深いのは、『史学雑誌』の「二〇〇一年の歴史学界――回顧と展望」[4]での石井著書の扱われ方である。石井著書は、天武朝以降の対外関係史を扱う「日本（古代）六」、十世紀初までを扱う「東アジア（朝鮮―古代）」、モンゴル帝国成立以前を扱う「内陸アジア一」の三ケ所に登場するが、いずれも酒寄著書と併記され、酒寄著書同様に旧稿の集大成と見られて新見解部分の紹介はなく、論評は著書自体ではなく渤海史研究の現状に関するものになっている。また、石井著書には唐代史に関わる箇所が酒寄著書以上にあるが、「東アジア（中国―隋・唐）」ではまったく触れられていない。「内陸アジア一」に「日本史研究者の専評に委ねたい」[5]とあるように、日本史の枠組で捉えられた節もあり、濱田の④の書評はあるものの、石井著書が渤海史・朝鮮史・東アジア史の枠組のなかに位置づけて見られていなかったのではないかという印象を抱く。

このように見てくると、石井著書は、酒寄著書との出版時期の重なりや渤海史研究の盛行、日本古代対外関係史における研究重点の移行[6]という当時の状況のなかで、その著書単独の価値が十分論じられなかったのではないかと思われるのである。

二、方法論と古典性

石井著書自体の研究史的意義を論じるには、まず所収諸論文のそれを論じる必要がある。

このことについては、筆者が既に、一九七三・七四年を渤海史研究の一つの画期として研究のあり方がそれ以前とは大きく変わったと論評した際に、「とりわけ石井は、日本側にある対渤海交渉史料を丁寧かつ実証的に読み直して、戦前以来の対日朝貢史観とは全く異なる日本渤海関係史像を描きだした」[7]と述べたことがある。筆者はこの時に論文名を出さなかったが、具体的には一九七四年からの七六年にかけての四本の論文を指し、とりわけ一九七五年に出された「日渤交渉における渤海高句麗継承国意識について」[8]「第一回渤海国書について」[9]の二本を高く評価したものである。これらは石井著書所収時に改題され、補論等も付されてその考証がより精緻になっており、筆者は依然色褪せぬこれら論稿を、あらゆる渤海史研究者の必読文献だと思っている。

その後の諸論稿もそれぞれに重要な意味を持つが、博士論文にまとめることを意識して書き始めた一九九〇年代の「渤海王の世系について」(10)『類聚国史』の渤海沿革記事について」(11)の二論稿も極めて重要な研究史的価値を持つ。一九九〇年代は、大量の渤海史研究論文が出された時期であり、その特色は、国際シンポジウム・共同研究の増加、考古学的成果をともなった北方史研究の進展による新たな視点の登場、渤海史ブームの三点に集約できる。(12)石井のこの二論稿は、これらのいずれとも離れたところに位置し、研究の基礎となる重要文献について文献学的にアプローチするとともに、関連諸説を網羅整理し、それらで解釈の分かれるキーワードについての用例を確認して自らの解釈を示したうえで、自説を組み立てていくというものである。諸書評がその史料の読み込みによる緻密な実証性を高く評価する(13)石井文献史学の真骨頂ともいうべき論稿で、そこで扱われた史料を検討しようする世界中の研究者が必ず参照しなければならない文献である。

このように石井著書のなかには、時を超えて後世の研究者が参照すべき論稿が少なからず所収されている。それらはいずれも着実な実証主義的論稿であるが、その成果を基にして学界で争点となっている重要課題に切り込むものであり、そうしたこととも相まって高い価値を有するのである。では、こうした研究のあり方はどこから来るのであろうか。

石井が登場した一九七〇年代前半は、北朝鮮の研究の影響を受けて日本でも渤海を朝鮮史の枠組で理解しようとする動きが初めて登場し、こうした視角の変更によって新たな研究成果がいくつも生まれた時期である。それと同時に、日本史においては石母田正による在地首長制論・国家形成史における国際的契機論、東洋史においては西嶋定生による冊封体制論が大きく取り上げられて盛んに議論されていた時期である。こうした研究も一九七〇年代の渤海史研究の新動向に少なからざる影響を与えたが、どうも石井の立ち位置はそうした流れとは異なるように思われる。(14)

石井著書の「あとがき」を読むと、上記の研究動向のことはほとんど出てこない。代わりに鬼籍に入られた三人の恩師が石井の研究に大きな影響を与えたという話が書かれており、なかでも史料読解の手ほどきを受けたという飯田瑞穂についての記述が注目される。着実な実証主義を旨とされた飯田への畏敬の念は、「史料を忽せにしない姿勢はもっとも学ばなければならない教えと思っている」(15)という記述に端的に表れている。青木和夫が飯田瑞穂の人柄と研究について述べた文章に、「残されている文献を厳密な手続きで処理して、歴史的事実を確認するためには誰しも使わざるを得ぬ基盤を築いてゆく仕事こそ、役に立つ学問であろう」(16)という一節がある。朝鮮史・日本史・東洋史の研究動向が刺激になったとしても、石井が最初から目指したのはまさに日渤関係史研究におけるこの方向性ではなかったかと思うのである。

歴史学の各分野における古典的名著には、大きく分けて、その研究分野の基礎となる理論的枠組みや方法論などを論じたものと、研究上の主要課題にかかわる重要史料についての緻密な考証を積み重ねて史実及び史料自体を追究し、その分野の研究者の誰もが参照しなければならないもの、との二つのタイプがあると思われる。前者のタイプが研究のあり方の変化によって時にその地位を失うのに対し、後者のタイプは半永久的である。後者のタイプを渤海史研究や朝鮮古代史研究で探すならば、渤海史では金毓黻『渤海国志長編』(17)、朝鮮古代史では池内宏『満鮮史研究』上世編(18)をまずは挙げることができよう。そして渤海史研究においては金著書に匹敵する位置に、朝鮮古代史研究においては池内著書につづくいくつかの名著の一つという位置にあるのが、石井著書のように思われるのである。

三、考証の落とし穴――「渤海王の世系」における誤謬について

石井著書は間違いなく古典的名著たりうる著作と思うのだが、だからといってその見解・論証がすべて正しいわけではない。

先述のように石井の研究の多くは、考証の成果を基にして学界で争点となっている重要課題に切り込むというスタイルを採っている。ただ、それは時々勇み足となってターゲットとなった論著の主張のすべてを否定してしまうことがある。榎本が書評⑥のなかで、「天平勝宝四年の新羅王子金泰廉来日の事情をめぐって」における李成市説批判に対して、石井の批判を妥当としつつも「貿易の背景にある政治的な意図・意志を想定する李の視角は否定されるべきものではない」(19)と述べているのは、まさにこの問題点の指摘である。

最も高く評価されている史料考証自体についても誤謬は存在する。緻密な考証を旨とする研究がしばしば陥ってしまう落とし穴に、異説を述べる史料を比較検討する際、緻密に文節を切って考証した結果、各史料本来の文脈を見失い、どこにも書かれていない「史実」を「創作」してしまう、というものがある。石井が示した渤海王家の系図が、まさにそれで

ある。

　王家系図についての考証は、先に示した各書評でも高く評価されているものの一つであり、[20] 筆者も最近までそれに依拠していた。ところが、その考証を丁寧に追跡してみたところ、大きなミスが一つ存在していることに気付かされた。それは、第十代大仁秀の世系である。

　大仁秀の世系を記載する史料は『新唐書』渤海伝で、大仁秀を第九代大明忠の「従父」と記すとともに、[21]「其四世祖野勃、祚栄弟也」と述べる。石井は、まず『新唐書』の用例に基づいて、「従父」が唐代には「伯叔父（おじ）」もしくは「伯叔父行（おじの輩行）」の意、つまり一世代前を意味することを明らかにする。ついで「四世祖」の意味するところ、つまり世代の数え方（計世法）について検討する。計世法には「本人から数える数え方」と「本人の父から数える数え方」の二つが存在するが、『新唐書』ではそのどちらなのかを用例をもとに確認し、両方が混在していることを明らかにする。その上でこの二つの計世法のどちらかであることと、明忠の一世代前であることとの両方の条件を満たす系図を、ここまでの考証で確認した明忠までの系図をもとに考えて仁秀を野勃の玄孫の位置に置き、それが「父から数える」計世法にかなうことを確かめて、これを正解とするのである。それが**図1**である。[22]

　一見正しく見えるこの考証の落とし穴は、ここまでの考証で確認した系図をもとに考えた点にある。石井は、ここまでの考証で明忠を第三代欽茂の曾孫と位置付けた。それ自体は正しい考証なのだが、『新唐書』渤海伝自体は欽茂の孫として記載している。つまり、『新唐書』渤海伝は、石井の考証よりも一世代前の位置に明忠を置いているのであり、仁秀もそれに従って一世代前になる。『新唐書』渤海伝の記述に基づく系図は**図2**である。

　この『新唐書』渤海伝の記述は、幽州節度使の使者として渤海との間を往復した張建章が、そこでの見聞をもとに八三五年に書いた『渤海国記』に基づいているとされる。[23] したがって、『新唐書』の系図は複数の史料のつぎはぎではなく、一書のなかで整合的に書かれていた記事を転載したものであり、記載の一部だけを史料の文脈から切り離してはいけないのである。ゆえに、明忠の「従父」としての仁秀の位置は『新唐書』渤海伝に従って示さなくてはならない。つまり、仁秀は石井の系図よりも一世代前の野勃の曾孫の位置に置かなくてはならず、計世法もそれで「本人から数える」方法にかなっている。したがって、正しい系図は**図3**になるのである。

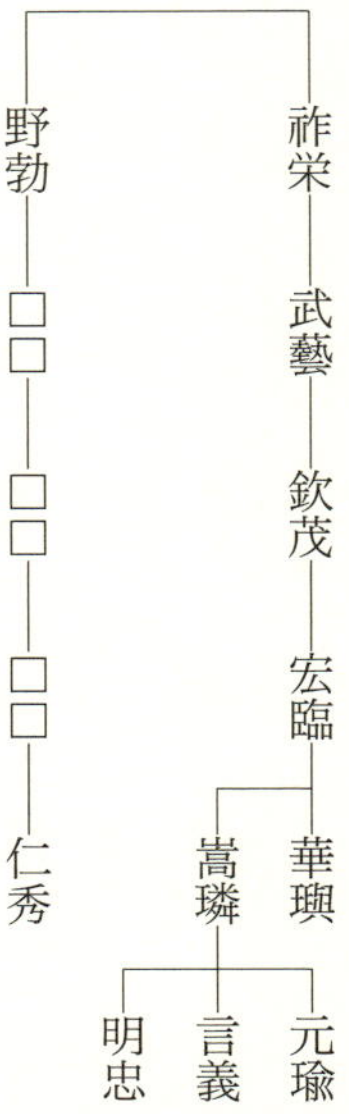

図1　石井著書の渤海王家大氏系図（仁秀まで）

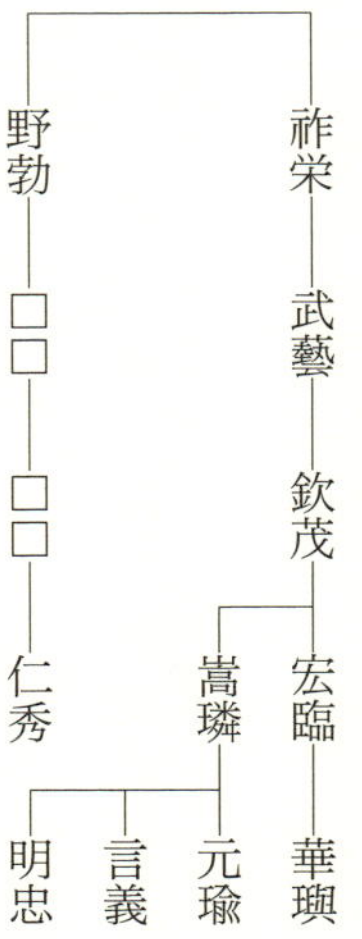

図2　『新唐書』渤海伝の渤海王家大氏系図（仁秀まで）

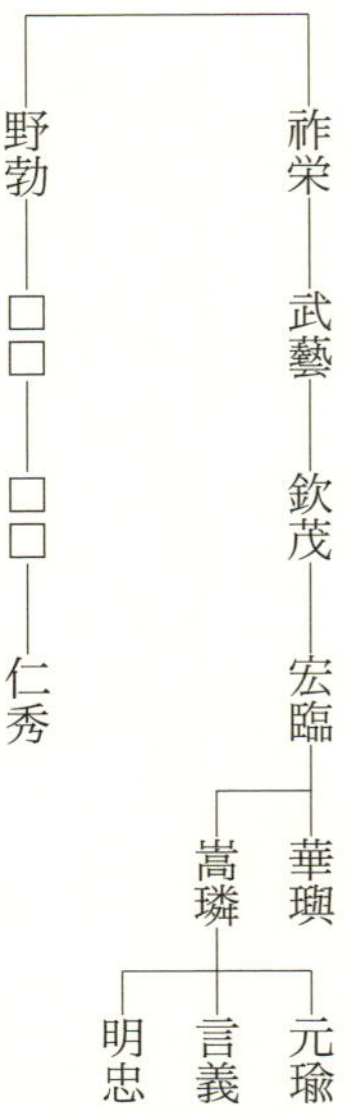

図3　筆者の考証に基づく渤海王家大氏系図（仁秀まで）

優れた考証史家でも、というよりむしろ優れた考証史家だからこそ、このような落とし穴に陥ることがある。我々は時としてそのようなことがあり得るのだということを念頭に、石井著書を丹念に追跡しながら読まなくてはいけないと思う。そして、そのことこそが膨大な諸説と史料を整理された石井の遺志を継ぐことではないだろうか。

おわりに

正直なところ、石井の研究を渤海史・朝鮮史の視点から評価することを目的に書き始めた本稿に、石井の誤謬の指摘を入れるべきかどうかは、かなり迷った。ただ、わかっているのにそれを記さず、単に褒めちぎるだけの論稿であったら、石井が手紙で私を叱責した真意に背く気がして、あえてその指摘を記載した。石井の渤海史研究をめぐっては、まだ書きたいことが山ほどあるが、それはまた別の機会に論文・著書のなかできちんと示すことをお約束して本稿を終えたい。

くどいようだが、本稿で示したような誤謬は石井著書を渤海史・朝鮮古代史における古典的名著たるべき存在とした私の評価を何ら揺るがすものではない。金毓黻の『渤海国志長編』も、池内宏の『満鮮史研究』上世編も、後世の研究者からの数多くの批判に晒されながら今日に至るまでその価値を失っていない。むしろ今に至るまで参照され批判され続けているからこそ、これらは古典的名著なのである。後世、石井著書が真に古典的名著と呼ばれるようになるかどうかは、そのあとを追い駆ける我々の石井著書への向き合い方にかかっている。

注

(1) 本シンポジウムの成果は、佐藤信編『日本と渤海の古代史』(山川出版社、二〇〇三年) として刊行されている。

(2) この表現は、ともに研究動向である、書評③一〇六頁と書評⑤七四頁にみられる。

(3) 書評⑥一〇八頁。

(4) 『史学雑誌』一一一―五。

(5) 『史学雑誌』一一一―五、二六六頁。

(6) このことについては「二〇〇一年の歴史学界」の「日本(古代) 六」に、「日中関係史ではなく、日渤関係史が主題とされた点に今日の研究状況が反映している」「対唐関係より朝鮮諸国との関係に研究の重点が移っていることは明らか」(五八頁)とある。

(7) 拙稿「戦後日本における渤海の歴史枠組みに関する史学史的考察」(『東北大学東洋史論集』第九輯、二〇〇三年) 二二三頁。

(8) 初出は『中央大学大学院研究年報』五(一九七五年)。石井著書には「日本・渤海交渉と渤海高句麗継承国意識」と改題して所収。

(9) 初出は『日本歴史』三二七(一九七五年)。石井著書には「神亀四年、渤海の日本通交開始とその事情」と改題して所収。

(10) 初出は『中央大学文学部紀要』史学科四二(一九九七年)。石井著書には「渤海王の世系」と改題して所収。

(11) 初出は『中央大学文学部紀要』史学科四三(一九九八年)。石井著書には「渤海の地方社会」と改題して所収。

(12) 前掲注7拙稿、二二五―二二六頁。

(13) 書評④で濱田耕策は「こうした「友好の歴史像」の真相を丹念な史料の読み込みの手法で解明し」(一一一頁)と述べ、書評⑥で榎本淳一は「氏の研究に一貫しているのは史料を丹念に読み込んだ緻密な実証性であり」(一〇七頁)と述べている。

(14) このことについては前掲注7拙稿の註17でも触れている。

(15) 石井著書六五八頁。

(16) 『飯田瑞穂著作集』一(吉川弘文館、二〇〇〇年)冒頭の「序」の一節(三頁)。

(17) 千華山館、一九三四年。その複雑な出版事情については、拙稿「金毓黻『渤海国志長編』の成立過程について」(近日発表予定)参照。

(18) 上世編一は一九五一年に祖国社より刊行。上世編二は一九六〇年に吉川弘文館より刊行。その後、一九七九年に吉川弘文館が上世編・中世編をまとめて『満鮮史研究』全五冊として刊行した。

(19) 書評⑥一〇三頁。

(20) 「渤海王の世系」に示された系図を、書評③は「大氏の世系をほぼ確定した」(一〇七頁)と、書評⑥は「現在考え得る最善の系図」(一〇三頁)と評している。

(21) 「従父」と記す史料には『資治通鑑』元和十三年二月条もあるが、これは『新唐書』渤海伝に基づくもので系統を異にする史料ではない。

(22) 石井著書第一部第一章「渤海王の世系」八四―九〇頁。

(23) 張建章および『渤海国記』に関する諸見解については、拙稿「張建章墓誌と『渤海国記』に関する若干の問題」(『東北大学東洋史論集』第一二輯、二〇一六年)参照。

［II　諸学との交差のなかで］

中国唐代史から見た石井正敏の歴史学

石見清裕

いわみ・きよひろ――一九五一年生まれ。早稲田大学教育・総合科学学術院教授。専門は唐代国際関係史。主な著書に『唐の北方問題と国際秩序』（汲古書院、一九九八年）、『唐代の国際関係』（山川出版社、二〇〇九年）、『ソグド人墓誌研究』（編著、汲古書院、二〇一六年）などがある。

石井正敏が日本古代対外関係史の分野で世に問うた論考を、中国唐代史の立場から見た場合、どのように評価できるか。本稿では、①大伴古麻呂の争長事件、②国書開封権問題、③遣唐使派遣停止問題に絞って、石井の研究を相対化してみたい。なるべく新しい情報とリンクさせて、それを試みる。

はじめに

石井正敏は日本古代・中世史の研究者である。ただし、その専攻分野が対外関係史であるために、朝鮮史・中国史の研究者にも多大な影響を与えてきた。唐代史を専門とする私も、そうした一人である。「この時代の日本の外交規定はどうなっているのか」を知りたくて文献を探せば石井の論文に行き着き、「民間商人の動きが活発化すると東アジア諸国の政治・社会はどのような影響を受けるのか」を知ろうとすれば、結局は「NHKさかのぼり日本史」の『「武家外交」の誕生』（二〇一三年）を手に取っているのであった。

そのような石井の歴史学が残したものを、唐代史研究の分野から見つめ直すと、どのように評価できるであろうか。これは興味深いテーマである。

しかしながら、そうはいっても膨大な石井の業績すべてを取り上げるのは到底不可能である。また、それらを漠然と賛美したところで、大した意味はない。それは本書の企図するところではないであろう。

そこで本稿では、唐代史から見て私が興味を抱いてきた問題、あるいは石井論文から特に影響を受けた問題に思い切って焦点を絞り、あらためてそれらを見つめ直して、石井説を相対化してみたい。なるべく新しい情報を絡めて論じることにする。

一、大伴古麻呂《おおとものこまろ》の争長《そうちょう》事件に関連して

（一）呉懐実《ごかいじつ》と呉懐宝《ごかいほう》および将軍号——石井の推定

早速細かい話で恐縮ではあるが、まず実証的な問題を取り上げてみたい。

『続日本紀』天平勝宝六年（七五四）正月丙寅条に見える大伴古麻呂の上奏は、これまで多くの研究者によって注目されてきた。唐から帰国した遣唐副使の古麻呂が、前年正月の長安城含元殿における元日朝賀の席上、新羅使節よりも日本使節が下座にあたる席次にクレームをつけたところ、唐側の将軍呉懐実が日本の席を上座の新羅の席と取り替えた、と帰朝報告したのである。日本古代史における有名な争長事件なので、記事の引用は控える。

この出来事を取り上げて、石井は、①「大伴古麻呂奏言について——虚構説の紹介とその問題点」（『法制史学』三五、一九八三年）、②「唐の『将軍呉懐実』について」（『日本歴史』四〇二、一九八一年）の二篇の論文を発表している。

①論文は、古麻呂の報告を虚構と見る説の問題点を整理したもので、石井は事実説に立っている。これより先に公表された②論文は、問題の人物「将軍呉懐実」を取り上げていくつかの点を考察したもの。古麻呂の報告が事実か虚構かをいくら議論しても水掛け論に終始する恐れがあるので、最重要人物の事実関係を押さえようとしたのだと思われる。

実は、「呉懐実」を「呉懐宝」とする史料も存在し、どちらが正しいのか定説を見るに至ってはいなかった。石井は②論文で、旧字体「實」と「寶」は混同しがちなのである。日唐の史料を博覧して「呉懐実」を妥当とし、さらに彼を「中官」（宦官）とする史料を見つけ、当時の宦官が帯びる肩書「将軍」号とは他の事例から考えて「監門衛将軍《かんもんえいしょうぐん》」に違いないと推定したのであった。

（二）「呉懐実墓誌」の出現

ところで、その呉懐実本人のものと思われる墓誌が、西安で見つかった。私がそれを知ったのは、陝西師範大学の杜文《とぶん》玉《ぎょく》と拝根興《はいこんこう》の論文によってである。(1)

両論文によれば、墓誌は二〇〇七年に西安の西三環路の工事中に東凹里村で発見されたという。西三環路は漢長安城遺址の西端を南北に通る道路で、地図を見ると、この道路が紅

光路と交差する地点に「凹里村」という地名を見出すことができる。現西安城の西方約七キロのあたりである。「呉懐実墓誌」はこの付近で出土し、墓誌石は西安市文物保護考古研究院の所蔵になるとのこと。墓誌の録文は杜文玉論文一六二―一六三頁に全文が載せられ、拓本は拝根興書の巻頭（図一―五）に小さな写真が掲載される。杜文玉は拓本を西安市考古研究院の王自力《おうじりき》から提供され、録文を作成したという。

拝根興は、二〇一五年刊行の専修大学の機関誌に投稿した論文でも、「呉懐実墓誌」に触れている。ただし、そこでは「呉懐実墓誌は陝西省のある考古研究機構に所蔵されている」と述べているので[2]、この時点では所蔵機関すら公表しにくい状況だったようである。

管見の限りでは、『考古』『文物』などの定期刊行物に発掘報告は掲載されておらず、著作権の問題が生じそうなので、ここでは杜論文の録文と拝書の拓本写真をもとに、「呉懐実墓誌」の復元案を提示する（**図1**参照）。なお、字体や空格は原刻に忠実を期すが、一部の異体字は本字に改め、便宜上句読点を付す。また、一部に杜録文と異なる箇所もある。

（三）墓誌から知られること

墓誌石は右下部に欠損があるが、それ以外はおおむね良好の残存状態である。全二十八行、毎行二十九字で刻字され、三行目と最終行は小字で、最終行の下部は詰めて刻されている。

さて、墓誌文四行目の誌序冒頭を見ると、

将軍、姓は呉氏、諱は懐實、その先は渤海（地名）の人なり。

とあり、拝書の拓本を見てもはっきりと「實」に読める。したがって、姓名は「呉懐実」が正しい。

彼は、十行目下部の景雲二年（七一一）に仕官し、以下十二行目までに掖庭《えきてい》宮教博士・宮闈局《きゅういきょく》丞・内府局令・宮闈局令・内謁者監・内給事・内常侍・内侍を歴任しているが、これらはいずれも内侍省の官職である。内侍省とは後宮（宮廷女官）の事務をつかさどる部署で、専ら宦官が任用された。すなわち、墓主呉懐実は宦官に相違なく、そればかりか最終行の息子たちの官職を見てもわかるように、呉氏一族は宦官として高貴の家柄なのである。この点については杜文玉論文を参照されたい。なお、宦官の親子関係は多くの場合養子縁組による[3]。

呉懐実は、開元十七年（七二九）に従五品下の文散官朝散《ちょうさん》大夫《たいふ》の官位に就き、のちに従三品の銀青光禄大夫《ぎんせいこうろくたいふ》に昇官、天宝七載（七四八）には雲麾《うんき》将軍（従三品の武散官）に移って右監門衛将軍の肩書を得た（十四行目）。一行目の題にある官職

大唐故雲麾将軍、右監門将軍、兼知内侍省事、上柱
君墓誌銘并序
従姪通直郎、右補闕豸之撰　男朝散郎、行内僕
将軍姓呉氏、諱懐實、其先渤海人也。太伯端委於上游成
於中壤。曰以屡遷、而後功授麾旄、系轉茅士。賢豪發於順氣、
爰曁周齊、不常厥所、今為朔方冠冕矣。曽祖諱峴、祖諱傑、烈
隠淪四方驚絶。咸能俯仰、晦明之運沈潜。仁義之腴入鳥可
以為慎、其獨采乎、真止於身者有焉。而祖訓孫謀、合門一
由可愧矣。将軍鳳雛継體、鯤化翻飛。敏行端言、深衷厚度。百氏皆存
三思常拒於喔咿、國人許以聲華、　天子親其忠信。景雲二年、解
侍省掖庭宮教、轉宮闈丞、内府局令、宮闈令、謁者監、内給事。開元十有七
増朝散大夫、俄拜内常侍、換内侍、尋加銀青光禄大夫、始封五等。天寶七載、
我英主念懇悃之深至、而　渥思之未遑。識鷰頷以當侯、開
龍顔而授印、遷雲麾将軍、右監門衛将軍、兼知内侍省事。　皇明久
休應荐答於是郊　天享　地之礼、叙崇號改年之渙、擧幽明合
賛雨露、増濡進封濮陽郡開國公、食邑二千戸。凡前後歴位者九、益封者四、
盛金章戟戸之秩、専　廟享叙賓之使。役智増勞、福謙及疾、以天寶十三載
四月三日、薨于勝業里第、春秋六十有四。嗚呼哀哉。　宸睠缺然、聯
慟焉。弘賻増哀榮之品、加鹵簿羽儀之數。　聖人旌舊歯、激新誠之旨
也如此。然将軍之美、可得書焉。無夸能、無縦欲、無喜無慍、不傲不踢、非礼勿
動、非賢勿親、可無怨於天下。豈徒律於搢紳而已乎。追遠同傷、従長獻吉、以
其載十一月廿九日、葬于城西近原。従先人也。初偶南陽郡君輔氏、継偶常
山郡夫人李氏。皆促齢摧妙、垂範遺聞、合而祔焉。孝子之事親終矣。風哀
靡、地古阡荒、調彼瑟琴、豈覩泉中之奏。瞻其屺岵、還承膝下之恩。宛不異
故郷祇難堪於深夜。寄題幽礎、永閟佳城。其銘曰、
目逝川兮愁夕陽、風獵獵兮天蒼蒼。哀簫引兮素轜張、即壽宮兮去華堂。秦
宮漢苑兮遥相見、棘逕松阡兮古今變。念魂返之無香、客涙堕兮如珠如露。
長子内僕丞游楚　次子宮教游遜　内謁者監游巌　左驍衛郎将昇　騎都尉國寶　國

図1　「呉懐実墓誌」録文

もこの最終の肩書を採ったものであるから、「右監門将軍」は右監門衛将軍と同義である。

さらに、十七行目を見ると、金章戟《げき》戸《こ》の秩を盛んにし、廟《びょう》享《きょう》叙賓の使を専らにす。

と記される。「金章」とは漢代に宰相クラスが用いた金の印章、「戟戸」は戦場の陣営をいう。「金章戟戸の秩」で文武官の秩序の意。対になる「廟享」とは太廟（皇帝の祖廟）の祭祀、「叙賓」とは出席賓客の序列をいう。「叙官」ならば官位の次序を指す。「廟享叙賓の使」で国家祭祀の席次の順序を定める監督者の意である。墓誌文のこの部分は、故人が生前に職務を立派に務めた様子を称えた表現

であるが、そこで敢えて「廟享叙賓の使を専らにす」という文言をもってきたことは、故人が祭祀儀礼の席次に関わる任務に就いていたことを、墓誌の撰者が認識していたからだと見てよい。墓誌文三行目を見れば、撰者は故人の従姪《じゅうてつ》（いとこの子）とあるので、当然ながらそのあたりの経緯は熟知していたのである。したがって、故人が元日朝賀の席次を掌ったとして、何ら不都合はない。

本墓誌の被葬者が例の呉懐実その人であることは、もはや動かせないであろう。かつて石井が推定したことは、完全に証明されたといってよい。呉懐実は、日本の天平勝宝五年、唐の天宝十二載の元日朝賀の席で大伴古麻呂の主張した席次争いに関わり、翌天宝十三載（古麻呂が『続日本紀』正月条の帰朝報告をした年）の四月に数え年六十四歳で亡くなり、同年の十一月に長安西郊に葬られたのであった。

本墓誌には、日本と新羅の争長事件については何も記すところがない。これは墓誌なのだからむしろ当然で、墓誌文は通常そのようなことを記さない。それでも、呉懐実の実在が証明されたことの意義は大きいといわねばならない。ただし、これによって古麻呂の争長事件の研究がどのような展開を見せるのか、それは今後の課題である。

二、国書開封権問題と大宰府

（一）提唱と論争

「国書開封権」とは、外国使節が来朝した場合、使節の到着した辺境官署が、あるいは中央から存問使などの使者が派遣されて、外国使節持参の国書を開封し、その案文を書き写して事前に中央に届ける権限をいう。石井の造語である。

この権限について、石井は論文「大宰府の外交面における機能——奈良時代について」（『法政史学』二二、一九七〇年、石井『日本渤海関係史の研究』吉川弘文館、二〇〇一年、再録）ですでに提唱している。それによれば国書開封権は、新羅使節に対しては宝亀十年（七七九）に、朝廷から大宰府に派遣された使者に与えられ、渤海使節の場合は到着地が一定しないので、宝亀二年（七七一）の使節壱万福《いちまんぷく》の来朝を契機に諸国司に与えられたという（後に石井は宝亀十年に大宰府と同時に国司にも国書開封権が付与されたと自説を改めたようである）[4]。右の論考は、前年の法政大学史学会における口頭発表を論文化したもので、大宰府の機能と国書開封権とはいわば石井の研究人生をスタートさせたテーマだったのである。

その後、石井の国書開封権に対しては、国書開封は地方官署の事務の一環であるとして概念設定の意味を否定する平野《ひらの》邦雄《くにお》、倉住靖彦《くらずみやすひこ》の意見や、(5)大宰府や国司に開封権が付与された時期をめぐるブルース・バートン、中西正和《なかにしまさかず》、中野高行《なかのたかゆき》の批判などが出された。(6)それらに対して、石井は四篇の論文を書いて逐一反論している。(7)このうち、平野と論争になった『続日本紀』天平宝字八年（七六二）七月甲寅条の太政官符の解釈は印象深い。議論の焦点は、①中央から大宰府に発せられたこの官符が、大宰府からの新羅国牒の写しを中央で見て作成され、それを存問使が大宰府に持って行ったのか、②そうではなく、存問使による新羅使節への来朝理由の審問報告を得て、中央はそれから官符を作成して発したのか、どちらなのかという点にある。①であれば、新羅国牒はすでに大宰府で開封されていたことになり、②であれば、この時はまだその権限が大宰府に付与されていないということになる。石井は②説を採る。

中西との論争点はいくつかにわたるが、特に宝亀十年勅の解釈が問題とされ、石井は自己の解釈をくりかえし述べている。史料解釈にこだわる石井史学らしい印象を受ける。

なお、論争の終息後も国書開封権の解釈は重要な問題であり続けた。たとえば浜田久美子《はまだくみこ》の古代外交儀礼の研究においては、渤海使に対する接待体制を第Ⅰ期（〜宝亀二年〈七七一〉）、第Ⅱ期（宝亀四年〈七七三〉〜）、第Ⅲ期（承和八年〈八四一〉〜）、第Ⅳ期（貞観十四年〈八七二〉〜）に区分し、このうち国司に国書開封権が付与されたのは第Ⅱ期であり、第Ⅲ期からは中央から派遣された存問使が国衙に出向いて使節入京の審査を行ったとされる。(8)

(二) 国書か、外交文書か

ひるがえって唐代史研究の分野に目を移すと、これまで国書開封権が議論されたことはない。唐・皇帝に進上される国書は、「皇帝、蕃使の表及び幣を受く」の儀式（一般にいう外国使節の皇帝謁見儀式）で中書侍郎《ちゅうしょじろう》が皇帝の前で読み上げる。(9)したがって、事前に開封されねばならない。必ずしも漢文で書かれているとは限らないからである。しかし、それが辺境の州県官署で開封されるとも思われない。

確かに、『唐会要《とうかいよう》』巻二六、牋表例《せんひょうれい》の項に見える開元七年（七一九）勅に、

> 七年三月勅す、胡書の進表は、並びに西蕃所由の州府をして繙し、訖《おわ》らば封して進めしめよ。

とあり、中村裕一《なかむらひろいち》はこの史料を国書の考察の中で取り上げているので、「進表」を国書の進呈と見ているようである。(10)「表」といい「繙（ひもとく）」というので一理あると思われるが、ただしこれが「胡書」の場合の例外なのか、あるいは唐の辺境州府がすべての国書を開封したと考えてよいかどう

かは、情報不足でまだ検討の余地が残されよう。

日本の場合の開封の対象となる文書を石井の言葉から確認してみると、たとえば次のような言い方に出会う。

①渤海からの外交文書には国王の啓と中台省牒があり、史料に見える「表」が啓と同じなのかなどの問題もあるが「ここではこれらの外交文書を便宜上国書と称する」。

②天平宝字八年の時点で「大宰府は外交文書（執事省牒）の開封・案文書写を行ってはいない」。

③同じ天平宝字八年の新羅執事省牒を大宰府は開封していないと解釈したうえで、「宝亀十年勅によってはじめて新羅使に対する国書開封の権限が付与された」。

④中西説を要約して「宝亀十年以前、大宰府に対して、渤海使来日の際の外交文書調査の職権が与えられている」[11]。

つまり、「国書」ともいい「外交文書」ともいい、それらには渤海中台省牒や新羅執事省牒も含まれる。開封の対象となる文書の定義が曖昧なのである。通常、前近代史において「国書」という場合は、国家元首間で授受される文書（現代の「親書」）を指す。これは函に厳封され、函上に文書名が表記される。国書開封とは、この狭義の国書を開くのか、それとも牒など使節と朝廷官吏の間で取り交わされる文書を開くのか。この点を厳密に定義しないと、議論はかみ合わないままに終始しないだろうか。

右の疑問は私が言い出したのではなく、「国書の会」[12]でこれまでに幾度か話し合われ、日本の外交文書に詳しい鈴木靖《すずきやす》民《たみ》・中野高行・浜田久美子・河内春人《こうちはるひと》などとやり取りした議論をもとにして、私なりの考えを記したものである。

(三) 大宰府客館跡

ところで、大宰府は外交文書の審査だけでなく、饗宴や入京手続きなど多くの外交業務をこなさねばならない。その間、外国使節は当然ながら迎賓館にあたる施設に滞在することになる。その施設を、私は博多の鴻臚館《こうろかん》だとばかり思っていた。一九八七年暮れに平和台球場外野席下で鴻臚館跡が確認されて世間の耳目を集め、一九九〇年に『古代文化』四二巻八号で「鴻臚館特集」が組まれ、そこに私も唐の鴻臚客館について論文を掲載したので、どうもその印象が強すぎたようである。

二〇一四年に太宰府市『推定客館跡の調査報告書』を手にした時も、当初は鴻臚館での調査がまた進んだのかと思った。ところが、中を開いてみると、それは古代大宰府条坊内のほぼ中央で、鴻臚館とは別に客館と思われる遺構が見つかったという報告書であった[13]。場所は「西鉄二日市」駅北側の操車場跡地（**図2・3**参照）で、大型建築物の遺構と、佐波理《さはり》（新羅産青銅食器）、唐代の白磁・青磁、日本の奈良三彩の破片、白玉帯、木簡、机や扉の木片などが出土したという。

あらためて考えてみると、博多の鴻臚館と大宰府政庁はかなり離れている。西鉄天神大牟田線に乗っても相当の時間がかかる。新羅や渤海の使節または大宰府の官吏が、この距離をその都度往復するのでは不便極まりない。新たに発見された遺構が大宰府滞在中の外国使節の客館であり、鴻臚館は入国直後の者や出国を控えた者の短期滞在施設だと考えれば腑に落ちる。

そもそも大宰府にあれほどの外交機能が課せられているのであれば、条坊内に客館を備えていない方がおかしい。問題の遺構から出土した遺物は、全体的には確かに鴻臚館跡と比較して、客館跡にしてはやや貧弱の感はあるかもしれない。しかしながら、遺物のなかには「役」の日数が記された木簡

図2　大宰府客館跡の遺構状況

空中写真接合。上部が北。左の西鉄線路の右側に南北に並ぶ大型建物の柱穴が見える。太宰府市教育委員会『大宰府条坊跡44――推定客館跡の調査概要報告書』（2014年、Pla.1）より転載。

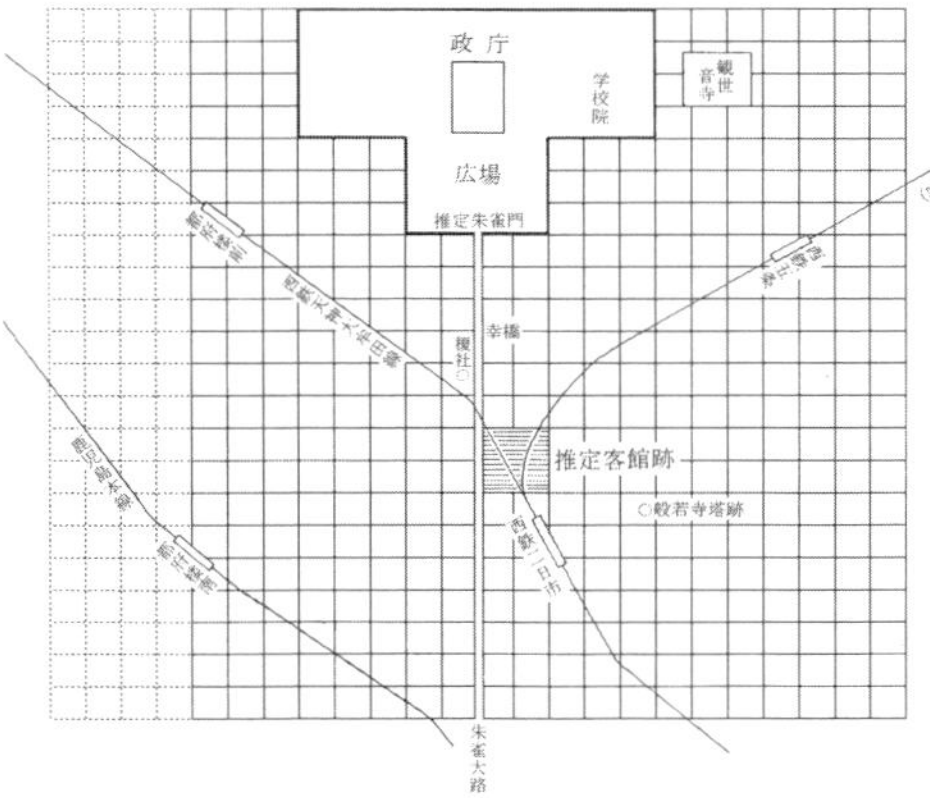

図3　大宰府条坊の推定客館位置図

条坊規模は上掲太宰府市教育委員会報告書、特論「大宰府条坊研究の現状」の東西24坊、南北22条案（井上信正説）による（筆者作図）。

や、「仕丁《しちょう》」（朝廷労役従事のために地方から差し出された人）と読み取れる木簡があり、この地に公用の施設が存在したことを物語っている。しかも高級食器の破片がまとまって出土したこと、および条坊全体における発掘現場の位置が平城京や多賀城の客館推定地と極めて共通することは、(14) 重要な要素といわねばならない。現在、太宰府市教育委員会・同市都市計画課などの行政は、同地を客館跡と認定して遺跡の保存と整備に着手している。

今後、歴史学に携わる者は、史料に現れる「客館」をこの場所と考えて妥当かどうかを検証する必要があろう。大宰府から入京する外国使節が陸路と海路のどちらをとったか、という問題とも関わるかもしれない。

三、遣唐使の「廃止」について

（一）菅原道真の建言

節題にあえて「廃止」と書いたが、石井によればそもそも遣唐使に廃止という表現は適切ではないという。国書開封権とともに、私が個人的に大きな影響を受けた問題である。

従来、遣唐使の廃止については、日本はもはや唐から学ぶものはなく、唐の政情も不安定で使節の安全が保証できず、そこで道真の建言によって廃止が決定されたと考えられてきた。これに対して石井は、①「最後の遣唐使」（『海外視点・日本の歴史5 平安文化の開花』、ぎょうせい、一九八七年）、②「いわゆる遣唐使の停止について――『日本紀略』停止記事の検討」（中央大学文学部史学科『紀要』三五、一九九〇年）で自分の意見を述べている。

石井は、①論文で道真の文集『菅家文草《かんけぶんそう》』所収の二通の文書を再検討した。簡潔に要約すれば、道真の建言は六三〇年以来続いてきた遣唐使派遣を問題としたのではなく、すでに派遣が決定し自分が大使に任命されていた寛平六年（八九四）の遣唐使派遣の中止を訴えたにすぎないと結論する。さらに②論文では、『日本紀略』寛平六年九月三十日条に、

其の日、遣唐使を停《や》む。

とある「其日」を取り上げる。というのも、九月三十日に遣唐使停止が決定されたとすると、それは道真の建言のわずか十六日後であまりに期間が短く、そこでこの遣唐使は当初から派遣の意思がなかったとするジェスチャー説など、様々の憶測を呼んでいたからであった。

石井によれば、「其日」は「某日」と同じ意味であって、日付不明の記事を編年体歴史書に繋げる書式であるという。これによって長年の問題は氷解したといってよいであろう。石井は、これをいうために『日本紀略』の「其日」「某日」

の用例をすべて洗い出している。

要するに、道真の建言に対する石井の解釈は、中国への使節派遣の永久的な廃止を進言したものではないということである。ただし、これは何も石井による新解釈という訳ではなく、すでに同じ解釈は提示されていた。特に鈴木靖民は、道真の二通の文書を詳細に検討し、当時の国内外の情勢からそれを読み解き、寛平の遣唐使の停止は一時的な中止であると結論。中止の要因の一つとして、新羅海賊の侵攻を主とする外圧をあげている。(15)

石井の説は、先行研究を承けて問題をより明確にしたのであった。

（二）国策的廃止か自然的消滅か

遣唐使停止に関する従来の解釈と鈴木・石井らの解釈の違いは、国策による恒久的廃止なのか、遣唐使の自然的消滅なのかの差違にすぎない。しかし、この違いは大きな意味を持つ。

大学の教壇に立っていると、学生たちのなかに、「遣唐使の廃止→大陸文物の輸入停止→国風文化の開花」という図式をいまだに信じている人が意外と多いことに驚かされる。なかには、遣唐使の廃止によって日本はずっと鎖国体制をとっていたと思い込んでいる者すらいる。こういう人たちでも、もちろん「勘合貿易」などの言葉は知っているのであるが、道真の建言が江戸時代の鎖国のイメージと重なるようなのである。

そこで遣唐使の自然消滅説を紹介し、九世紀以降の東アジア海上民間貿易の隆盛を述べて、成尋《じょうじん》『参天台五臺山記《さんてんだいごだいさんき》』の末尾に記される宋・皇帝からの国書を民間貿易商人の船が日本に運ぶシーンを示すと、目から鱗が落ちたような顔をする。だいいち、そうでなければ『竹取物語』の「火鼠の皮衣」の話が成り立たないではないか。

（三）海商の時代

九世紀以降の東アジア海商の隆盛については、現在では枚挙に遑のないほど多くの研究が公表されている。東洋史・イスラム史・日本史における海域研究が大きく進展した賜物である。中国史においても、この時代には海上貿易の進展と表裏一体の現象が生じている。唐後半期から北宋期にかけて、中国では華北と江南の人口比率が逆転した。これは夙に桑原《くわばら》隲蔵《じつぞう》が指摘したことで、それまでの華北優位だった人口比率が北宋末期には江南の方が勝っているのである。(16)南宋王朝はこの延長線上に成立し得たと見なければならない。

同時に、中国ではそれまでの内陸都市が中心だった状況に変化が生じ、港湾都市が栄えてきて、沿岸部に経済の中心が

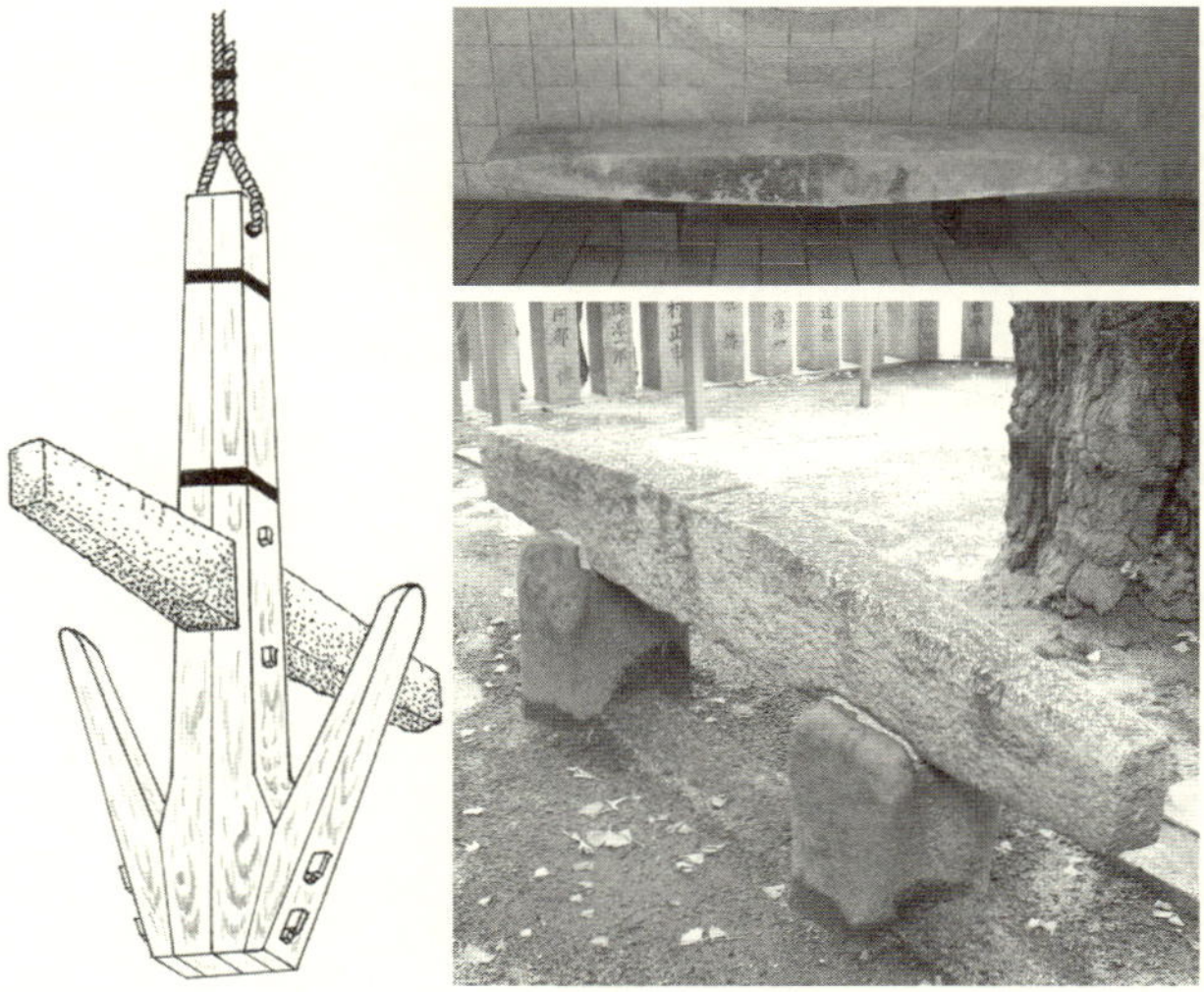

図4　中世貿易船の碇石と復元図
写真上は福岡市埋蔵文化財センター、下は櫛田神社境内のもの（いずれも筆者撮影）。同様の石が博多周辺各地に存在する。かつては遣唐使船または元寇沈没船の碇石と考えられていた。復元図は福岡市埋蔵文化財センターの復元模型に基づくイメージ（筆者画）。

移っていった。中国における唐～宋のこの変革は、内陸シルクロード交易が隆盛だったユーラシアの経済・文化交流のあり方が、海上貿易中心の時代へと移行する現象と表裏するものと考えねばならない。

日本の遣唐使派遣停止も、これと連動した現象ととらえられるであろう。国家主導で使節が編成されて派遣される形から、民間商人の船にそれが移譲されたという変化だったのである。自然消滅説の方が、後のアジア史・日本史の展開にはるかにしっくりとつながる。博多周辺に数多く残される船の碇石の遺物も、遣唐使船や元寇船のものではなく、現在では民間貿易船の碇石と考えられている（図4参照）。

一九九八年八月に浙江省杭州で国際シンポジウム「遣唐使時代の東アジア文化交流」が開催され、私も参加した。浙江大学日本文化研究所の王勇《おうゆう》所長の主催により、日中の文学・歴史学の研究者が一堂に会する有意義なシンポであった。ある日の休み時間に、石井と鈴木靖民が「文学の人たちはいまだに古い遣唐使廃止説に立って考えている」ことについて話し合っていた。私は横で聞いていただけだが、新説を定着させた当の二人の会話だけに、そこに重みを感じたのを覚えている。

おわりに

以上は私の関心に沿ったテーマを取り上げたにすぎない。石井正敏の業績はこれだけにとどまるものではなく、研究範囲はもっと広い。古代史のみならず、日本と宋・高麗との関係や元寇にまで及んでいる。それらの研究については、本書でもその道の専家によって取り上げられるであろう。

個人的には、田中健夫との共著「古代日中関係編年史料稿――推古天皇八年(六〇〇)から天平十一年(七三九)まで」(『遣唐使研究と史料』東海大学出版会、一九八七年)の続編がついに世に出なかったことは、残念でならない。

また石井には入宋僧に関する一連の研究があるが、おそらく石井の最後の論文であろう「遣唐使以後の中国渡航者とその出国手続きについて」(『島と港の歴史学』中央大学出版部、二〇一五年)では、その入宋僧たちの出国手続きを分析している。重要なテーマであるだけに、この分野の研究が深められなかったことも悔やまれる。

正確な年月は忘れてしまったが、國學院大學でのシンポジウム討論の席上、私は石井に「入宋僧と日宋貿易の関係」について質問したことがある。西洋列強のアジア進出を評して「神父の後に軍隊が続く」といわれるように、聖職者の背後には俗権力や商業利権が潜んでいる場合が多いからである。それに対する返答は、結果としてそういうことはあるかもしれないが「僧侶たちの第一の願いは『罪障消滅』にあるんです」というものだった。石井の入宋僧研究の基本的なスタンスを垣間見た思いがした。

注

(1) 杜文玉「唐代呉氏宦官家族研究」(『唐史論叢』二〇、二〇一五年)、拝根興『石刻墓誌与唐代東亜交流研究』第一章第三節「墓誌中〝日本〟国号的出現与呉懐実墓誌」(科学出版社、二〇一五年)。

(2) 拝根興(王博訳)「使者の往来と唐代東アジアの文化交流――新発見の唐代墓誌碑刻資料を中心に」(専修大学『古代東ユーラシア研究センター年報』一、二〇一五年)、六四頁。

(3) 猪原達生「宦官」(二〇一五年)(アジア遊学一九一『ジェンダーの中国史』勉誠出版、二〇一五年)、特に二三〇―二三三頁。

(4) 石井正敏「大宰府および縁海国司の外交文書調査権」(『古代文化』四三―一〇、一九九一年、『日本渤海関係史の研究』再録)。

(5) 平野邦雄「大宰府と東アジア――大宰府外交の権限と実務」(『歴史と地理』四五四、一九九三年)、倉住靖彦「大宰府論――その対外的機能を中心に」(荒野泰典等編『アジアのなかの日本史Ⅱ外交と戦争』東京大学出版会、一九九二年)。

(6) ブルース・バートン「律令制下における新羅・渤海使の接待法――大宰府外交機能の解明へ」(『九州史学』八三、一九八五年)、中西正和「新羅使・渤海使の来朝と大宰府――大宰府の外交的機能について」(『古代史の研究』八、一九九〇年)、同「大宰府と存問」(横田健一編『日本書紀研究』二一、塙書房、一九九七年)、同「筑紫大宰と存問――筑紫大宰の外交的役割について」(『続日本紀研究』三〇八、一九九七年)、同「渤海使の来朝と天長五年正月二日官符」(『ヒストリア』一五九、一九九八年)、中野高行『日本古代の外交制度史』第三部第四章「日本古代における外国使節処遇の決定主体」(岩田書店、二〇〇八年、初出一九九七年)。

(7) 前掲注4論文以降、石井「光仁・桓武朝の日本と渤海」(佐伯有清先生古稀記念会編『日本古代の伝承と東アジア』吉川弘文館、一九九五年)、「大宰府と外交文書に関する最近の所説をめぐって」(『日本歴史』六〇三、一九九八年)、「縁海国司と外交文書――中西正和氏「渤海使の来朝と天長五年正月二日官符」(本誌一五九号)における拙論批判に答える」(『ヒストリア』一六二、一九九八年)があり、すべて石井『日本渤海関係史の研究』に再録。

(8) 浜田久美子『日本古代の外交儀礼と渤海』第二章第一節「『延喜式』にみえる外国使節迎接使」、第二節「年期制の成立とその影響」(同成社、二〇一一年、初出二〇〇二年、二〇〇八年)。

(9) 石見清裕『唐の北方問題と国際秩序』第Ⅲ部第五章「外国使節の皇帝謁見儀式復元」(汲古書院、一九九八年、初出一九九一年)。

(10) 中村裕一『唐代制勅研究』第二章第三節「慰労制書と「致書」文書」(汲古書院、一九九一年、初出一九八六年)三二七頁。

(11) ①は注4論文、二一頁註(5)、②は注7『日本古代の伝承と東アジア』四三三頁、③は同じく『日本歴史』一〇〇頁、④は同じく『ヒストリア』一〇二頁。

(12) この会の活動成果については、鈴木靖民・金子修一・石見清裕・浜田久美子編『訳註日本古代の外交文書』(八木書店、二〇一四年)を参照されたい。

(13) 太宰府市教育委員会編集・発行『大宰府条坊跡44――推定客館跡の調査概要報告書』(太宰府市の文化財、第一二二集、二〇一四年)。

(14) 平城京は岸俊男『日本古代宮都の研究』第八章「遺存地割・地名による平城京の復原調査」(岩波書店、一九八八年、初出一九七四年)二〇八頁、多賀城は鈴木琢郎「蝦夷の朝貢・饗給と多賀城――南北大路隣接地の大型建物群の理解をめぐって」(『福大史学』八二、二〇一三年)による。

(15) 鈴木靖民『古代対外関係史の研究』(吉川弘文館、一九八五年)第一編第六章「遣唐使の停止に関する基礎的研究」(初出一九七五年、補訂)。

(16) 桑原隲蔵「歴史上より見たる南北支那」(同氏『東洋文明史論叢』弘文堂、一九三四年、初出一九二六年)。

［II 諸学との交差のなかで］

中世史家としての石井正敏——史料をめぐる対話

村井章介

むらい・しょうすけ——立正大学文学部教授。専門は東アジア文化交流史。主な著書に『東アジア往還——漢詩と外交』（朝日新聞社、一九九五年）、『日本中世境界史論』（岩波書店、二〇一三年）、『日本中世の異文化接触』（東京大学出版会、二〇一三年）、『中世史料との対話』（吉川弘文館、二〇一四年）などがある。

世紀が変わるころより、石井正敏は古代史から中世史へ軸足を移していった。とはいえその展開は、時代区分や学問領域を軽やかに超えていく石井の歴史学に由来しており、それを生み出す動力は、何よりも史料への愛着から発していた。史料解釈のいくつかの事例に即して、叶わなくなった石井との対話を紙上で試みる。

はじめに

石井正敏といえば古代史家の印象がつよいが、学生時代以来の主要な業績をまとめた大著『日本渤海関係史の研究』を吉川弘文館から刊行した二〇〇一年を少し遡る一九九八年ころから、石井の研究は中世へと大きく転回をとげたように見える。研究歴を前後にくぎるこの画期以降、本格的論文（単著・共著、講座・通史、エッセイ・小品を除く）[1]は**表1**のように二十篇あるが、そのうち九世紀なかば以前を対象とするものは三篇しかない（④⑥⑯。以下**表1**に掲げた論文に言及するときは「№」欄の数字で表記する）。いっぽうで鎌倉時代以降を扱ったものが五篇を数え（⑪⑫⑬⑱⑲）、平安後期を対象とするもの（②⑤⑧⑨）や平安・鎌倉をまたぐもの（③⑩）も多い。最後となった単著は『NHKさかのぼり日本史外交篇8鎌倉「武家外交」の誕生』（NHK出版、二〇一三年。⑱⑲と密接に関連）である。後期の石井は、いずれかといえば「中世史家」だったともいえる。

表1　1998年10月以降の本格的論文（書誌の詳細は業績目録参照）

No.	発表年月	タイトル
①	1998/10	肥前国神崎荘と日宋貿易―『長秋記』長承二年八月十三日条をめぐって
②	1999/01	成尋生没年考
③	2000/03	日本・高麗関係に関する一考察―長徳三年（九九七）の高麗来襲説をめぐって
④	2003/05	日本・渤海間の名分関係―舅甥問題を中心に
⑤	2004/03	『参天台五臺山記』にみえる「問官」について
⑥	2005/03	五世紀の日韓関係―倭の五王と高句麗・百済
⑦	2006/03	『小右記』所載「内蔵石女等申文」にみえる高麗の兵船について
⑧	2007/03	『成尋阿闍梨母集』にみえる成尋ならびに従僧の書状について
⑨	2007/03	源隆国宛成尋書状について
⑩	2007/09	藤原定家書写『長秋記』紙背文書「高麗渤海関係某書状」について
⑪	2009/03	『異国牒状記』の基礎的研究
⑫	2010/03	貞治六年の高麗使と高麗牒状について
⑬	2011/03	文永八年の三別抄牒状について
⑭	2011/04	寛平六年の遣唐使計画について
⑮	2012/03	貞観十一年の天災と外寇
⑯	2012/04	『日本書紀』隋使裴世清の朝見記事について
⑰	2012/05	貞観十一年の震災と外寇
⑱	2014/03	年未詳五月十四日付源頼朝袖判御教書案について―島津荘と日宋貿易
⑲	2014/03	至元三年・同十二年の日本国王宛クビライ国書について―『経世大典』日本条の検討
⑳	2015/03	遣唐使以後の中国渡航者とその出国手続きについて

一、史料に跨がって翔ける

とはいえ石井は、「対外関係史においては古代も中世も近世もないという、かねての思い」を実践し、時代区分など超えて軽やかに飛翔する歴史家だった。古代から室町時代にいたる外交史の書である瑞《ずい》渓《けい》周《しゅう》鳳《ほう》撰『善隣国宝記』[2]の諸本調査・校訂・注釈作成にとりくむなかで、江戸前期明暦三年版の跋の筆者である対馬の外交僧虎《こ》林《りん》中《ちゅう》虔《けん》に注目し、その事蹟を論文にまとめた（「以酊庵輪番僧虎林中虔」田中健夫編『前近代の日本と東アジア』吉川弘文館、一九九五年）ことは、その典型例といえよう（以上、本書の榎本論文参照）。その飛翔を支える動力が、抽象的な歴史理論などではなく、『善隣国宝記』という史料への執着だったことに、留意しておきたい。

右のような石井の歴史学の特徴が最初にあらわれた仕事が、「文永八年の高麗使について――三別抄の日本通交史料の紹介」である。これは一九七六年四月に東京大学史料編纂所に職を得た石井が、公務のなかで出会った一通の古文書、「高麗牒状不審条々」に考察を加え、在職二年目の十月に開かれた所内の研究会で発表し、年度末刊行の『東京大学史料編纂所報』第一二号に掲載したもの。中世を対象とした最初の論文になる。わずか七頁の短編だが、石井より二年先に同所に入っていた私は、内容もさることながらその書きぶりに衝撃を受けた。たとえばつぎのような部分である（三・七頁）。

まず、第一条には〈韋毳ハ遠慮ナシ〉とある。この「韋」は〈なめしがわ〉、「毳」は〈けおりもの・けがわ〉の意であり、「韋毳」とは蒙古を指称するものとみてよいであろう。また、第三条には〈被髪左袵ハ聖賢ノ悪ムトコロ〉とある。説明の要もないであろうが、「被髪・左袵」とは〈夷狄ノ俗※〉を意味し、蒙古を指すことは疑いなく、そしてそれは〈聖賢ノ悪ムトコロ〉であると述べているのである。

※たとえば、『論語』憲問篇―集註に「被髪左袵、夷狄之俗也、」とみえる。

これが入所二年目のかけ出しの助手の書く文章だろうか？それまでは「森克己の教え子で対渤海関係の専門家」という、やや距離のある感覚しかなかったが、すぐ身近に端倪すべからざる傍輩が出現したように感じた。[3]

一九八三年十一月、科研「西日本における中世社会と宗教との綜合的研究」による調査で、私をふくむ編纂所員四人は鹿児島市在住の木脇《きのわき》祐二氏宅を訪れた。木脇家は日向伊東氏に出自し江戸時代に薩摩藩の家老となった家である。採訪史料のなかに『肥後守祐昌様琉球御渡海日記』と題する、寛永十五年（一六三八）に木脇祐昌《すけまさ》が藩主の使として琉球を往来して残した日記の自筆原本があった。学界未紹介である。内容からみて私が手がけたかったが、私は同年十月の対馬調査で、全貌は未紹介だった仁位東泉寺所蔵の元版華厳経を採訪しており、報告書で両方を紹介するのは無理があった。そこで、鹿児島採訪には参加していなかった石井に前者の紹介を依頼し、両紹介文は一九八五年刊行の科研報告書（研究課題と同題）に掲載された。[4]研究者の助平根性からやや惜しい気がしたが、対外関係史史料の翻刻・解題で石井以上の適任者は得がたく、結果としては私などが書くよりもはるかに行き届いた紹介文として結実した。翌八六年には『南島史学』第二八号に転載され、沖縄でも周知の史料となった。

このような時代を超えた史料の探索は、ほかにも事例がある。二〇〇〇年の③では、十世紀末の日麗交渉と高麗観を考えるさいに、十三世紀前半の「初発期の倭寇」をめぐる日麗交渉が参照され、「三韓征伐以来、朝鮮は日本に朝貢すべき存在とする、外には通じない対外意識」（一九四頁）の通貫が確認されている。二〇〇七年の⑩では、宮内庁書陵部蔵（冷泉家旧蔵）藤原定家書写『長秋記』紙背文書にみえる高麗・渤海・東丹国の名辞をとりあげ、前記「初発期の倭寇」をめぐる日麗交渉と関連づける学説を批判して、『源氏物語』冒頭の高麗相人の記事に関する定家の質問への返答だとする。二〇〇九年の⑪で、十四世紀後半の高麗による倭寇禁圧要求への日本側の対応に関わる史料『異国牒状記』を書誌学的に検討したのも、この史料中に神話時代に遡る先例が記されているからだろう。その成果をふまえて貞治六年の高麗牒状および関連文書を縦横に分析したのが、二〇一〇年の⑫である。

石井は時代だけでなく専門分野をも、史料に跨がって飛び越える。二〇〇六年の⑦では、一〇一九年の「刀伊《とい》の入寇」で女真海賊にさらわれた女性による高麗兵船の目撃情報を吟味するなかで、韓国における船舶史研究の成果を咀嚼しながら、この兵船の二層様式が朝鮮時代の「板屋船」や壬辰倭乱期の「亀船（いわゆる亀甲船）」、同時期の日本の「安宅船《あたけぶね》」へと、系譜的につながること、他方で上甲板に櫓《ろ》を設けたり舳先に鉄角を装着したりしている点には独自性があること、を指摘した。東アジアの船舶史・軍事史に対する重大な問題提起といえよう。前記した⑩の結論が、鎌倉時代の『源氏物語』研究について、重要な知見を加えるものだったことはいうまでもない。二〇一四年の⑲前半では、東洋史側からの蒙古襲来研究を存分に参照しながら、中国・朝鮮・日本に残された史料を突き合わせて至元三年のクビライ国書の本文を確定し、東大寺に伝わる宗性本の史料的価値を再確認した。また後半では、同十二年のクビライ国書の冒頭と末尾の文言を伝える唯一の史料である『経世大典』日本条を紹介し、前後の事例と様式を比較している。

さらに、石井の徹底した探索は研究文献にもむけられ、使用言語の壁をも乗り越える。前記「文永八年の高麗使について」において、すでに韓国語文献が一点注記されており、また研究会報告を聴いた李佑成によって韓国の学界に伝えられて、一九七九年には韓国の新聞に李の紹介記事が掲載された（⑬二七頁）。二〇一一年発表の再論（⑬）では、「高麗牒状不審条々」に関する日韓両国語で書かれた解釈やコメントを吟味し、最初の紹介論文を深めた自身の再解釈が示されている。

なおこの論文は、最初『金鉉球先生退官記念 東アジアのなかの韓日関係史』（高麗大学校日本史研究会編、二〇一〇年）に、石井の日本語原文を韓国語に訳したものが発表されたが、それにさいしてつぎのような問題があった（⑬二八―二九頁）。

日本語で執筆した原論文では、韓国語文献を引用する際、翻訳した文章をのせた。ただし誤訳があってはならないので、編集委員会に原稿を送る際には原文を〔参考原文〕として添え、引用には原文を用いるよう付記した。ところが実際に刊行された論文では、私が日本語訳で引用した文章をさらに韓国語に翻訳されている。つまり、A氏の説とはいいながら、実際にはA氏の原文とは違った文章で引用されている。

そこで石井は、右の「日本語で執筆した原論文」に基づく⑬に、右にいう〔参考原文〕をそのまま付載した。それは二十九か条におよび、四頁にわたってハングルの文章がならんでいる。史料・研究文献のいかんを問わず、石井が「原文」というものをいかに尊重する研究者であったかがわかるだろう。

二、史料をめぐる対話

石井はウェブ上に載せた「石井正敏研究室プロフィール」にこう書いている。

> 私の授業では、基本史料を一字一句忽せにせず、……「虚心に史料を読む」という基本的な研究方法を身につけてもらいたいと考えています。

かれは「『参天台五台山記』研究所感」というエッセイ（『日本歴史』六〇〇号、一九九八年）でも、副題に「虚心に史料を読む、ということ」と掲げている。いかなる先入見にも囚われることなく、厳密かつ執拗に史料に接し、そこから可能なかぎり多くの情報を引き出すこと。これこそ石井の歴史学の本領であった。それゆえ史料の解釈や評価となると、端正かつ温厚な人柄の奥に、いかなる妥協やあいまいさをも排した、学問の鬼の相貌があらわれる。以下、私自身が多少関わった事例を中心にいくつか紹介し、肉声では叶わなくなった史料をめぐる対話を、紙上で再現してみたい。

a 『小右記』所載「内蔵石女等申文」

一〇一九年の「刀伊の入寇」で女真海賊に掠われて高麗水軍に救出され、大宰府に生還した筑前と対馬の女性の証言記録が、藤原実資の日記『小右記』の裏に記主によって全文写し取られている。こんなナマの素材が残るのは日本ならではじゃないか、と感じ入った私は、一九九六年の論文「一〇一九年の女真海賊と高麗・日本」（『朝鮮文化研究』第三号）で読み下しと解釈を試みた。石井は、二〇〇六年の論文⑦で、高麗兵船の目撃証言に対象を絞って、拙論をふくむ先行解釈に厳密かつ周到な批判を加えた。問題部分を『大日本古記録 小右記五』寛仁三年八月三日条（以下「古記録」と呼ぶ）によって掲げる。

見被救乗船之内、広大不似例□〔船カ〕造二重、上立櫓、左右各四枝、別所漕之水手五六人、所□〔乗兵カ〕士二十余人許、下〔不カ〕懸檝、又一方七八枝也、船面以鉄造角、令衝破賊船之料也、舟中儲雑具、鉄甲冑・大小鉾・熊手等也、兵士面々各々執持也、又入火石打破賊船、

この部分の底本は尊経閣文庫所蔵の平安期古写本（前田本）で、内閣文庫所蔵本（秘閣本）で補われた文字を罫線で囲んだ。〔 〕内の傍注は古記録の編者による。拙論では、「下懸檝」「入火石」の部分を、古記録に従って「檝《かい》を懸けず」「火石を入れ」と読み、「檝は使っていません」「火薬で石を飛ばせて（?）」と現代語訳した。これに対して石井は、「不カ」という傍注は秘閣本によるもので、「火」は前田本・秘閣本ともに「大」と読めると指摘し、ともに前田本のままに「下に檝を懸く」「大石を入れ」と読むべきだと指摘した。これによって、船を「二重に造る」とは甲板が上下二段あったことの説明で、上甲板には櫓、下甲板には檝が懸けられていた、と解釈できる。また「大石を入れ賊船を打ち破る」も、大石を投石機で飛ばすという破壊兵器の描写として、納得がいく。

留意すべきは、石井の読み直しが、写本の文字の再確認と写本間の比較吟味という、基礎的な本文校訂作業に支えられていたことだ。これに反して私（だけではないが）の解釈は、古記録に安易に依拠した結果、「二重」の意味を正確につかめずに「上立櫓左右各四枝」と「下懸檝又一方七八枝」との構文上の対比関係を見逃した。さらに「檝を懸けず」と読んだ結果、続く「又一方七八枝也」を「もう一艘は櫓が左右七〜八本で」などと解さざるをえなくなり、誤読の泥沼に陥ってしまった。「火石」についても同様である。[5]

b『成尋阿闍梨母集』所載「成尋書状」

石井は、恩師森克己から引き継いだ成尋と奝然の評伝（吉川弘文館『人物叢書』所収予定）執筆に意欲を燃やしており、とくに成尋についてはそのための基礎作業を論文として続々発表していた（②⑤⑧⑨⑳、ほかに数編のエッセイがある）。その一つである⑧では、『成尋阿闍梨母集』に引載されている三通の成尋および従僧の書状をとりあげ、例によって解釈史を丁寧にトレースしながら、あらたな読解を試みている。

そのうち渡海一年後の延久五年（一〇七三）二月十四日に「筑紫なる人」と「ある殿原」の手を経て母のもとに届いた「成尋書状B」について、前年五月一日に杭州から発信されたことを明らかにしたうえで、書状引用から地の文へと続く「五月一日ふてそう給はりて人〴〵あれとこゝにハふみもなし」というくだりを、『……ふてそう給はりて、人々』とあれど……」と読む案を示した。国文学者による読解の混乱を

逐一指摘し、「人々」が「あれど」の主語ではなく書状末尾の宛所（の一部）であること、この「人々」のつぎに引用をあらわす「と」が脱落していると推定されること[6]を指摘したのである。これによって、この書状が母に宛てたものでないことが確定し、「ここには文もなし」が「私のところには手紙もこない」という母の歎きとして、すんなり読めるようになった（⑧二五頁）。

なお残る「ふてそう給はりて」については、宛所の人名がくるべき箇所で、母が漢文の手紙をかなで写し取り、さらにそれが転写される過程で意味不明になったものと考えているようである（⑧二五―二六頁）。この点について私は、ほんの思いつきにすぎないが、最初の「ふ」を「ほ」と読む説があることをふまえて、「ほんそう給はり候へ」と読んでみたいと思う。奔走の語は『日本国語大辞典』に成尋と同時代の用例が出ており、「ん」「候へ」の草体が「て」とよく似ていることはかな文書を読んでいるとしばしば経験する。そうなるとこれは宛所ではなく、「人々」に対する念押しの懇願を日付のあとに記したものということになる。書状の終わり近くに「八人のそう（僧）にさいすはしをもくむか（迎）へらる、日本のてう（朝）のめほく（面目）とす」とあり、意味不明の部分もあるが、成尋一行が宋都で本朝の面目を施したことを言っているらしい。「ほんそう給はり候へ」はその栄誉を日本で喧伝することを「人々」に願った文言ではなかろうか。

c『吾妻鏡』所載「高麗国全羅州道按察使牒」

『吾妻鏡』嘉禄三年（一二二七）五月十四日条には、前年六月に朝鮮半島南岸を襲った倭寇事件を受けて、当年二月に高麗国全羅州道按察使が大宰府に発した牒の全文が掲出されている。その前半につぎのような文章がある。

> 対馬嶋人、古来貢進邦物、歳修和好。亦我本朝、従其所便、特営館舎、撫以恩信。是用海辺州県島嶼居民、恃前来交好、無所疑忌彼告金海府対馬人等旧所住依之処。奈何、於丙戌六月、乗其夜寐、入自城竇、奪掠正屋訖。

論文③において石井は、下線部を国史大系本に従って「無所疑忌、彼告金海府、対馬人等旧所住依之処」と区切り、右の引用部分の大意を「対馬の人々が古くから〈邦物を貢進〉し、高麗はその便宜のために金海府に館舎を設けて、恩信をもってこれを遇した。これにより、高麗の海辺・島嶼の人々は疑うことなく、平和な通好を行っていた。ところが、昨年の六月以来、百姓を侵擾する行為が続いている」と説明した（一九二頁）。しかしこの解釈では、彼＝海辺州県島嶼居民が金海府に何を告げたのかが不明で、「彼告金海府対馬人等旧所住依之処」の一節を無視して前後を繋げても、文意は繋がってしまう。じっさい、石井解釈でこの一節に相当する位置にあるのは、「平和な通好を行っていた」という、原文に即さない（あるいは「前来ノ交好ヲ恃《たの》ミ」の意訳か）一般的な説明でしかない。石井は前掲部分の逐語訳を示してくれなかったので、「彼告金海府対馬人等旧所住依之処」の一節をどう処理して前記の大意を導いたかは明らかでなく、この一節が前後から浮いてしまっている気持ち悪さは、石井解釈でも解消されない。

さきに私は、歴史学研究会編『日本史史料２中世』（岩波書店、一九九八年）にこの牒を採録したさい、「無所疑忌彼告（ママ）、金海府対馬人等旧所住依之処」という切り方を提案し、「疑忌彼告（ママ）するところなし。金海府は対馬人等旧《もと》住依するところの処なり」と読み下してみた（二一一―二一二頁）。「対馬人等旧所住依之処」と説明される金海府は、居民が何かを告げた対象ではなく、「奈何」以下で述べられる倭寇事件の起きた場所だと解したのである。しかし残念なことに、石井は注46にこの文献を掲出し、「これらを参考に、私見をもって句読点・返り点を付した」と断りながら、私の読みは採用しなかった。

その一因は、私が「彼告」の語意を解しきれず、（ママ）を付して済ませた点にあったと推測される。現在私は、これは「披告」すなわち「披キ告グル」の誤写で、「訴え出る」といった意味ではないかと思っている。いったい、吉川《きつかわ》本のみに見えるこの牒は誤写がきわめて多く、国史大系の頭注によれば、物官→惣官（據下文改）、持→特、拶次→撫以、沼→海、壇便→擅使、逍→趙（以上いずれも意改）の六か所で字が置き換えられており、「比之」については「比者《このごろ》」が正しいと示唆されている。ほかに、校訂注はないが、「晉牒」は「賚《もたらす》牒」、「転輪」は「転輸」、「提默」は「提點」の誤りだろう。とすれば、「彼告」を「披告」と意によって改める私案も、成立の余地があるのではないか。[7]

d「高麗牒状不審条々」

「東京大学史料編纂所保管文書」のなかにある「高麗牒状不審条々」は、文永八年（一二七一）に送られてきた三別抄の牒状から、要点や不審点を抜き書きして朝廷の会議に供された参考資料と考えられる。前述した一九七八年の石井論文「文永八年の高麗使について」で学界に紹介され、日韓両国で大きな反響を呼んだ。私も一九八二年の論文「高麗三別抄の叛乱と蒙古襲来前夜の日本」のなかで、石井の驥尾に付して、この牒状を三別抄が日本に対して平等互恵の関係を結んでモンゴルに抵抗することを呼びかけたもの、と位置づけた（『歴史評論』三八二・三八四号、拙著『アジアのなかの中世日本』

校倉書房、一九八八年に再録）。その後私は二〇〇八年十月に韓国・安東の国学振興院で開かれたシンポジウム「モンゴルの高麗・日本侵攻と韓日関係」に参加し、尹龍爀の報告「三別抄と麗日関係」への討論として「高麗牒状不審条々」の逐条的解釈を示し、その内容が韓日文化交流基金・東北アジア財団編『モンゴルの高麗・日本侵攻と韓日関係』（景仁文化社、二〇〇九年）に韓国語で掲載された。

石井は二〇一一年の論文⑬において、まず牒状の作成時期に関する諸説を検討し、一二七一年五月十五日の珍島陥落直前とする私見を妥当と判定した。それ自体は歓迎すべきだが、私見の眼目ともいうべき三別抄内部分裂説は採らず、「裴仲孫（三別抄）は蒙古・日本の両者に、同じように珍島を訪れるよう要請している」と述べる（⑬八―九頁）。しかし私は、（一）裴仲孫が「諸軍の撤退後に内附したい」という提案をモンゴル軍指令官忻都に伝え、忻都が回答を保留しているうちに、さらに「全羅道を自己の支配領域としてモンゴル朝廷に直属したい」と願い、これを不許可としたフビライの詔が三月十六日に発せられたこと、[8]（二）二か月後の珍島戦を語る史料に「偽王承化侯温」「賊将金通精」は見えるが裴仲孫はまったくあらわれないこと、の二点を根拠に、事態の推移をつぎのように考える。――三別抄軍の勢いがピークにあった三月ないしその少し前に、モンゴルへの内附案をめぐって路線の対立があり、そのなかで仲孫は粛清されてしまった。残った主戦派は日本に牒状を送って軍事援助を求めたが、内紛は三別抄軍の勢力を減殺させ、急速な珍島の陥落につながった。今も一九八二年の旧稿で提起したこの見解を変更する必要はないと思っている。

つづいて石井は「高麗牒状不審条々」の逐条的検討に移り、諸氏の解釈を批判するなかで先述した私の討論文にたびたび言及した。それらは先述した韓国語の〔参考原文〕二九か条中六か条を占めている（⑬一二―一三、三四頁）。

まず第四条の「今度状、端ニハ不従成戦之思也、奥ニハ為蒙被使云々、前後相違如何」について。私は傍線部aを「戦ヲ成スノ思ヒニ従ハザルナリ」、bを「被（彼カ：原史料の字は簡略でいずれとも読める）ノ使ヲ蒙ランガ為」と読み下す案を示し、aでモンゴルの対日戦争の意図に従わないといいつつbでモンゴルの使者を受け入れる姿勢を示している点が、「前後相違」という疑義を招いたもの、と解釈した（この読みは一九九八年の前掲『日本史史料2中世』一四〇頁でも示している）。これに対して石井は、aは「従ハザレバ戦ヲ成ス」と読んで「蒙古の日本に対する威嚇を伝えたもの」、または「戦ヲ成スニ従ハズ」と読んで「蒙古の日本攻撃に従わない旨を示したもの」、のいずれかとし、bについては「恐らく誤脱があるものと思われ、訓釈共に明らかでない」とした。石井も断案を示してはいないので、これ以上の議論はさし控えたい。

第八条「安寧社稷待天時事」・第九条「請胡騎数万兵事」・第十二条「貴朝遣使問安事」については、石井と私の解釈はほぼ一致している。第八条は「人事を尽くして天命を待つ」の論理であることは明瞭で、韓国の研究者たちの「社稷の安寧はひたすら天にかかっている」といった解釈は勘所を外している。第十二条と第五条「漂風人護送事」をあわせて、三別抄は日本と平等互恵の関係を結ぶことを構想していた、とする私見に対して、石井はとくにコメントはしていないが、近代国際法に引きつけた解釈として批判があるのかもしれない。

石井は第五条「漂風人護送事」と第六条「屯金海府之兵、先廿許人、送日本国事」とを関連づけ、前者はこの年九月に大宰府に来たモンゴル使趙良弼が、「日本国人弥四郎等」を「漂風人にみなし、その護送を（自身の―村井補）来日の名目とし」たことを指し、後者はこの護送を名目に金海府駐屯のモンゴル兵が日本へ送られたことを指すとする（⑬二三―二五頁）。私も旧稿では第六条を「蒙古が金海府の屯田兵二〇名を日本に送った」という情報を日本に提供したものと解していた（前掲『アジアのなかの中世日本』一六五頁）。こうした解釈は、牒状が発信された時点で金海府（金州）にモンゴル兵が駐屯していたことが前提となっている。

この点について李領は、『倭寇と日麗関係史』（東京大学出版会、一九九九年、一〇一―一〇八頁）でつぎのように述べた。一二七〇年八月に三別抄が珍島に拠ってまもなく、「金州守李柱」が三別抄を懼れて逃亡する事件が発生し、翌年三・四月にも「三別抄が金州を中心とする隣近地域を攻撃している」。いっぽう、同年正月に趙良弼の使行を掩護するためモンゴル軍が金州に駐屯することが決定されたものの、良弼は五月になっても開京に留まったままで、モンゴル軍の将忽林赤が良弼をともなって開京を発ったのが八月十一日、良弼が金州を発って日本へ向かったのが九月六日であった。五月に珍島の三別抄が没落してはじめて、モンゴル軍や良弼は金州に入ることができたのである。牒状が発信された時点で（李領は正月～二月とする）、金州周辺を制圧していたのはモンゴル軍ではなく三別抄であって、第六条の「屯金海府之兵」とは三別抄の兵と考えられる。

珍島征討戦の前段階で三別抄が金州周辺を完全に掌握していた確証はなく、史料にはこの地域で高麗の官が叛乱軍の脅威にさらされている状況が見えるのみだ。しかし、モンゴル軍が珍島戦に兵力を集中せざるをえない状況にあるいっぽうで、三別抄には日本請援工作の基地となる金州を掌握しておきたい動機があった。[9] 私はこのように考えて、第六条の解釈については李領の説を採って旧稿の説をあらためた。石井も李領説を検討の対象としているが、結論を短く引用するだけで本格的な検討は加えていない（⑬二一頁）。そもそも趙良弼一行による弥四郎らの護送や一行を掩護する兵力の日本派遣が現実的な問題となるとすれば、それは九月に良弼が金州に到着して以後のはずで、五月以前に発信された三別抄の牒状にそうした情報が記される蓋然性はきわめて低い。

おわりに――断ち切られた未来

石井は、**表1**の諸論文が語るように、史料の一字一句をゆるがせにしない実証史家であった。しかしだからといって、対外関係史の巨視的な把握にけっして無関心なわけではなかった。一九九二～九三年に刊行されたシリーズ『アジアのなかの日本史』全六巻（東京大学出版会）は、荒野泰典と私が石井を編者に勧誘して編集したものだが、第一巻巻頭の連名論文「時期区分論」が示すように、三人による討論をふまえた大胆な時期区分が提起されている。いっぽう、二〇一〇～一三年に刊行されたシリーズ『日本の対外関係』全七巻（吉川弘文館）は、逆に石井が荒野・村井を編者に勧誘し、各巻冒頭に三人のいずれかが執筆した通史が配置されている。

二つの出版企画は、石井の本領たる厳密な文献学的研究から踏み出して、時期区分や異分野の方法によるアプローチ等にも関心をむける契機となったと思われる。『日本の対外関係』刊行に寄せて」という副題をもつ「〈世界〉を知り、〈日本〉を知る」というエッセイ（『本郷』八八号、二〇一〇年）で、石井は、前者を「基本的な視点として、民族・地域・比較の三つをあげ、学際的な分析・検討を目標として掲げた」とふりかえりつつ、後者をつぎのように紹介している。

> 基本的な視点に変わりはないものの、特に通史に重点をおき、個別テーマと組み合わせ、縦糸と横糸にして織りなすような構成を考えた。日頃、時代を見通す視点が必要と痛感しているからである。……己の歴史を知るためには双方向の視点にたち、周囲の歴史を知ることが重要であるという考え、つまり日本を知るためには、アジアそして世界の歴史を知ることが不可欠であるという視点も、本シリーズにおけるテーマ設定の基本要素の一つとしている。

近年の石井は、中央大学人文科学研究所長として、情報論や歴史地理学的方法にも触手を伸ばし、二〇一一年には論文⑭を収める『情報の歴史学』を、二〇一五年には論文⑳を収める『島と港の歴史学』を、ともに同研究所編として公刊した。後者の「まえがき」に、石井は同研究所の共同研究をふりかえってこう書いている。

縄文・弥生から古代・中世に至る、島と港、そして島と島、港と港をつなぐ船や航路、海と内陸河川との関わりなど、メンバーそれぞれに関心のあるテーマにもとづいて研究を進め、現地調査をはじめ、臨時公開研究会などを通じて情報を共有し、意見交換を行ってきた。……例えば筆者の場合は、鑑真が到着した薩摩秋妻浦、一〇七二年に入宋した成尋が旅立った肥前壁島、平清盛の福原京との関連で注目される大輪田泊等々、かつて訪れた島と港についての知見をベースに研究を進めた。

論文⑭や⑳自体は、いかにも石井らしい文献による実証に徹した論文だが、かれの研究が今後どのような方向に展開していくのかは、感得することができる。NHK番組「さかのぼり日本史」をはじめとする積極的なメディアへの露出とあいまって、石井の歴史学が大きく展開をとげようとする矢先の逝去は、くやまれてならない。石井にとってメディア出演は、「さかのぼり日本史」に基づく単著（前掲）や論文⑱⑲が、番組中で語ったアウトラインを実証的に裏づけるべく執筆されたように、あくまで自己の研究の動機づけだった。

「さかのぼり日本史」の終了にあたって、担当の石澤典夫アナウンサーは、とくに石井との出会いにふれ（私も出演者のひとりだったのだが……）、「史料を丁寧に見直す事で見落とされてきた事実を見つけ出し」てきた対外関係史の重鎮と紹介しつつ、打ち合わせをかねた食事会での歴史談義の楽しさや、カントリー歌手としての意外な側面を語っている（「人生出会い旅㉑〜石井正敏さん」NHK月刊誌『ラジオ深夜便』号数不明）。篤実な研究者という域を脱したゆたかな人間性が偲ばれる。

注

（1）石井は、「政治外交だけでなく、それと表裏する形で貿易に関しても九世紀半ばが一つの画期となる」、「日本の外交に対する姿勢がすでに九世紀の段階で大きく変化し、みずから政治外交は求めずという姿勢をとっていたこと、また（十世紀の——村井補）激動の時代にも商人の来航が続き、文物の受容にそれほど困ることもなかった」という文章が語るように（「一〇世紀の国際変動と日宋貿易」田村晃一・鈴木靖民編『新版 古代の日本2 アジアからみた古代日本』角川書店、一九九二年、三五〇・三五二頁）、対外関係史上の画期を、通説的時代区分よりも古く、九世紀なかばと考えていた。なお私も同様に、対外関係にとどまらない日本史上の大きな画期を、十世紀以降よりは九世紀に求める見方をとっている（『日本中世境界史論』岩波書店、二〇一三年、三・三〇頁）。

（2）田中健夫編『訳注日本史料 善隣国宝記・新訂続善隣国宝記』（集英社、一九九五年）。この書は一九八二年に集英社から相談を受けた田中が、石井に『善隣国宝記』の分担を求めて成った。同様の経緯で世に出た書として、田中と田代和生の共著『朝鮮通交大紀』（名著出版、一九七八年）や、田中訳注『海東諸国紀――朝鮮人の見た中世の日本と琉球』（岩波文庫、一九九一年）・村井章介校注『老松堂日本行録――朝鮮使節の見た中世日本』（同、一九八七年）のひと組がある。後者は岩波書店から田中に室町時代の日朝関係史料の文庫化について諮問があり、それを受けて田中が立案したものだ。このように田中は、若い世代の研究者を巻きこんで対外関係史史料を世に出すのに労を惜しまなかった。

（3）当時私は、公務で一三七〇年代の日明交渉史料に出会って『所報』第一一号（一九七七年）に「日明交渉史の序幕」という共著論文を発表し、続いて「蒙古襲来と鎮西探題の成立」（『史学雑誌』八七編四号、一九七八年）を書いて、対外関係史に足を踏み入れたばかりだった。石井・荒野泰典と三人で編纂所の大先輩である田中健夫の部屋を訪れ、「前近代対外関係史研究会」が発足したのは、荒野が編纂所に入った一九七七年のことで、その年度末に石井論文が刊行されたことになる。

（4）「対馬仁位東泉寺所蔵の元版新訳華厳経について――弘法寺版大蔵経の遺品か？」と題する私の紹介文は、副題を「弘法蔵残巻の発見」と変更して『仏教史学研究』二八巻二号（一九八六年）に掲載され、さらに拙著『アジアのなかの中世日本』（校倉書房、一九八八年）に再録された。

（5）これには私も白旗を掲げざるをえず、拙論を『日本中世の異文化接触』（東京大学出版会、二〇一三年）に再録するにあたって、石井説に従って読み下しと現代語訳を改訂した。その現代語訳を念のため掲げておく。「乗せられた船のなかを見ると、通常の船よりはるかに広大であった。船体は二段になっていて、上段には櫓が左右に四本ずつ設けられている。漕ぎ手の水夫は五、六人で、兵士は二十人あまり乗りこんでいる。下段には櫂が懸かっていて、（これも一方に―今回補）七、八本ずつである。船首には鉄の角をとりつけてある。これは賊船を突き破るためのものである。船中には色々な武器が設けてある。鎧・甲冑・大小の鉾・熊手などである。兵士が面々これらを手に持つのである。また大石を飛ばせて賊船を打ち破る。」（三六〇―三六三・三七三頁）。

（6）石井はこの推定にあたって、「人々」という語の最後の音「と」と引用を示す助詞「と」が連続することになるが、こうした場合に「と」が一つ脱落しやすい、という書写の心理学を援用している（⑧二四頁）。

（7）私案による関係部分の読み下しを念のため掲げておく。「是《ここ》ヲ用《もっ》テ、海辺州県・島嶼ノ居民、前来ノ交好ヲ恃ミ、疑忌披告スル所無シ。金海府ハ対馬人等旧《もと》住依スル所ノ処ナリ。奈何《いかん》セン、丙戌六月ニ於テ、…」。

（8）典拠である『元史』世祖本紀至元八年三月己卯条の原文はつぎの通り。――中書省臣言、「高麗叛臣裴仲孫乞、『諸軍退屯、然後内附』、而忻都未従其請、今願、『得全羅道以居、直隷朝廷』」。詔、以其飾詞遷延歳月、不允。四月九日に忻都の提言を受けて発せられた珍島征討命令に「叛臣裴仲孫、稽留使命、負固不服」とある（同四月壬寅条・『高麗史』元宗世家十二年四月丁未条）のは、モンゴル側が裴仲孫の内附案を拒否した以上、この仲孫を「叛臣」と見なさざるをえなかったまでであって、この時点で仲孫がモンゴルへの叛意を堅持していたことを証すものではない。

(9) 石井は「屯金海府之兵」=三別抄兵士説に対して、「危急を要する救援要請の牒状をもった使者が、珍島からわざわざ金海府方面に立ち寄るとは、考えがたい」と批判する(⑬二三頁)。しかし私は、三別抄が日本への渡航基地であった金海府を、対日本交渉に備えて軍事的に確保すべく兵を駐屯させていたと考えるが、だからといって牒状を携えた外交使節が金海府にたちよったと考える必要はないと思う。巨済島あたりで牒使と護衛兵士が合流すればすむことだからである。

日明関係史研究入門
アジアのなかの遣明船

[編集代表]…村井章介
[編集委員]…橋本雄・伊藤幸司・須田牧子・関周一

異文化接触への視点がひらく
豊饒な歴史世界

近年、研究が飛躍的に進展し、
その歴史的重要性が注目されるアジアにおける国際関係。
日中のみならずアジア諸地域にまたがり、
外交、貿易、宗教、文化交流など、
さまざまな視角・論点へと波及する「遣明船」をキーワードに、
十四~十六世紀の歴史の実態を炙り出す。
日本史・東洋史のみならず、文学・美術史・考古学などの専門家
総勢三十五名を執筆者に迎え、
現在における研究の到達点を示す待望の入門書。

本体三、八〇〇円(+税)
菊判・並製・五六八頁
ISBN978-4-585-22126-5

勉誠出版
千代田区神田神保町3-10-2 電話03(5215)9021
FAX 03(5215)9025 WebSite=http://bensei.jp

中国史・高麗史との交差——蒙古襲来・倭寇をめぐって

川越泰博

かわごえ・やすひろ——中央大学名誉教授。専門は中国近世史。主な著書に『明代長城の群像』(汲古書院、二〇〇三年)、『モンゴルに拉致された中国皇帝』(研文出版、二〇〇三年)、『永楽政権成立史の研究』(汲古書院、二〇一六年)などがある。

蒙古襲来・倭寇に関わる日本史料・中国史料・朝鮮史料を綿密に検討し、文永八年における三別抄政府の対日派遣とその牒状、貞治六年の高麗使の来日とその牒状、至元三年・同十二年のクビライ国書等の研究に新しい地平を拓き、蒙古襲来・倭寇研究に画期をもたらした論攷を読み解く。

はじめに

元明時代の中国・日本・朝鮮三国間の諸関係は、広範かつ多岐に亘る。その中で、元代の蒙古襲来(元寇)、明代の倭寇という問題は、それぞれの時代の諸関係を象徴的に表すものとして、研究史上においても、その成果の蓄積の度合いでは、一層群を抜いているといえよう。

一九七〇年に、太宰府の外交機能をテーマにした論文「大宰府の外交面における機能——奈良時代について」(『法政史学』第二二号)をもって、颯爽と学界に登場した石井正敏の研究業績を追跡したとき、その研究テーマは、ここを起点にやがて日渤交渉史に移るが、寿六十八に至る間にものされた研究論文は、初期のテーマに局促することなく、緩やかに拡がっていった。その領域は広く、没年の前年に本務校の『中央大学文学部紀要』史学第五九号に登載された論攷は、「至元三年・同十二年の日本国王宛クビライ国書について——『経世大典』日本条の検討」であった。

石井正敏の研究の歩みをみると、その時間的経過とともに研究テーマが拡充され、日本の対外関係史を鳥瞰していったことがよくわかる。個々の問題を俎上に上げた論攷は、いずれもが細密な論証と緻密な論理によって支えられており、それが全体の鳥瞰を可能にしているのである。

私が本論で取り上げるのは、元明時代に関わる、つぎの論攷五篇である。五篇の論攷を発表年次に記せば、以下の通りである。

A 「文永八年来日の高麗使について――三別抄の日本通交史料の紹介」（『東京大学史料編纂所報』第一二号、一九七八年三月）

B 「『異国牒状記』の基礎的研究」（『中央大学文学部紀要』史学第五四号、二〇〇九年三月）

C 「貞治六年の高麗使と高麗牒状について」（『中央大学文学部紀要』史学第五五号、二〇一〇年三月）

D 「文永八年の三別抄牒状について」（『中央大学文学部紀要』史学第五六号、二〇一一年三月）

E 「至元三年・同十二年の日本国王宛クビライ国書について――『経世大典』日本条の検討」（『中央大学文学部紀要』史学第五九号、二〇一四年三月）

これらの五篇の論攷をテーマ別に分けると、A・D・EとB・Cの二つのグループになる。前者は蒙古襲来に関係し、後者は倭寇問題に関わり、元明時代の中国・日本・朝鮮三国間の諸関係の中で重要な位置を占めるそれぞれの問題に踏み込んでいる。

そこで、以下においては、上記の分類に従い、各論攷の内容を紹介し、その研究史的意義とともに五篇の論攷に通底する特徴についても述べたいと思う。

一、クビライの国書をめぐって

（一）至元三年の国書

日本とモンゴル（蒙古）との関わりは、至元三年（一二六六・日本文永三・高麗元宗七）に始まる。憲宗モンケハンの没後、アリックブカとの後継者争いに勝利して、クビライが即位したのは、一二六〇年五月のことであった。即位にともない、クビライは中統元年と建元する。五年八月をもって中統の元号が終わると、至元と改元される。一二六四年八月のことである。

元朝が日本との関係を持つ切っ掛けとなったのは、クビライが、即位後、六年を閲した至元二年（一二六五）に、高麗人趙彝《ちょうい》の言によって、近接する東海中の島国日本の存在を知り、さっそく翌三年には、黒的《こくてき》・殷弘《いんこう》らを使者として、高麗王にその道案内を命じ、国書を託して派遣したことであり、それがそもそもの事の始まりであった。その後も高麗を仲介として数次にわたって使者を派遣し、文書を送ったが、日本はその招諭に応ぜず、クビライが二度の遠征（文永の役・弘安の役）を実行するに至るが、日元関係の発端をなす至元三年の国書を中心に考察を加えたのが、E論文の「至元三年・同十二年の日本国王宛クビライ国書について――『経世大典』日本条の検討」である。

至元三年八月日付けのクビライ最初の国書については、従来蒙古襲来の研究では必ず取り上げられ、数多の研究蓄積があるが、石井正敏が改めてこの国書を検討の対象としたのは、近年のユーラシア規模の史料学研究、とくにモンゴル語文献に対する研究が進展している状況に鑑みてのことであった。

本論攷の内容は、まず至元三年クビライ国書が日本に届くまでの経過状況を述べ、その後、至元三年クビライ国書の本文を伝える史料について、中国史料、朝鮮史料、日本史料を紹介する。ついで、至元三年クビライ国書の校訂本文と主な異同を示し、至元三年クビライ国書の論点として、冒頭「大蒙古国皇帝」の国の字と文末の「不宣」及び「不宣白」について言及し、併せて体裁と振りガナから、宗性本、すなわち宗性編『調伏異朝怨敵抄』の価値を論じ、さらに、『元文類』巻四一所引の『経世大典』日本条を検討する。そしてこの最初の国書が奉書形式であることを指摘している。ここまでが、至元三年クビライ国書にかかわる論述である。

(二) 至元十二年と大徳三年の国書

これに加えて、至元十二年の大元皇帝国書を取り上げるのは、この国書が『経世大典』日本条にみえるのみで、他の史料にみえない記事として注目されるからであるが、それのみならず、クビライが日本再征（弘安の役）を決行する契機ともなったからでもある。この国書を日本にもたらしたのは杜《と》世忠《せいちゅう》らである。

至元十二年（一二七五・日本建治元・高麗忠烈王元）正月に第一次遠征（文永の役）から帰国した東征司令官がクビライに復命したが、クビライには大いなる不満が残る結果であった。そこで、はやくも二月九日には、杜世忠らを宣諭日本使に任じて国書を託して派遣したのである。しかしながら、高麗を経て鎌倉に到着した杜世忠らは龍ノ口で処刑されてしまう。このとき杜世忠らを送り届けた高麗の船員がからくも逃げ帰り、杜世忠らの処刑を伝え、高麗国王からの知らせでこれを知ったクビライは、ここに至って再度の日本遠征を決行したのである。このように日本再征を引き起こす発端となった至元十二年の大元皇帝国書の冒頭は「大元皇帝致書于日本国王。」に始まり、末尾は「不宣白。」に終わる、所謂致書式文書の形式をとっている。クビライが臣下に命令を下す詔書式文書ではなく、対等の致書式文書の形式を用いたことについては、クビライを継いだ成宗テムルの大徳三年（一二九九・日本正安元・高麗忠烈王二十五）の日本国王宛国書の首尾と文言が一致していることから『経世大典』にみえる至元十二年国書は大徳三年テムルと混同している可能性があると推論している。

以上のように、至元三年・同十二年の日本国王宛クビライ国書の分析は、多岐に亘り、その考察は国書の文言の細部にまで及んでいる。ここで検討された事柄は、おしなべて類例を索摘して、そこから帰納的に蓋然性の高い結論を導き出すという手法をとっている。むろん、本論攷で取り上げた問題がすべて剴切な所見であるかどうかは、後学による追試的検討を待たなければならないが、文永の役、弘安の役それぞれを惹起することになる至元三年、同十二年の日本国王宛クビライ国書を綿密に検討した、このE論文は、今後、蒙古襲来を含めた日本と元朝との関係を考察する上で必読の文献と位置づけられる。

二、文永八年来日の高麗使をめぐって

（一）高麗使の来日とその真相

周知のように、元朝では至元十一年（一二七四・日本文永十一・高麗元宗十五）十月に第一次日本遠征に踏み切った。所謂文永の役である。

前記のA論文「文永八年来日の高麗使について――三別抄の日本通交史料の紹介」とD論文「文永八年の三別抄牒状について」の二篇は、それより三年前の文永八年（一二七一・元至元八・高麗元宗十二）に来日した高麗使に焦点を当てた論攷である。

A論文とD論文と、その論題を並記すると、前者の高麗使とは三別抄の使者であることが知られる。A論文が発表されたのは一九七八年三月、D論文が附印されるおよそ三十年余り前のことである。この間に、文永八年来日の高麗使は、すなわち三別抄から派遣された使者であることが牢固とした定説になったことを意味する。それを初めて実証したのがA論文であった。

具体的にいえば、A論文では、東京大学史料編纂所に保管されている「高麗牒状不審条々」と題する一葉の文書が、文永八年に送られた「高麗牒状」が実は高麗朝廷に叛旗を翻し、珍島《チンド》に拠点を構えた三別抄政府からの牒状であることを示す重要な史料であることを明確に論証したのである。「高麗牒状」が鎌倉の幕府を経て京都の朝廷に伝えられていたことは、従来、『吉続記』文永八年九月二日の条によって知られ

ていた。この牒状を持参した使者についてはこれまで、池内宏（『元寇の新研究（一）』東洋文庫、一九三一年）に代表される元朝の趙《ちょう》良《りょう》弼《ひつ》の日本への渡来に先立った高麗の使者とするものと根本誠（「文永の役までの日蒙外交――特に蒙古の遣使と日本の態度」『軍事史学』第五号、一九六六年）の高麗三別抄の反乱軍からとする大別二つの見解があった。

このように大きく見解が分かれているのは、史料上の制約があって、断案を下すに至らず、ただわずかに前後の状況から推測が加えられているに過ぎなかったからである。

推論の域を出ないこのような二つの見解が雁行する中で、石井正敏は、「高麗牒状不審条々」なる一葉の文書を綿密に検討し、本文書が、この問題（文永八年の高麗使）に関する未知の事実を伝え、蒙古襲来前夜の日・麗・蒙（元）関係だけではなく、三別抄の反乱について考察する上でも、その意義が極めて多いことを闡明したのである。

『東京大学史料編纂所報』第一二号の《研究報告》欄に登載されたこの論攷は、わずか七頁の紙員を占めているに過ぎないが、その反響はきわめて大きかった。論攷附印の翌年、李佑成は韓国の『中央日報』一九七九年四月十六・十七日の紙面に「「三別抄政府」外交文書発見」等の題の文章を寄せ、同年四月二十日の『統一日報』紙上にも「高麗の三別抄鎌倉幕府に外交文書」と題する記事が出た。さらには、一九八九年九月にNHK番組「歴史誕生」で「解読された謎の国書」の題で放映され、石井正敏自身も出演した。

これらの動きと平行して、村井章介・金潤坤をはじめとする日本・韓国双方の研究者たちによって、「高麗牒状不審条々」なる文書を研究対象とする論攷が陸続と現れ、百花斉放の感を呈した。石井正敏の名が対外関係研究者として、一気に人口に膾炙することになったのはA論文によってであり、この論攷は、以後の三別抄研究・蒙古襲来（元寇）研究上の記念碑的論文となったのである。

(二)三別抄政府とその牒状

しかしながら、そのことは、その後陸続と現れた論攷によって、つねに引用されて批判に曝されることにもなった。ことに「高麗牒状不審条々」はその記述が断片的で、かつ内容についても解釈の難しい部分が多々あり、見解が分かれるところも少なくなかった。そのため、多岐に亘る異見が出されて、反って錯綜した状況を呈するに至ったのである。

そこで、石井正敏が、これまでの日韓両国における研究史と論点を踏まえて、「高麗牒状不審条々」について総括的な見解を披瀝したのが、D論文「文永八年の三別抄牒状について」である。

本論攷では、まず三別抄牒状に関する基本史料、すなわち「高麗牒状不審条々」と『吉続記』文永八年九月二日の条について、石井正敏自身の釈文を示し、ついで、三別抄牒状の内容を掻い摘んで紹介し、その作成時期に言及している。三別抄牒状は、『吉続記』にみえるように、文永八年（一二七一）九月二日に鎌倉の幕府を経て京都の朝廷に届いているが、この抄牒状の作成時期は何時だったのか、これについても、言及する研究者によって見解が分かれている。本論攷では、村井章介・羅鐘宇・李領それぞれの説を紹介した後、三別抄政府の対日牒状が作成された時期は、裴仲孫《はいちゅうそん》を首領とする三別抄政府が生き残りをかけて望みを託した元の忻都《きんと》を介しての妥協交渉が不調に終わり、蒙古の総攻撃を覚悟しなければならなくなった一二七一年（文永八）四月末から五月中旬の総攻撃を受ける直前とみなしている。

(三)「高麗牒状不審条々」の検討

つづいて、「高麗牒状不審条々」を仔細に検討するにあっては、蒙古の攻撃が必至となった状況の中で、日本との連繋を実現させるために、三別抄政府は、蒙古の脅威――日本攻撃――が近づいていることを強調したであろうという事情を踏まえて、その内容について逐条的に議論を展開している。「高麗牒状不審条々」は、全部で十二条から成るが、それらをその内容からみて、前回の牒状（文永五年）と今回の牒状（文永八年）とを比較して問題点をあげた第一～第三条、今回の牒状自体における齟齬（前後相違）をあげる第四条、今回の牒状における不可解な文言を列記した第五条～第十二条に分類し、以下、「高麗牒状不審条々」の各条ごとに、その先行研究を紹介しながら、検討を進めている。数多ある先行研究の中から、本論攷で取り上げられたのは、逐条的な検討がなされている、石井正敏（A論文、一九七八）、李佑成（一九七九）、金潤坤（一九八二）、柳永哲（一九九四）、李領（一九九九）、裴象鉉（二〇〇五）、尹龍爀（二〇〇九）、村井章介（二〇〇九）等の研究である。

まずは石井正敏（A論文、一九七八）の解釈を示し、そのあとそれぞれの研究者の解釈を紹介して、各人の解釈の違いを示し、そのあと現時点での自説を述べている。

この「高麗牒状不審条々」の解釈においては、第一条・第二条・第三条のように、石井正敏のA論文の解釈に異論が生じていないところもあるが、大体においては、諸氏の見解は区々様々である。しかし、いずれの論攷からも、史実の断片を丹念に並べ、積み上げ、少しでも史実の世界をあるがままに再現しようとしてする情熱が感得せられる。

各研究文献が、「高麗牒状不審条々」に関して、そのような丁寧、かつ綿密な跡付けを喚起したのは、むろん本文書の文言が難解であるということの他に、蒙古襲来の近いことを伝える三別抄牒状の日本にもたらした影響が大きく、鎌倉の幕府は来寇を現実のものととらえ、九月十三日付けで御教書を発して、警戒を命じたという政治的軍事的影響力の深刻さを逆算すれば、当然のことともいえよう。

石井正敏がD論文で示した「高麗牒状不審条々」の逐条的解釈が、今後の研究状況の推移の中で、いかなる批判あるいは賛同を誘引するか、私には予測できないが、少なくとも、三別抄の対日・対蒙関係、および「高麗牒状不審条々」を取り扱う研究においては、「高麗牒状不審条々」なる文書を再発見し、それを江湖に知らしめたA論文とそれを契機に「高麗牒状不審条々」を俎上にあげた各論文の諸説を子細に較合した上で私案を提出したD論文とを引拠することとなしには、生産的な議論を組み立てることは不可能であろう。

三、貞治六年の高麗使とその牒状をめぐって

(一) 高麗使の入京とその意義

以上、私見をまじえて紹介したA・D・Eの各論攷が蒙古襲来（元寇）に関わる重要史料を緻密に分析し考察を加えたものであるのに対して、B『異国牒状記』の基礎的研究」とC「貞治六年の高麗使と高麗牒状について」の二篇は、倭寇に関わる文書史料を検討した論攷である。

高麗に対する倭寇の活動は、いわゆる庚寅年（一三五〇年）以来、熾烈になり、京畿道沿岸にまで被害が及ぶようになった。かような状況の中、高麗使が入京し、倭寇の禁圧を求める征東行中書省名義の牒状を伝えたのは、一三六七年、すなわち日本では貞治六年二月、高麗では恭愍王十六年、中国では元朝と明朝が交代する一年前のことであった。

研究史的には、中村栄孝によって先鞭が付けられた、この貞治六年の高麗使の来日による日本・高麗交渉は、室町幕府最初の外交案件となったことや、禅僧が外交に関わる先例となったことで注目され、以後この問題を直接の研究テーマとする専論が陸続と発表された。研究の先蹤をなす中村栄孝の論攷を基礎にして、それらの論攷によって様々な視点から検討が加えられたが、この時の高麗使によってもたらされた牒状が征東行中書省名義であること、また使者が短期間に二度にわたって来日しているとみられることなどをめぐって諸説紛々としている。

各論攷の見解にこのような径庭がある貞治六年の高麗使の来日とそれにともなう日本・高麗交渉問題についての議論に、石井正敏が私案を展開したのが、B『異国牒状記』の基礎

的研究」とC「貞治六年の高麗使と高麗牒状について」の二篇である。

周知のように、貞治六年に倭寇の禁圧を求めて来日した金龍《きんりゅう》ら高麗使に関わる基本史料としては、この時もたらされた牒状本文（写）をはじめ、『師守記』などがあり、それらは『大日本史料』第六編之二十七（一九三五年刊）・二十八（一九三七年刊）の当該条にほぼ網羅されている。それら史料群の中の一つとして、後者の第六編之二十八、南朝正平二十二年・北朝貞治六年五月二十三日に、『師守記』など関連史料とともに翻刻され、広く知られている『異国牒状記』がある。

(二)『異国牒状記』とは

これは貞治六年に高麗使用がもたらした牒状への対応について議論が重ねられた際に作成された史料で、中国（隋・唐・宋・元）や朝鮮（高句麗・新羅・渤海・高麗）から送られてきた文書（牒状）に朝廷・幕府がどのように対応したか、その先例を中心に仮名交じり文で書かれたものである。このように、『異国牒状記』は、過去の事例についても言及し、中には本書にしか伝えられていない記事も含まれており、貴重な史料である。

そこで、この『異国牒状記』の成立事情や史料としての意義などについて検討を加えたのが、B「『異国牒状記』の基礎的研究」である。

簡単に梗概を紹介すると、まず、従来知られている『異国牒状記』が依拠する前田育徳会尊経閣文庫所蔵本に錯簡があることを指摘し、それを正しい順に配列し直した上で原文を翻刻する。さらに、前田家本と同じ内容の冊子本である東京大学図書館本および京都大学図書館本との校異を示し、仮名を漢字に改め、句読点を打った釈文を作成する。つづいて、前田家本と東大本・京大本との関係と異同、今回の高麗牒状の対応の指針とした勘例、『異国牒状記』の成立時期とその作者、前田家本の伝来と高辻家の関わりの検討と、論述は展開する。そのような多岐にわたる検討の結果、『異国牒状記』は貞治六年五月二十三日の殿上定以降、六月二十六日の高麗使帰国以前の間に、官務小槻兼治《おづきかねはる》勘例を参考に作成され、後光厳天皇に献上されたもので、前田家本はその草案原本、作者としては近衛道嗣の可能性が高いこと、高辻家に伝来したのは、異国牒状作成の資料として他家から譲られたのではないかと結論する。

(三) 高麗使とその通牒の意味するもの

以上のように、『異国牒状記』の史料的性格を考究したその成果が取り入れられてものされたのが、C「貞治六年の高麗使と高麗牒状について」である。このC論文では貞治六年の高麗使・牒状関連の史料を掲出し、高麗使と高麗牒状をめぐる既往の諸説の紹介とその問題点を提示した上で、項目を分かちて細論されているので、それを要約するのは、曲解するおそれなしとはしない。そこで、示された結論だけを簡単に摘記することにする。

①『高麗史』等には、金龍・金逸《きんいつ》が別個に派遣されたように記されており、それぞれ牒状をもたらしたと理解されているが、『異国牒状記』によれば、朝廷における審議の対象となったのは、金龍一行と彼等がもたらした牒状のみで、『後愚昧記』を参考にすると、公式牒状は、「高麗国征東行中書省咨」一通であった。

②高麗がこの通牒を国王名義ではなく、征東行中書省名義で送ってきたのは、元の存在を利用しようとするとともに、日本との名分関係に考慮した結果、採用された書式であり、高麗の対日外交に表れた自尊意識を示すものである。

③高麗使の派遣と牒状の送付は、形式的には元の命令により、高麗への倭寇行為を禁圧すべきことを伝達することが目的であり、たとえ返牒が無くとも高麗側は十分目的は達した。

④案の定、朝廷からは拒否された。しかしながら、僧録春屋妙葩《しゅんおくみょうは》名義とはいえ、事実上の権力者将軍足利義詮《よしあきら》の返牒を得ることができ、高麗側は十分な成果を上げた。

⑤将軍家がかかる対応をなしたのは、義詮が名分関係にこだわらず、実利を優先させる方針をとったからであり、ここに日本の新しい対外関係の幕が開かれた。

C論文は、全九章に分けて、貞治六年の高麗使と高麗牒状とを、史実に即してというよりも、史実の細目、つまり史実の断片を拾い集めて詳細に論じるという石井正敏の資質が見事に披瀝されているといったら褒揚すぎるであろうか。

おわりに

石井正敏と私とで編纂した『増補改訂日中日朝関係研究文献目録』(国書刊行会、一九九六年)をみていただければ分るように、蒙古襲来(元寇)や倭寇というテーマに関しては、近代歴史学の成立以後、人物を扱い、事件を描き、その歴史を物語るという論攷が夥しく現れ、蓄積されてきた。中には、ほとんど小説と背中合わせのような論著も少なくない。

石井正敏における蒙古襲来および倭寇の研究は、人物を扱い、事件を描き、その歴史を語るというのとは、きわめて対蹠的なところに立ち位置がある。

むろん、歴史学の研究は、いかなる論攷においても、史実の究明を終始一貫していくものであるから、史実の断片を丹念に調べ、それらの断片が集まり、組み合わされて、ストーリーが作られ、その歴史が再現される。しかしながら、ストーリーを作ることは、なかなか容易ではないし、また下手にストーリー化すれば、かえって、史実の断片のもつ明晰さを曖昧なものにし、そこに露わにされた生の断面を捕捉しがたいものにしてしまう。

石井正敏の蒙古襲来・倭寇の研究において、史実の断片を丹念に集めて、積み上げるのは、当該問題に対する関係史料の精査・吟味に、それらを資するという目的があったからである。ロシアのゴーリキィーは、「文学の第一の要素は言語である」と言ったが、その顰みにならえば、「歴史学研究の第一要素は史料である」と言えよう。しかしながら、史料はその存在自体で貴重であるわけではない。史料的価値が高いという評語は、当該史料を構成するすべての史実の断片の一条一条をも掩蓋するものでない。

過去を語る媒体としての史料が、過去の諸々を伝えるのに言葉という媒体を用いる以上、そこに記された事実は生のままということは、決してない。言葉に限らず、いかなる媒体であれ、それを通過すれば、出てくるものは、必ず形を持つ。なぜならば、媒体自身がひとつの形態であるからである。それでも、史料を通して、過去に迫ろうとするのであれば、その歴史的環境を十分に踏まえて、しかるべき問いを投げかけることで、初めて史料が内包している臨場感が喚起されうる。石井正敏が、蒙古襲来・倭寇の問題に関して、人物を扱い、事件を描き、その歴史を語るという方法を取らずに、当該問題に関わる既知の史料を取り上げて、その個別的逐条的検討に主眼を置くのは、生来の稟質もさることながら、東京大学史料編纂所において、十年余りに亘って、日本史の基礎的な史料集である『大日本史料』第三編の編纂に従事したことも大いに関係あるものと推察する。

史実の断片を縫って、対象になった日本史料・中国史料・朝鮮史料の一条一条を細かに検討することによって、既知の事実についても、新しい照明を当て、新しい視界の中で、隠れた意味合いを発見していることが少なくない。

ここで紹介した蒙古襲来・倭寇に関する五篇の論攷において、その論述の中核をなす史料群は、いずれも既知の史料であるが、石井正敏は史観に蔽われた衣裳をはぎ取って、評価すべきと退けるべきとを峻別し、そうしたきわめて基礎的作業に大半の紙員を割き、その結果をもって、蒙古襲来・倭寇の問題に新たな命を吹き込んだ。附印後、多大な反響を生んだ、A「文永八年来日の高麗使について――三別抄の日本通交史料の紹介」は、石井正敏歴史学の手法の最も象徴的な論攷といえる。

すでに評価の高い史料も、これまで等閑視されていた史料も、既往の一般的な価値・評価に拘泥せず、記述の一条一条を綿密に吟味して、その営為を経て得た材料を一枚一枚敷き詰めるように、きちんと並べて、細部、つまり論述を支えるデータにし、全体の構成を十分に目配りしている五篇の論攷は、論の理論構成というよりは、それを進めていく手続き、行間に漂う一種独特の情感、そこから生み出される自然の説得力に富む。

それは、尨大な日本史料・中国史料・朝鮮史料を読み解き、絶えざる鍛冶によって磨きをかけるという、まさに「根限り」な営為によって具現化され、生まれた巍然たる成果であった。

琉球史料学の船出
いま、歴史情報の海へ
黒嶋 敏
屋良健一郎 編

印章や花押、碑文や国王起請文、さまざまな史料が持っている歴史情報に着目し、琉球史料学が持つ魅力と可能性を提示する。「古琉球」「近世琉球」「周辺(中国・日本)」の三つの視点から、関連史料を分析。琉球の政治、社会、文化の様相を浮かび上がらせる。

序　言――船出にあたって　黒嶋敏・屋良健一郎
第一部　古琉球の史料学
古琉球期の印章　上里隆史
かな碑文に古琉球を読む　村井章介
琉球辞令書の様式変化に関する考察　屋良健一郎
第二部　近世琉球の史料学
琉球国中山王の花押と近世琉球　山田浩世
近世琉球の国王起請文　麻生伸一
「言上写」再論
――近世琉球における上申・下達文書の形式と機能　豊見山和行
第三部　周辺からの逆照射
島津氏関係史料研究の課題
――近世初期成立の覚書について　畑山周平
原本調査から見る豊臣秀吉の冊封と陪臣への授職　須田牧子
琉球渡海朱印状を読む――原本調査の所見から　黒嶋　敏

本体4,200円(+税)
四六判・上製・360頁
ISBN978-4-585-22175-3　C3021
勉誠出版
千代田区神田神保町3-10-2 電話 03(5215)9021
FAX 03(5215)9025 WebSite=http://bensei.jp

［II　諸学との交差のなかで］

近世日本国際関係論と石井正敏

――出会いと学恩

荒野泰典

あらの・やすのり――立教大学名誉教授。専門は近世日本史、近世国際関係史。主な著書に『近世日本と東アジア』（東京大学出版会、一九八八年）、『アジアのなかの日本史I～VI』（編著、東京大学出版会、一九九二～九三年）、『日本の対外関係1～7』（編著、吉川弘文館、二〇一〇～一三年）、『近世日本の国際関係と言説』（編著、淡水社、二〇一七年）などがある。

石井氏との出会いと人柄、前近代対外関係史研究会の創設・対馬史料調査・韓国史跡探訪など、同氏との共同関係が育まれた経緯、また、拙論「海禁・華夷秩序」論構築の際に同氏から受けた学恩や視野の広さを記す。さらに、前近代国際関係論等についてさらに議論する機会を失ったことを惜しみつつ、氏の研究の意義を考察する。

はじめに――訃報と音楽

石井正敏氏の訃報に接したのは一昨年の七月二十一日、村井章介氏の電話によってでした。電話の主を妻から告げられ、とっさに遅れている原稿の言い訳を考えながら受話器を耳に当てると、例のもの柔らかな調子で、この月六日に石井氏が亡くなったこと、ついては、せめてお宅に伺って御焼香でもと思うのだがどうだろうかということでした。もちろん私に異存はなく、ご遺族への打診や日程などの調整をお任せしたのでした。

指定された当日、旧宅は建て替え中とのことで、仮住まいのお宅にお邪魔し、奥様の陽基子様（以下奥様）にお迎えいただきました。例によって祭壇の中心に故人の顔写真が飾られていたのですが、いつもの石井氏の顔でなんだか現実感がありません、「石井さん、なんでそんなところにいるの」と言いたくなるような、そんな感じとでも言いましょうか。焼香の後、白を基調にした明るい居間で、奥様から故人についていろいろなお話を伺いました。

まず驚かされたのは、石井氏がカントリー＆ウエスタンの弾き語りでラジオの音楽番組や横浜市のイヴェントなどに出演までしていた、ということでした。録音された番組のＣＤを聴かせていただきながらの団欒でしたが、最初に流れてきた石井氏の声が衝撃的に生々しく、故人がまるでそこで語り、歌っているかのようでありながら、すでにあっちに行ってしまったということを妙に納得させられるような、そんな心もちでした。今想いかえしてみると、あの声や歌を聴きながら、私は石井氏が故人になってしまったという事実に徐々に慣れていったような気がします。あるいは、村井氏も同じような気持ちだったかもしれません。偲ぶ会の当日に配布された小冊子の冒頭に、故人の愛唱歌の一つ「マギー　WHEN YOU AND I WERE YOUNG, MAGGIE」を置いたほどですから。その歌詞はまるで故人の奥様への気持ちをそのまま歌にしたようでもあり、また、多くの夫婦に通底する心情のようにも聴こえます。

　実は、石井氏が柔らかいいい声の持ち主で歌が上手であることは、私も史料編纂所時代に彼の歌を一度だけ聴いて、知っていたつもりでした。その時聴いたのは、パット・ブーン（Patt Boon, 1936～）の「砂に書いたラヴレター　Love Letters in the Sand」で、私も好きな歌の一つでした。ただそれは私が高校生だった頃までのことで、大学進学で上京してから二十年あまりはジャズにのめりこみ、当時の私にはかつて聴いた米国ポップスはかなり遠い想い出になり、特に白人系の歌手のものは影の薄い存在になっていました。史料時代に聴いた石井氏の歌は、かつての自分を想い出させ、それとあいまってより印象深く記憶に残っているのだろうと思います。都会と田舎の違いを超えた同世代（同学年）の共通体験とでも言いましょうか、このような歌を共有しているのも、戦後の高度経済成長世代に共通する特徴の一つなのかもしれません。

　たしか石井氏自身からは、高校時代の必修外国語はドイツ語だったので、英語はあまり得意ではないと聞いていたのですが、その彼が常日頃カントリー＆ウエスタン三昧だったとは。奥様のお話では、とにかく故人は研究が好きだったが、それにあてる時間は一回《クール》二時間ごとと決まっていて、合間の休憩時間は庭で運動するか、ギターを抱えてご家族のところにやってきて、「一曲いかが」とやるのが常だったとか。

　その他奥様からお聞きしたエピソードの数々、例えば、病気が判明すると、担当のお医者さんに死期を確認して、残された奥様が娘さんご夫婦（＋お孫さん）と一緒に暮らせるように、自宅を二世代住宅用に建て直すことにし、設計も故人みずからしたこと（訪問当時はその工事中で、御遺族は近所の貸家で仮住まい）、科研費等の公費で購入した書籍などはすべて大学に返納した等々、見習おうにもとてもできないほどみごとな身の始末のつけ方だったようです。その中で、私の気持ちを楽にしてくれたエピソードが一つあります。故人は、夕食はかならずお宅でご家族と一緒にということを鉄則にしていたということです。次の話題、前近代対外関係史研究会（略称「対外史研」）に関わることですが、故人はこの研究会の創立に重要な役割を果たし、誰よりもこの会の発足を喜んでいたはずなのに、ある時からふっつりと会に現れなくなったのです。発足以来幹事役のようなことをしていた私は、何か故人の気に障るようなことを言ったか、したためではないかと、いつの頃からか、ふとした折にそんな気がかりを反芻するようになっていました。

奥様からそのエピソードを伺った時、そう言えばと、会に現れなくなる前に故人からそういう趣旨のことを告げられたことを想い出し、あれは会を欠席する理由の説明だった、ということに気づいたのでした。いつものことながら、自分の迂闊さに呆れます。四十年近く経ち、奥様のそのお話によって私は、故人にまつわる気がかりの一つから解放されたことになります。これも故人の置き土産の一つかもしれません、とても繊細な心づかいのできる人でしたから。何をくよくよ悩んでるんだよ、あれはそういうことだったんだよ、あの時そう言ったはずだよ、と。

一、対外史研と対馬史料調査・韓国史跡見学のことなど——学恩・その（一）

故田中健夫先生を中心に「対外史研」をたちあげたのが、私が史料編纂所に入所した一九七七年ですから、この会も来年で四十周年になります。ここ数年のうちに、田中健夫先生に続いて石井氏も故人となられたので、この研究会の発足のいきさつを語れるのは、私だけになりました。私はまだしばらくは生きるつもりですが、この先何が起きるかわからないのが人生の常なので、この機会にもその経緯を書き残しておきたいと思います。

私が史料編纂所に入所して間もない頃、まだ名前も顔も知らなかった石井氏が、私の配属された部屋（近世史料部）に突然やってきて、このような趣旨のことを言うのです。「荒野さん」は近世の日朝関係史が専門らしいので提案するのだが、田中健夫先生を中心に、古代から近世末までの対外関係史の研究会を作らないか。ここ（史料編纂所）のように、古代から幕末まで対外関係史の研究者がそろっているのは全国的にも珍しい。その研究者が集まって研究会を作れば、きっと大きな成果があげられると思うのだが、と。なぜ突然私のところに来られたのかは解らないままですが、私もその趣旨に賛同し、すぐに二人で田中先生を訪れ、研究会のことを提案しました。私が先生と直接話したのは、入所試験の面接を除けばそれが最初でしたが、それはともかく、先生は大変喜んでくださり、ほどなく海外史料部のスタッフなどが加わって、「対外史研」が発足しました。回を重ねるうちに、海外史料部のスタッフで残ったのは加藤榮一氏だけになりましたが、代わりに村井・北島万次両氏などが加わり、北島氏のリーダー・シップで、糟谷憲一氏をチューターとして、李朝実録講読会も始まりました。

史料編纂所は全国から研究者が集まるところで、そのうちの対外関係の研究者にはできるだけ声をかけて勧誘をし、報告などもしてもらったので、研究会のネットワークは全国をほぼカヴァーするようになりました。その一方で私は、一九七八年に歴研の近世史部会、八三年に全体会報告で報告する機会に恵まれ、それが私自身の研究にとって大きな節目となりましたが（次項参照）、対外史研の存在は心強い後ろ盾でした。その後ほどなく、私や石井氏は史料編纂所を去り、私自身は対外史研の研究会と教授会の曜日が重なったりしたため足が遠のくばかりでしたが、石井氏は対外史研・李朝の会との関係を持ち続けられたらしいことが、「偲ぶ会」の準備や石井氏の著作集の編纂に関わってよく解りました。

対外史研発足と同じ年に、編纂所による対馬全島の史料の系統的な調査も始まったのですが、そのきっかけも、石井氏でした。この年編年部（大日本史料の編纂部門）の十一編では、戦国時代の対馬の大名宗将盛《そうまさもり》の関連史料の収集のために対馬出張が計画され、対馬の研究をしているということで、十一編の編集責任者S氏から石井氏を通じて、私にお声がかかったのです。当時の所長菊池勇次郎先生が、若者が行くのだからとカンパを下さり、それで予算にすこし余裕ができたので、もう一人若者をということで村井氏が加わり、S氏に石井・村井・荒野の三人組がつき従って、対馬に赴いたのでした。その間、実際の調査だけでなく、調査以外の自由時間においても、石井氏はS氏に律気につきあっていました。あくまで先輩を立てるという石井氏の義理がたさが、強く印象に残っています。それが彼の身上、あるいは信念だったのだろうと思います。そういう頑固さも、彼の持ち味の一つでした。

この調査期間中に、対馬の歴史史料の悉皆調査の必要性について若手三人で熱く語り合いました。それをきっかけに、史料編纂所による対馬全島の史資料の悉皆調査と写真撮影というプロジェクトが始まりました。編纂所の総意でこのプロジェクトが始まったというわけではなく、漠然と石井・村井・荒野の三人を中心に対馬グループのようなものができ、史料調査の出張願を出したり、文科省の科学研究費を獲得するなどの手段で、毎年対馬に史料調査に出かけるようになったのです。近世対馬の日朝関係を修士論文のテーマとしながら、それまで私は対馬の地を踏んだことがなかったのですが、上述のような経緯で、史料編纂所に入所してから立教大学に転任するまでの九年間、毎年対馬に通うことになりました。

　立教に移った一九八六年から私は韓国も訪れるようになったのですが、その口切が二年連続の史跡見学旅行でした。それも石井氏のプロデュースによるもので、二度ともかなりの強行軍でしたが、韓国の主要な史跡は——古代のものが多かったような気はしますが——ほぼ訪れることができたのではないでしょうか。おそらく、この旅行の時だったのではなかったかと思うのですが、石井氏から、「荒野さんが史料を辞めるとは思ってもみなかった」と言われたことがありました。実は、辞める直前まで私はそんなことは考えたこともなく、そうなったことについては、言いたいのに言わない方がよさそうなことが山ほどあったのですが、ぐっと抑えた記憶があります。一九八八年に石井氏は中央大学に移りますが、奥様のお話だと、それ以前は何度もあった移籍の話を断り続けていたとのことです。

　しかしその後も、『アジアのなかの日本史』（東京大学出版会、一九九二〜九三年）、『日本の対外関係』（吉川弘文館、二〇一〇〜一三年）、『対外交流史』（山川出版社、近刊）と、三人で共編著を作ることができたことは幸運でもあり、ありがたいことでした。いつの頃からか私たちが「対外関係三人組」などと呼ばれるようになっていることを、最近——実は、故人を偲ぶ会の準備会議のためのレジュメで——知りました。これも対外史研・対馬調査などをはじめとする三人の共同関係があってこそのことで、その仕掛け人である石井氏の先見性と高い志の賜物でもあります。

二、海禁・華夷意秩序論と石井氏の視野
——学恩・その（二）

　先に述べた一九八三年の歴研大会報告で私は、従来の「鎖国」観を「海禁・華夷秩序」の対概念で脱構築する（根底から組み立てなおす）ことを提案しましたが、それも田中先生を冠《トップ》とするこの会の研究仲間、および歴研に集った諸先輩をふくむ研究仲間に支えられて、何とか形にすることができたのでした。この報告に当たって私に投げかけられた問いは、

「鎖国」していたはずの近世日本が、幕末から明治にかけて侵略性を持つようになるのはなぜか、でした。その回答は、以下の四点でした。

①近世日本は文字通り「鎖国」(国を鎖)していたわけではなく、「四つの口」を通じた周辺諸国・地域との政治的・経済的関係を通じて、経済成長と国内市場の成熟を果たし、それらの関係が日本国の政治・経済・文化の各分野における再生産のため――言い換えれば日本国が生きていくため――に欠かせなくなっていた。

②十九世紀後半になると、欧米諸国による「外圧」によって、自国の独立のみでなく、それらの関係が分断される危機に陥った。

③その危機を回避するために、それらの関係を近代的な形に再編することで守ろうとし、それが周辺諸国・地域に対する侵略的な行動――植民地化(朝鮮)や内国化(蝦夷地=北海道・琉球=沖縄)――として表れた。

④以上を踏まえると、日本の国際関係の近世から近代への移行過程を無理なく説明するためには、「鎖国」という前提は不適切であり、それを根底から見直して、「鎖国」の内容として語られた諸要素のうち、国際関係の編成を「華夷秩序」・管理統制の面を「海禁」という、前近代の東アジアの国際社会において普遍的な二つの概念で再構成する必要がある。

これらの経緯は、すでに当時の報告やそれを収録した論文集[1]の補注などでかなり詳しく説明しているので、ここで繰り返すことはしません。なお、「対外関係」ではなく、「国際関係」という表現を使用する理由は、次項で述べることにします。ここでは、私が「海禁」・「華夷秩序」概念について考えている時に、石井氏から受けた二つのアドヴァイスについて紹介しておきます。

まず、「海禁」概念について。私が近世の国際関係の勉強を始めた一九七〇年代前半には、「鎖国」を近世日本国家、あるいは幕藩制国家の三大特質(兵農分離・石高制・鎖国)の一つとする朝尾直弘氏の位置づけが、ほぼ定着していました。[2]その位置づけに励まされて「対外関係」の研究を志したり、続けることができたことは、歴史学研究会などで出会った私と同世代(団塊)の研究仲間で異口同音に語り合ったことでした。しかし、朝尾氏の「鎖国」の定義には、もともと国を鎖《とざ》すという意味しか持たない「鎖国」という言葉に、対外関係が存在したことを意味する、対外関係の編成という内容を混入させるという無理、あるいは形容矛盾がふくまれていました。それを「学問用語の濫用」と厳しく批判されたのが田中先生で、それを是正して実態に即した用語を当てるべきとして、いわゆる「鎖国」のうちの国際関係の管理・統制の側面を、東アジアの国際社会に伝統的な「海禁」（「下海通蕃之禁」：一般庶民が私的に海外に出たり、外国人と交流することの禁止、すなわち私的な国際交流の禁止／「明律」関津の項）を提案されたのでした。(3)

田中先生のこの論文が発表された当時私は大学院修士課程の一年で、尾藤正英先生と山口啓二先生のゼミに所属していました。山口先生のゼミで田中先生のこの論文について報告するよう指示され、まだゴリゴリの「鎖国」論者だった私はその論旨に激しく反発する報告をし、それを山口先生がすこし困ったような表情で聞いておられたことを覚えています。

既述のように、それから約七年後に私は、歴研の全体会での報告を機に、「鎖国」から「海禁・華夷秩序」に宗旨替えしたのですが、山口先生は生涯「鎖国」・「開国」という枠組みを固持され、(4)もう一人の恩師尾藤正英先生もそうであったことを、田中先生を偲ぶ会の会場で、先生自ら私に告げられました。(5)ちなみに、私が「鎖国」（近世の国際関係）の研究を志したのは、駒場の二年生の「日本史研究入門」の尾藤先生の講義で、蘭学を知るには「鎖国」について知らなければならない、と聴かされたからでした。もともと近世日本思想史を志望していた私は、駒場（東京大学教養学部）の二年間ドイツ語に熱中し、蘭学（洋学）ならその楽しみを続けながら思想史の勉強（研究）もできると考え、本郷では蘭学をやろうと考えるようになっていたのです。

それにつけてもありがたいのは、両先生とも「鎖国」論批判を繰り返す私に、二十年あまりの間、御自身が鎖国論者であることを一言もおっしゃらず、見守ってくださったことです。対外史研や歴研の仲間も同様で、そういう陰陽様々なサポートがなければ、私が今までこの立場を守ることができたかどうか。そんな中で石井氏は、海禁・華夷意識／秩序という対概念について、具体的で示唆に富んだアドヴァイスをしてくれました。

まず、「海禁」について話している時に、私が「人民に外交なし」と言うと、彼はすかさず「へー、近世ではそう言うのか、古代では人臣だけどね」と真顔で訂正してくれました。お恥ずかしいことに、その時まで私は「人民」と思いこんでいて、言い間違ったわけではなかったのです。言われてみれば、この箴言は外交は国王大権、という当時の通念の別の表現なので、国王以外の者＝「人臣」でなければ意味が通らないのです。

また彼から、平安貴族の書き残したものに「人臣に境外の交なし」という言葉があることを、その典拠とともに教えてもらったのも、その頃のことでした――そのアドヴァイスをヒントにして論文を書き、その史実と典拠、石井氏の名前も明記したのに、今はその論文も典拠も思い出せない――。しかし、あらためて「律令」の「令　巻第十」を開いてみると、「関津令」（関の管理・通過、それに関連する外国人との交易等の規定）があり、その位置づけが「明律」と同じということが解ります。また、武器などの交易の禁止や官吏より先に交易することの禁止など、近世長崎の輸出禁制品や「御用物」（徳川将軍の先買い特権の行使）の制度とほぼ同じです。「唐律」という根が、中国と日本で、それぞれの地に応じて多少の偏差を加えながらも、同質の法（律）として育まれてきたことが了解されます。

　このことは、かつて田中先生の「海禁」論に関して、朝尾直弘氏から直接いただいた葉書を思い起こさせます。朝尾氏はある論文で、田中先生の「海禁」論を踏まえて、日本の「鎖国」は中国の「海禁」の「型種」とされていたのですが、私はうっかり「亜種」と引用してしまった。(6) すぐさま同氏から「型種」であるとの訂正の葉書が届き、その趣旨は、「亜種」＝模倣（物まね）というニュアンスを避けるために、ご自身の造語だが、「型種」という言葉を使った、その意図は似ているが違うということを明確にするためであるということで、最後に短く、田中先生のお仕事は尊敬しています、と付記されていました。その内容もさることながら、私のような若輩にこのような葉書を下さるとは、と感動したことを覚えています。

　それはさておき、似ているが違う、あるいは同根だが同じではないという立場は、特殊日本的な封建制＝幕藩制という立場や、日本の律令制の歴史的性格についての議論に通底し、「海禁」については、近世ヨーロッパまでの外交を国王大権とするイデオロギーによく似ており、様々な角度から検討する必要があると私は思っています。

　「海禁」論と同じ頃だったと思いますが、石井氏はいつものようにあっさりと私に、「朝鮮にも華夷意識はあるんだよね」、と教えてくれました。朝尾・中村（栄孝）両先生に倣って、「日本型華夷秩序」について考え始めたばかりの私にとって、それは軽いショックでもありました。とりあえず、中国と日本のことしか頭になかったからです。しかし人や何らかの人間集団がそれぞれにそうであるように、民族も国家も、規模の大小等にかかわらず、自己中心的な意識や世界観を持つというのは、自分を反省してみればすぐ納得できるように、当たり前のことでした。それからほどなく、私は、

「華夷意識」について、以下の三段階で定義し、それを私の考える「国際関係」（後述）の基本構造と措定しました。[7]

①華夷意識を「中華」（中国王朝）に特有のものではなく、人や民族などの人間集団が普遍的に持つ自己中心的な文化意識、あるいは世界観（エスノセントリズム）と規定する。

②中国王朝の中華意識もその一類型であり、中華人（あるいは漢人）が自らのエスノセントリズムにもとづいて構築した政治意識が中華意識であり、その周辺の日本・朝鮮・琉球・アイヌなどが、それに倣って自らの華夷意識を形成し、それぞれの華夷意識が、ある緊張関係をもって互いに対峙しながら、交流するという図式を描くことができる。

③その在り方を国際関係の基本構造とすることで、例えば、冊封関係などを、とかく単純な主従関係として見がちな偏向を相対化できる。

この立場を私は現在も堅持しています。それは例えば、「日中両属」と片づけられてきた近世の琉球王府の自己認識を見直すことにも通じます。例えば、豊見山和行氏は、王府自身の国際的な位置についての認識である、「唐と大和の交際《うとういえ》を飼いならす」（日中関係を上手に調整する）という表現を紹介しながら、再考を求めています。[8] そこには、中世以来の琉球王国の主体性が息づいています。まず当事者の主体性を中心に関係の在り方やその実態を考えるという姿勢は、現実——例えば、現在の沖縄が置かれた状況——と同様に歴史研究においても必要なのではないでしょうか。[9] 石井氏のまなざしは、そういうところにも向けられていたように私は感じています。同氏の中国・韓国などの研究者との積極的な交流は、そのような志の一環でもあったのでしょう。

三、前近代国際関係論と石井氏

今世紀初めから私は、従来の「対外交渉」・「対外関係」に替えて、「国際関係」という言葉を使うようになりました。[10] 上述の、石井・村井両氏と私の三人の編著『日本の対外関係』（全七巻、吉川弘文館、二〇一〇～一三年）の企画会議の際にも、「対外関係」に替えて「国際関係」とすることを提案しました。しかしお二人の容れるところとならず、「対外関係」に据え置かれたのでした。[11] 当時の私には、近世などの前近代のいわゆる「対外関係」も近現代の「国際関係」に勝るとも劣らない内容（論理と構造、および内実）を持っていたという確信を持ちはじめてはいたものの、前近代を近現代より劣っているとする根拠のない偏見——例えば、清国の国際関係を丹念に叙述しながら清国には「外交」と呼びうるようなものはないと断定する、『清国行政法』における織田万のような立場[12]――に対する批判的な心情以上の用意はありませんでした。今にして思えば、織田の言う「外交」は、大隈重信の「外交」（同『開国五十年史』一九〇七年）とほぼ同義で、小谷汪之氏の指摘する近代日本人の自他認識、特に対アジア認識の問題点である「安堵感」[13]に通底しており、私には受け入れられません。

さらに、「国際関係」の定義自体も見直されようとしています。例えば、中嶋嶺雄氏は現代の国際関係について次のように定義されています、すなわち、現代の国際関係は「たんに国家間の諸関係のみではなく広く国際社会全体の諸関係を包括する概念」であり、「様々なレヴェルでの国際的な接触」、例えば「諸個人や諸集団の国境を越えた関係」も含まれる、そのような国際関係は、政治・経済・文化などのいくつかの分野の組み合わせから成っており、それらの諸断面が交錯する「場」の諸問題を解明するのが国際関係論である、と。[14]ここで問題の中心は、「国際関係」を構成するのは、国家（権力）だけか、ということです。欧米的（あるいは近代的）な国際関係を構成する要素は、常識的には、国家主権・勢力均衡・国際法の三つとされてきました。

しかし、百瀬宏氏は、もともと国と国との関係を意味する international relation の和製漢語である「国際関係」が、はたして「国と国との関係」に限られるのかと問い、国際関係を形成している要因（行為体 actor）は国家だけではないとしています。さらに、古代史家の石母田正氏の、日本の古代国家の成立と構造の歴史的特徴の一つは、「国際関係」と切り離して考えることはできないことという指摘[15]を引きながら、「国際関係という概念を広義にとって、古代国家までをもふくむものとすれば」、近代以後のそれではないが「基本的な機能の上ではそれと相通じる国際関係がそこに存在したことは確かであろう」としています。[16]

四十年ほど前にある学会で、私が「四つの口」論にもとづいて「鎖国」論批判を開陳した時、フロアーから「四つの口」というのは「おおげさ」ではないかという質問が寄せられたことがありました。その時私は質問の意味が理解できず、大小にかかわりなく、関係があったのだから、その史実から出発すべきであるという風にしか答えられなかったように記憶しています。しかし今思いかえしてみれば、あの質問の本意は、国家を形成していた琉球はまだしも、蝦夷地（北海道）のアイヌなど先住民との関係も外交、あるいは国際関係に入れるのは「おおげさ」、あるいは、いわゆる「国際関係」の常識に反しているのでは（そんな常識も知らないのか）、ということだったように思います。質問者の妙に冷たかった視線が甦ってきます。

いわゆる「鎖国」という言説のもとになったE・ケンペルの『日本誌』の記述は、近世日本の国際関係を、次のように、相手方を「国家主権」の有無で二つに分類しています。①長崎の中国・オランダで、国家主権あり。②朝鮮・琉球・蝦夷地・千島で、植民地か従属国／地域として、国家主権を持たない。ケンペルから一二〇年あまり後に日本に滞在したF・フォン・シーボルトも、まったく同じ分け方をしています。両者とも、中国・オランダとの関係①が極めて制限されており、かつ、日本人の海外渡航が禁じられているということを理由に日本が国際的に孤立している、すなわち「鎖国」していると断定したのです。

もう一つの関係②は、当時の日本を、多くの「小国」（藩）とともに複数の国家や地域を支配する「帝国」とみなし、それらは帝国内の関係で、国際関係（主権を持った国同士の関係）とはみなしていなかったということになります。[17] ケンペルもシーボルトも、十七世紀には確立していた彼らの世界（ヨーロッパ）の国際関係の定義に則って、当時の日本の国際関係を叙述し、それを踏まえて当時の日本を「鎖国」と断定したことになります。なお、最近の私は近世日本の国家形態を、豊見山氏や平川新氏の提言を受けて、[18] 近世日本の国家形態を、海禁・華夷秩序を編成原理とする小帝国、と定義しています。[19]

ところで私は、ケンペル、シーボルトがともに、②の関係を除外して①と「日本人の海外渡航の禁止」だけをもとに「鎖国」と断定する理由が解らず、二十年あまり悩んできましたが、その悩みの最大の理由は、私が「国際関係」の常識を知らなかったことにあります。しかし、逆に言えば、知らなかったからこそ、「常識」にとらわれることなく、「四つの口」論を提起することができ、従来の国際関係観の問題点に気づくことができたとも言えます。

ちなみに、従来一六三五年の「鎖国」令によって、「日本人の海外渡航」が禁止されたとされてきたことについて触れておきましょう。その「定説」は、その言説のもとになった幕府老中の長崎奉行に当てた「条々」の第一条（日本之船異国渡海之禁）の誤読によるものでした。そのもとになり、長く「鎖国令」とされた「条々」は、いわゆる「鎖国」を命じた全国的な法令ではなく、任地に赴く長崎奉行に宛てた老中の業務命令書です。[20] その史実を踏まえてあらためてその条文を読みなおすと、「日本之船」は長崎奉行管轄の貿易船、つまり奉書船（その前身は朱印船）、「異国」とはこれらの船が渡海する東南アジア方面、ということになります。具体的には奉書船の停止のことです。こう考えると、この条文と、他の「三口」における日本人の海外往来（対馬↕朝鮮・薩摩↕琉球・松前↕蝦夷地）という史実となんら抵触しないことが明らかになります。(21) ごく最近まで、いわゆる「鎖国」＝日本人の海外渡航の禁止という言説と上記の「三口」での海外往来との史実との矛盾は、ほとんど意識されてきませんでした。これを私は、「鎖国」言説の麻酔、あるいは思考停止効果の一つとみなしています。(22)

このことに関して、最近解ったことが二つあります。一つは、十八世紀末から十九世紀の初めにかけての「外圧」（欧米勢力の「通商」要求）に対して、幕府は初めてそれまでの国際関係の在り方を、「通信」（朝鮮・琉球）・「通商」（中国・オランダ）に限ってきたことが「祖法」（朝廷歴世の方）であると定式化します。(23) これを私は「海禁・華夷秩序」体制の「祖法化」と呼んできましたが、問題はこの定式からアイヌ・蝦夷地が抜けていることで、それだけは未解決の問題として残さざるをえませんでした。(24) しかし、ようやく最近その理由が解りました。幕府は蝦夷地を「無主」の地、つまり、ここに住む人々（先住民）を代表する政治権力が存在しない土地とみなし（「無主」は人が住んでいないという意味ではなく、文字通り「主」がいない、つまりその人間集団を代表する政治権力が存在しないということです）、この地と先住民（アイヌ等）を松前藩の「撫育」（保護・管理）の対象としていました。つまり、この地の人々との関係はいわゆる国際関係（あるいは対外関係）ではないという認識があり、それ故に「通信」・「通商」と同列には語られなかったとの推定が成り立ちます。当時の幕閣、あるいはその関係者に、蝦夷地との関係を「国際関係」と言ったら、やはり「大げさな」と笑われたことでしょう。この点では、東アジアの国際社会も、ヨーロッパと類似の理念を持っていたと言ってよい、あるいはそれに匹敵する論理と構造を持っていたと考えてていいでしょう。

もう一つは、米国の条約集(25)には、四〇〇以上もあったとされる米大陸先住民（いわゆるインデアン）との条約が収録されていないことです。条約集の編集方針（PLAN OF EDITION）はその理由を、次のように説明しています、すなわち、一八七一年三月三日の米国政府の条例（the act）（仮に「インディアン条例」と呼ぶ）によって、「今後はアメリカ合衆国領域内のインデアン民族、すなわち諸種族は、合衆国と条約を結ぶべき独立した民族、種族、すなわち政権（power）として承認も、認識もしない」と規定されたことを踏まえ、それまでに彼らとの間で四〇〇以上結ばれた条約の歴史的重要さは認めつつも、今やほとんど歴史に過ぎず（now largely historic）、地名や政府に対する賠償請求の根拠になっている程度なので、「どのようにアレンジしようとも（in any form of arrangement）」この条約集に収録するのは「断じて望ましくない（It would be highly undesirable）」とされています。もちろん、インディアンとの条約は別に編集されるので、そちらを参照されたいとの断り書きもあるのですが。要するに、インディアンとの条約は、この条約集に収録する範囲（the scope）の、国際的な条例（International acts）、効力を有した協定（Agreements which have been in force）等とは認定しない、ということです。このインディアン条例の後、日本の北海道旧土人保護法（一八九九～一九九七年）のモデルとなったとされるドーズ法（一八八七年）が出されることになります。

ちなみに、同じ「編集方針」では、米国の独立戦争からその後しばらくの間の、いわゆる大陸会議期（the Continental Congress Period）（一七七四年、一七七五～八九年）に、合衆国政府はオランダ・フランスとも条約を結びました。しかし、フランスとの条約は政府（the Government of France）との間のものなので採録するが、オランダとの契約は、アムステルダムの銀行家や商人（bankers or merchants of Amsterdam）が相手であり、INTERNATIONAL ACTS（国際条約）ではないので、採録しないとしています。ここでも国家主権が判断基準とされていますが、かなり便宜的、あるいはご都合主義的なものでもあります。「アムステルダムの銀行家や商人」とは当時のオランダ西インド会社の株主たちのことで、この会社はオランダ議会から国家に等しい権限を与えられていたからです。

実は同様の事例が、近世日本でも見られます。日本とオランダとの関係は、オランダ総督オラニエ（一八一五年以後オランダ国王）と徳川家康との信書の交換にもとづく「通信」（外交＋貿易）関係として始まります。しかし台湾事件による関係断絶（一六二七～三二年）を経て貿易が再開された時には、国家権力同士の関係（外交、すなわち通信）を除いた「商人」、あるいは「町人」レヴェルの、貿易（通商）のみの関係と位置づけ直されていました。以後両国の関係が「通信」関係に戻るのは、日蘭和親条約締結（一八五八年）以後のことです。幕府のこの処置は、関係修復時のオランダ東インド会社とその出身国（オランダ共和国）の素性（商人＝町人の国）などの徹底的な調査にもとづいたものでした。[26] その判断の基準が、上記の米国条約集の編集方針と軌を一にしているところに、私は興味を持っています。

先の戦争後、「植民地」朝鮮が国家主権を保持していなかったという理由で、その政府や国民の意志（主体性）に配慮することなく、いわば勢力均衡にもとづいて戦後処理が行われたことが、現在の朝鮮半島の南北問題のスタートであることを銘記すべきと考えます。広島・長崎への原爆投下も、来るべき「冷戦」への米国の布石でもあったとの指摘などを踏まえると、現代の国際関係も同様の問題をはらんでいると言えます。まず従来の「国際関係」の定義から除外された人々（前近代で言えば「人臣」）の国際関係への関わり方、あるいは排除のされ方、その論理などの史実をたんねんに洗い出す作業を地道に続けることが必要です。その作業仮説として、先に紹介した、石母田氏の指摘を踏まえた百瀬氏の、古代国家にも「国際関係」と呼びうるものが存在した――むしろ私は、国家の成立以来そうであると考えます――という認識と、「人臣」や先住民など「主権」を持たない人々も国際関係の主要な担い手、あるいは行動体（actor）であることを踏まえた論理的なとり組みが必要なのではないでしょうか。私は、従来の国際関係論を、日本人はもちろん地球的世界の多様な人々のそれぞれの生活や歴史に根差したアイデンティティの受け皿に組みかえる試みを続けたいと考えています。

おわりに――石井正敏著作集のこと

今時珍しいほどの碩学であり、同時に広い視野と鋭い現実感覚の持ち主であった石井氏を失った喪失感は、言うまでもなく大きいです。残念ながら、私は歳に似合わず熟睡型で、故人が夢に出てくるということも期待できそうにありません。しかし、幸いにも村井氏の提案と尽力により、勉誠出版のお計らいで著作集が編まれることになりました。幸運にも、私もその編集者に加えてもらうことになり、故人の遺作を読みながら、その世界の幅広さ・豊かさ・碩学ぶりなどを、今更のように痛感しています。それらと対話するうちに、かつてのように、いいヒントがどこからか届くのではないかと思っている次第です。

注

（1）荒野『近世日本と東アジア』（東京大学出版会、一九八八年）。

（2）朝尾直弘「近世の政治と経済（1）」（『日本史研究入門Ⅲ』東京大学出版会、一九六九年）。

（3）田中健夫「鎖国について」（『歴史地理』二五五号、一九七六年）。

（4）山口啓二『鎖国と開国』（岩波書店、一九九四年、二〇〇六年に岩波青春文庫として再販、なお「解説」は荒野）。

（5）荒野「言説学事始め――研究史の深化のために」（『岩波講座日本歴史　月報20』岩波書店、二〇一五年）。

（6）荒野「一八世紀の東アジアと日本」（『講座日本歴史 6』東京大学出版会、一九八五年）。後、注1前掲書に再録。採録に当たっては「型種《ママ》」とした。
(7) 荒野「国際認識と他民族観――海禁・華夷秩序論覚書」（山口啓二他編『現代を生きる歴史科学2』大月書店、一九八七年）。
(8) 豊見山和行『琉球王国の外交と王権』（吉川弘文館、二〇〇四年）。同「敗者の戦略としての琉球外交――「唐・大和の御取合」を飼い慣らす」（立教大学史学会『史苑』第七〇号、二〇一〇年）。
(9) 荒野「東アジアの華夷秩序と通商関係」（『講座世界史Ⅰ　世界史とは何か』東京大学出版会、一九九五年）。
(10) 荒野「世界のなかの近世日本――近世国際関係論の構築に向けて」（『国際社会のなかの近世日本』国立歴史民俗博物館、二〇〇七年）。
(11) 織田万『臨時台湾旧慣調査会台湾清国行政法　第一部報告』一九〇五―一三。
(12) 荒野「対外関係における民族と国家」（『日本の対外関係1』吉川弘文館、二〇一二年）。
(13) 小谷汪之「近代日本の自己認識とアジア観」（石井・村井・荒野編著『アジアのなかの日本史　Ⅰアジアと日本』東京大学出版会、一九九二年）。
(14) 中嶋嶺雄『国際関係論――同時代への羅針盤』（中央公論社、一九九二年）。
(15) 石母田正『日本の古代国家』（岩波書店、一九七一年）。
(16) 百瀬宏『国際関係学』（東京大学出版会、一九九五年）。
(17) 荒野「総説」（同編著『近世日本の国際関係と言説』溪水社、二〇一七年）。
(18) 豊見山和行『琉球王国の外交と王権』（吉川弘文館、二〇〇四年）。平川新『日本の歴史一二』（小学館、二〇〇八年）。
(19) 荒野「通史　近世的世界の成熟」（『日本の対外関係　6』吉川弘文館、二〇一〇年）。
(20) 山本博文『寛永時代』（吉川弘文館、一九八八年）。同『鎖国と海禁の時代』（校倉書房、一九九五年）。
(21) 荒野「江戸幕府と東アジア」（同編著『日本の時代史　14』吉川弘文館、二〇〇三年）。
(22) 荒野「総説」前掲注17書。
(23) オランダ国王の開国勧告に対する老中返簡『通航一覧続輯』巻二。
(24) 荒野「海禁と鎖国」（『アジアのなかの日本史　Ⅱ外交と戦争』東京大学出版会、一九九二年）。
(25) 『米国条約集 TREATIES AND OTHER INTERNATIONAL ACTS OF THE UNITED STATES OF AMERICA』（簡略版 SHORT PRINT　米国政府出版局、一九三一年）。
(26) 加藤榮一『幕藩制国家の成立と対外関係』（思文閣出版、一九九八年）。

日本渤海関係史——宝亀年間の北路来朝問題への展望

浜田久美子

はまだ・くみこ——国立国会図書館司書。専門は日本古代史。主な著書に『日本古代の外交儀礼と渤海』（同成社、二〇一一年）、『訳註日本古代の外交文書』（共著、八木書店、二〇一四年）などがある。

日本と渤海の関係史は石井正敏の研究の原点であり、自ら「生命線」と語っていた研究テーマである。第一章ではその業績を振り返り、現在定説となった多くの見解が石井の研究に拠ることを紹介する。第二章では、石井の研究の継承と発展として、近年注目が集まる渤海使の北路来朝問題を取り上げる。

はじめに

石井正敏の渤海に関する論文は【年表】に挙げたとおりである。最初の論文「大宰府の外交面における機能」は、渤海を主眼とするのではなく、大宰府の外交機能を、来日した新羅や渤海の使節への対応から考察した日本古代史の論文であった。しかし、大学院での森克己への師事や、朝鮮史研究会への参加など、早い時期に石井の研究環境は日本古代史という枠組みから抜け出していたといえる。戦後の対外関係史研究を、渤海というテーマで進展させた第一人者として石井の名前を挙げないわけにはいかないであろう。小稿では、石井の日渤関係史を紹介しながら、残された課題として宝亀年間の北路来朝の禁について考察したい。

一、石井正敏の日渤関係史研究

（一）前史

石井が卒業論文のテーマとして渤海に興味を持ったのは、「五京の比定地の研究に比べると、外交関係については、まだまだ研究の余地があるように思われた」からだ。しかし、大学院で本格的に研究を始めると、「渤海を研究しても先はない」など、渤海研究が「すでに戦前で終わっていると考えられていたことを示す象徴的な言葉」を聞くことがあったという（『日本渤海関係史の研究』あとがき）。

確かに、石井以前の渤海史研究は、鳥山喜一の『渤海史考』（奉公会、一九一五年）に始まる渤海の五京や渤海王の出自の研究のほか、日渤交流史を概説した沼田頼輔『日満の古代国交』（明治書院、一九三三年）など戦前の研究が中心で、戦後の専論に挙げられる新妻利久『渤海国史及び日本との国交史の研究』（東京電機大学出版局、一九六九年）も戦前の研究に基づく成果であった。戦前に渤海研究が進展した背景には日本軍の満州侵略があり、戦後はその反省から取り上げられなかったことが、「すでに戦前で終わった」という言葉の真意であろう。

一九六〇年代には、戦後の歴史学研究において対外関係史も主要なテーマとなり、西嶋定生は「冊封体制」論を、石母田正は「東夷の小帝国」論を展開した。しかし、自国の史料がほとんどなく、中国とも朝鮮半島とも地域を異にする渤海が研究の中心になることはなかった。その中で一九七〇年代に石井の研究は始まるのである。

(二) 定説化した見解

石井の著書『日本渤海関係史の研究』（吉川弘文館、二〇〇一年）には二十三本の論文が含まれている。新稿五本を除く既発表論文十八本のうち、一九七〇年代に発表された論文は七本、八〇年代は一本、九〇年代は十本である。(1) 九〇年代の論文が多いとはいえ、その半分は処女論文で提唱した「国書開封権」について中西正和らに反論したもので、結局、石井の日渤関係史研究の基礎は七〇年代に築かれたことがわかる。

石井の研究の特徴は、渤海側の視点で日本との関係を考察した点にある。論文3（【年表】参照）では、渤海からの遣日使（渤海使）の帯官が、七六二年を境に武官から文官へ変化することに注目し、その理由を唐渤関係の緊張緩和を背景に、日本が渤海と連携して進めようとしていた新羅征討計画の中止を促すためとする。そして、渤海使の来日が政治的目的から経済的目的に変化した時期を、渤海使の帯官が変化するこの時期に求める。

論文4では、渤海を高句麗の継承国とする認識が日渤双方にあるものの、大国高句麗の継承国を自負する渤海と、かつての附庸国高句麗の継承国として渤海を捉える日本とでは内容が異なると指摘する。

論文5では、渤海王からの最初の外交文書（第一回渤海国

【年表】石井正敏の渤海関係論文

No.	論　題・収録文献	刊年月
1	大宰府の外交面における機能（『法政史学』22）	1970．3
2	日本通交初期における渤海の情勢について（『法政史学』25）	1973．2
3	初期日渤交渉における一問題（森克己博士古稀記念会編『史学論集　対外関係と政治文化』1、吉川弘文館）	1974．2
4	日渤交渉における渤海高句麗継承国意識について（『中央大学大学院研究年報』4）	1975．3
5	第一回渤海国書について（『日本歴史』327）	1975．8
6	渤海の日唐間における中継的役割について（『東方学』51）	1976．1
7	朝鮮における渤海観の変遷（『朝鮮史研究会論文集』15）	1978．3
8	第二次渤海遣日使に関する諸問題（旗田巍先生古稀記念会編『朝鮮歴史論集』上、龍渓書舎）	1979．3
9	張九齢作「勅渤海王大武藝書」について（『朝鮮学報』112）	1984．7
10	中国における渤海史研究の現状（『古代史研究の最前線』4、雄山閣出版）	1987．2
11	大宰府および縁海国司の外交文書調査権（『古代文化』43-10）	1991.10
12	古代東アジアの外交と文書（荒野泰典・石井正敏・村井章介編『アジアのなかの日本史』Ⅱ、東京大学出版会）	1992．7
13	光仁・桓武朝の日本と渤海（佐伯有清先生古稀記念会編『日本古代の伝承と東アジア』吉川弘文館）	1995．3
14	渤海王の世系について（『中央大学文学部紀要』168）	1997．3
15	『類聚国史』の渤海沿革記事について（『中央大学文学部紀要』172）	1998．3
16	大宰府と外交文書に関する最近の所説をめぐって（『日本歴史』603）	1998．8
17	渤海と日本の交渉（『しにか』9）	1998．9
18	縁海国司と外交文書（『ヒストリア』162）	1998.11
19	第一回渤海国書について補考（『中央史学』22）	1999．3
20	『続日本紀』養老四年条の「靺鞨国」（『アジア遊学』3）	1999．4
21	渤海と西方社会（『アジア遊学』6）	1999．7
22	序説『日本渤海関係史の研究』（吉川弘文館）	2001．4
23	補論　天平勝宝四年の新羅王子金泰廉来日の事情をめぐって『同上』	
24	補論　平群広成らの登州出航の年次をめぐって『同上』	
25	補論　藤原緒嗣の「実是商旅、不レ足二隣客一。」云々発言をめぐって『同上』	
26	補論　年期制をめぐって『同上』	
27	日本・渤海間の名分関係（佐藤信編『日本と渤海の古代史』山川出版社）	2003．5
28	遣唐使と新羅・渤海（『東アジアの古代文化』123）	2005．5
29	『源氏物語』にみえる「高麗人」と渤海（『高句麗研究』26）	2007．3
30	藤原定家書写『長秋記』紙背文書「高麗渤海関係某書状」について（『人文研紀要』61）	2007．9
31	『金液還丹百問訣』にみえる渤海商人李光玄について（鈴木靖民編『古代日本の異文化交流』勉誠出版）	2008．2

書）の文言を分析し、「親仁結援、庶叶㆓前経㆒」の「前経」に「先例」の意味はなく、高句麗の先例に倣い渤海が日本に朝貢したとする旧説を否定する。そして、「前経」は「古典」を意味し、渤海は古典に則った友好・盟友関係を日本に要請したと解した。論文4・5による渤海を朝貢国とみる日本と、日本を対等視する渤海という両国の認識の違いが石井の日渤関係史研究の基本であり、その後長く通説とされている。

また、石井の研究は史料の丁寧な読解に特徴があり、先行研究の史料解釈に疑問を呈す方法で行われた。大学のゼミでは「基本史料を一字一句忽《ゆるが》せにせず、辞書等の工具書参照を厭わない努力と姿勢で読み進め」、学生には「虚心に史料を読む」という基本的な研究方法を身につけてもらいたい」と述べている。(2)

このような研究姿勢から、日本と渤海との外交文書について定説となる多くの解釈が生まれた。例えば、日本の慰労詔書に頻出する「省啓」「省来啓」の語は、沼田頼輔が「来啓を省《はぶ》き」と読み、「今回の渤海の来朝は、従来と異なり、国書をも奉呈せず、唯口上を以つて来意を言上したに過ぎなかつた」と理解したのに対し、(3)「来啓を省《み》るに」と読むべきとして、渤海王啓の持参を確実なものとした（論文4）。ほかにも、王啓にみえる「隣好」は対等的国交を示すこと（論文5）、「放還」は唐や渤海では外交使節を帰国させる一般的な表現であるが、日本では入京させずに帰国させるという限定的な意味で用いられたことなどを明らかにした（論文8）。

（三）著書刊行まで

石井は自説への反論があれば丁寧に検証し、時には自説を修正することもあった。中西正和との論争では「国書開封権」の概念を「外交文書調査権」と改称し、諸国が大宰府に先行して「国書開封権」を付与されたという説を、渤海に対しては諸国と大宰府が同時期に開封権を付与されたと改めた（論文11）。

また、「第一回渤海国書」にみえる「結援」の語は、石井の研究では有事の際の援助の約束を意味し、渤海使の来日目的を考える重要なキーワードであるが、新たに刊行された新日本古典文学大系『続日本紀二』（岩波書店、一九九〇年）が蓬左文庫本に従い「結授」としたため反論し、「結授」の出典は見つけられず「結援」で理解するべきとした（論文19）。さらに、二〇〇一年の著書『日本渤海関係史の研究』では、天平の遣唐使平群広成の登州出航を天平十年（七三八）でなく天平十一年とした論文8への濱田耕策・古畑徹からの批判に答えた「補論」を載せる（論文24）。このように過去の研究と向き合い続ける粘り強い姿勢もまた石井の研究の特徴といえるだろう。

(四) 新境地を求めて

著書『日本渤海関係史の研究』の刊行は石井の日渤関係史の大きな区切りとなった。【年表】からもわかるように、著書刊行後の渤海関係論文は少ない。僅かな渤海関係論文も新境地を求めたものだった。

石井の新境地が顕著に表れるのが次の二つの論文である。一つは冷泉家旧蔵（現在は宮内庁書陵部蔵）藤原定家書写の『長秋記』の紙背に書かれた「高麗・渤海相並事…」で始まる書状に関する論文29・30であり、もう一つは道教の一切経に当たる「正統道蔵」収録の『金液還丹百問訣』にみえる渤海商人李光玄《りこうげん》に関する論文31である。

論文29・30は扱うテーマは同じだが、論文29は韓国で開催された高句麗研究会国際学術大会での報告を韓国の雑誌に掲載したもの（日本語・韓国語併記）で、論文30は同じ内容を「文書の考証に重点をおいて」改めて発表したもの（論文30注3より）である。藤原定家が『長秋記』を書写したのは鎌倉初期の嘉禄元年（一二二五）頃とされ、九二六年の渤海滅亡よりかなり後である。紙背の書状については、先行研究もあり翻刻もされているが、石井は再度原本を調査し、本文を校訂し解釈を試みた。その結果、文書は書写された当時の高麗の外交問題に関する内容とする先行研究に反し、定家が『源氏物語』の注釈を編むにあたり、桐壺巻に出てくる「高麗人」について、「高麗と渤海は相並んで存続していたと考えてよいのか」という質問に対する回答を書いたものという新説を示した。

論文31では、『金液還丹百問訣』を再度読み直し、先行研究が李光玄と唐人道士がともに「新羅・渤海・日本諸国を巡歴した」と解釈した部分を、道士が「朝夕李光玄と語り、新羅・渤海・日本諸国を巡歴しようとする自らの予定を話した」と理解し、李光玄は日本には来ていないことを示した。いずれも史料が少ないと言われる渤海史研究において、新史料を丁寧に読解した石井らしい論文、石井にしかできない研究である。

(五) 残された課題

石井自身は渤海史の基本問題に、王位継承、支配構造、東アジアないし東北アジア史上への位置付けの三点を挙げ、これらについて「今後に残された論ずべき課題は多い」としている（『日本渤海関係史の研究』序説一二・一三頁）。これら渤海史固有の課題は重要であるが、ここでは石井の日渤関係史研究の成果を踏まえた課題を設定したい。

石井が日渤関係史の画期とするのは天平宝字年間と宝亀年

間である。前者については、上述のとおり渤海の対日外交が政治目的から経済目的へ変化した時期と位置付け（論文3）、酒寄雅志も新羅への警戒から天平宝字年間の日渤外交を論じ同様の指摘をする。[4] いわば天平宝字期の画期は、東アジアの動的な国際関係から生じたといえる。石井は「天平宝字期に変節点があり、宝亀以後明確に交易中心へ移行する」とも述べ（論文4注57）、天平宝字期から宝亀年間への流れにも注目する。

一方、宝亀年間は外交制度の画期として捉えている。宝亀初年は天武系から天智系への皇統の変化など国内政治の重要な転換期でもあり、石井は光仁朝の外交姿勢を「これまで以上に強硬な華夷秩序遵守の要求」と称し、財政緊縮のなかで外交制度も簡素化されたとして、具体例に来着地による外交文書の開封を挙げる（論文13）。

この外交文書の開封については、「国書開封権」という概念の設定がその後の研究に大きな影響を与えた[5]（論文1。論文11で「外交文書調査権」と改称）。詳細は別稿に譲るが、石井は、外国使節来着時に中央から派遣される使者が国書を開封して内容を調査する権限が、宝亀年間に大宰府と諸国に付与されたとした。これを受けて田島公は、来着地で外交文書が開封され、入京前に内容がわかるようになると、宮中での国書受納儀に天皇が出御しなくても、太政官の代行で済ますことができるとして、天皇から太政官へ外交権が推移していく過程を外交儀礼（賓礼）の分析から論じた。[6] また、森公章は、大宰府への「国書開封権」付与により大宰府に存問使が派遣されなくなり、大宰府独自の存問機能が確立したと述べた。[7]

しかし、別稿で述べたように、現在の研究では一概に「国書（外交文書）」といっても、外交儀礼において重要な君主間文書と、事務的な内容の役所間文書とでは性格が異なることや、新羅からの君主間文書がもたらされなかったことが明らかにされている。[8] 実際、宝亀十年の新羅使来日時に、もし上表があれば大宰府に開封して写し取るよう命じたものの、上表文はもたらされず大宰府は新羅王の文書を開封していない。[9] また、別稿では、大宰府は来日使節の所持品に外交文書があれば、函書きなど外見から観察した内容を詳細に中央に報告するが、自発的に開封したのは原則大宰府宛の文書のみであると論じた。したがって、来着地での君主間文書の開封が確認できるのは、石井が来着国司が開封したと解釈する宝亀四年[10]と、太政官符で国司に開封を命じた天長五年[11]のいずれも渤海の事例である。国司が開封権を有していたと考えるより、命令を受けて開封したとみるべきで、石井の見解に基づく諸説も再考が必要となる。

ところで、論文1は、渤海使を迎える縁海諸国にも外交文書を開封する権限が与えられたため、大宰府の外交機能の特殊性のみを過大評価すべきでないと結ばれており、渤海使に北路来朝を禁じ大宰府入航を示した「北路来朝の禁」の問題でも大宰府の外交機能に言及している。以下でこの問題について検討したい。

二、北路来朝の禁をめぐって

(一) 基本史料

まず、「北路来朝の禁」に関する基本史料をみてみたい。

A　『続日本紀』宝亀四年（七七三）六月戊辰（二十四日）条

遣レ使、宣二告渤海使烏須弗一曰、「太政官処分、前使壱万福等所レ進表詞驕慢。故告二知其状一、罷去已畢。而今能登国司言、『渤海国使烏須弗等所レ進表函、違レ例无礼』者。由レ是、不レ召二朝廷一、返二却本郷一。但表函違レ例者、非二使等之過一也。渉レ海遠来、事須二憐矜一。仍賜二禄并路粮一放還。又渤海使、取二此道一来朝者、承前禁断。自レ今以後、宜下依二旧例一、従二筑紫道一来朝上」。

B　『続日本紀』宝亀八年（七七七）正月癸酉（二十日）条

遣レ使、問二渤海使史都蒙等一曰、「去宝亀四年、烏須弗帰二本蕃一日、太政官処分、『渤海入朝使、自レ今以後、宜下依二古例一向中大宰府上。不レ得下取二北路一来上』。而今違二此約束一、其事如何」。対曰、「烏須弗来帰之日、実承二此旨一。由レ是、都蒙等発レ自二弊邑南海府吐号浦一、西指二対馬嶋竹室之津一。而海中遭レ風、着二此禁境一。失レ約之罪、更無レ所レ避」。

C　『続日本紀』宝亀十年（七七九）十一月乙亥（九日）条

勅二検校渤海人使一、押領高洋粥等、進表無礼、宜レ勿レ令レ進。又不レ就二筑紫一、巧レ言求レ便。宜下加二勘当一、勿レ令中更然上。

D　『続日本紀』宝亀十一年（七八〇）七月戊子（二十六日）条

勅曰、筑紫大宰、僻二居西海一、諸蕃朝貢、舟楫相望。由レ是、簡二練士馬一、精二鋭甲兵一、以示二威武一、以備二非常一。今北陸之道、亦供二蕃客一、所レ有軍兵、未二曾教習一、属レ事徴発、全無レ堪レ用。安必思レ后、豈合レ如レ此。宜下准二大宰一依レ式警虞上（下略）。

史料Aは、宝亀四年に能登国に来着した渤海使烏須弗《うすふつ》らに対する太政官処分である。「前使壱万福」は、宝亀二年来日の渤海使で、持参した表が無礼であるため、表を改ざんし陳謝することで賓待を許された。[12] 今回、能登国司が「所レ進表函、違レ例无礼」と報告したので、烏須弗らは入京せずに禄と路粮が支給され帰国することになる。これが太政官処分の一点目であり、二点目が傍線部のいわゆる「北路来朝の禁」である。すなわち、渤海使が「此道」で来朝することは「承前禁断」されているため、今後は「旧例」に拠り「筑紫道」から来朝するように命じたものである。

史料Bは、烏須弗に続き宝亀七年に来日した渤海使史都蒙《しともう》に対する存問使の尋問記事である。史都蒙は光仁即位を祝い、また渤海国王后の喪を伝えるため一八七人で来朝したが、「比レ着二我岸一、忽遭二悪風一、柂折帆落、漂没者多。計二其全存一、僅有二卌六人一」(13)という状態で越前国加賀郡に安置された。存問使の問いに史都蒙は、約束を守り「対馬嶋竹室之津」を目指したが風に流されて「禁境」に来着してしまったと回答し、結局入京が許される。史料Bにみえる太政官処分は史料Aのそれを指すが、A・Bの傍線部では文章が異なり、史料BよりAの「此道」が「北路」を、「筑紫道」が「大宰府」を示すとわかる。「北路」は、後述のように、北陸もしくは出羽を含む北陸道以北として解釈されている。

史料Cは、出羽国に安置され「軽微」を理由に放還することとなった高洋粥《こうようしゅく》(弼)ら渤海人と鉄利人三五九人に派遣された検校渤海人使への勅であり、傍線部では渤海人らが大宰府に入航しなかったと非難されている。しかし、「北路来朝の禁」が確認できるのはこの三つの史料のみで、Cの翌年にあたる史料Dでは、傍線部のように北陸道に蕃客の来朝が想定されている。また、この後、北陸に来着した渤海使に大宰府入港を求める記述はなく、『日本後紀』延暦二十三年(八〇四)六月庚午(二十七日)条には、「勅、比年渤海国使来着多。在二能登国一、停宿之処、不レ可二疎陋一。宜三早造二客院一」とあり、北陸への来着が公認されている。

(二)新妻説と石井説

まず、石井に先行する新妻利久の見解(14)をみてみたい。

新妻は、「北路」を北陸と解釈したうえで、養老職員令大宰府条の大宰帥の職掌に「蕃客・帰化・饗讌事」があり、大国条の「壱岐・対馬・日向・薩摩・大隅等国」に「惣二知鎮捍・防守・及蕃客・帰化一」の規定があるため、史料Aの「承前禁断」「依二旧例一」がこれらの令の規定を指すとして、「事実は別として、筑紫道が来朝の規定航路で、北路は渤海国使のみならず、すべての蕃客に対しては禁境であった」と述べる。そして、「従来の渤海使は禁令を破って禁境に来朝し、朝廷も亦渤海国の地理的事情から、黙認していた」が、史料D以後は、「筑紫道と共に北路も蕃客に対して、来朝を許可した」として、史料Dにより「北路来朝の禁」が解除されたとみなした。

これに対して石井は、論文1で「職員令に規定があるからといって、そこ（大宰府）のみが許された入港地とし、先の禁令（史料A）をその証左とするには、未だ再考すべき余地がある」（（　）内は引用者注）と、新妻説に疑問を投じた。そして、新妻が「事実でない」とした史料Aの「承前禁断」を、違例・無礼が多く指摘された宝亀二年の渤海使壱万福に対して初めて北路来朝が禁止されたと理解した。その根拠として、壱万福が三二五人、船十七隻という異例の大人数で来日したこと、また「出羽国賊地野代湊」に来着したが、ただちに常陸国へ移されたことを挙げ、常陸での安置を「渤海使の賊難に罹るのを未然に防ぐ為の処置」であり、かつ渤海使の「賊地到着を以て蝦夷と紛糾を生じ、叛乱の導火線となるのを避ける為の処置でもあった」として、蝦夷の叛乱が北路来朝を禁じた最大の原因であると論じた。

また、壱万福に託された光仁天皇の慰労詔書に「昔高麗全盛時」「高氏之世、兵乱無休…」(15)など高句麗時代の例を意識した表現や、壱万福の持参した渤海王の書が無礼なので賓待を拒んだ強硬な態度をもとに、大宰府来航を表す「旧例」（史料A）や「古例」（史料B）は、新妻の言う令の規定ではなく、高句麗時代の朝貢例を指し、渤海に朝貢を強要する日本の中華意識に拠る措置とした。

さらに、史料Dについては、「近年では北陸方面も外交使節を迎えるようになっているという現状を述べたもので、北路来朝が解禁されたとか、方針が変更されたということではなく、大宰府入航を指示しても、現実には困難であることを、日本側も認識していたことを示す」（論文11）として、「北路来朝の禁」の解除とする新妻説を否定した。

このように、石井は「北路来朝の禁」を蝦夷政策と渤海への中華意識の両面から当時の政府が判断したものとし、令制に基づくとする新妻説を否定した。その後、論文11では大宰府入航について、外交使節迎接の経験と迎賓館の設置という理由を追加している。なお、「北路」については、「範囲は必ずしも明確でないが、今はしばらく北陸道方面と解しておく」と論文1の注で述べている。

（三）石井説の評価

大宰府のみが許された航路だったわけではないという石井の指摘は妥当であろう。しかし、石井は論文1で大宰府入航を中華意識でのみ説明し、大宰府の外交機能を過大評価すべきでないとしながら、後に論文11で蕃客の管理面と設備面から大宰府の入港を説明しており、管理と設備を大宰府の外交機能として評価したことになる。

大宰府の外交機能については、外交文書の開封ばかりが注目され、「北路来朝の禁」から論じたものは少なく、僅かに浅香年木が、大宰府来航は政府が渤海との交易活動を統制・掌握するためであると説いたに過ぎない。[16] しかし、浅香の論点が古代北陸の地域史であるため、大宰府の外交機能や大宰府交易を十分に論じるには至らなかった。

このようななか、最近、「北路来朝の禁」を正面から論じた赤羽目匡由と鄭淳一の論文が発表された。[17] 赤羽目論文はこの問題の専論で、鄭論文は宝亀年間の縁海警固（沿岸警備）に注目して「北路来朝の禁」に言及する。このうち、大宰府入航について石井の中華意識説を補強するのが赤羽目である。

赤羽目は、蝦夷を避けるなら北陸道への来着は問題とならないことや、史料Cで高洋粥らが出羽国に留め置かれていることから石井の蝦夷接触回避説に反論する。そして、「北路来朝の禁」は大宰府への入航を促すことに眼目があるとしたうえで、大宰府入航の現実的な意味を否定し、渤海に日本への朝貢を要求するための建前であったとする。石井は「旧例」「古例」を高句麗時代の例とするが、単なる高句麗使であれば越にも来着している。それを、七世紀に大宰府経由で来日した高句麗使――実際は新羅領内にある安勝の報徳国からの使――の例に限定した点で石井説を補うものである。また、『延喜玄蕃式』新羅客入朝条にみられる難波での迎接儀礼と高句麗帰伏も含む神功皇后の新羅征討説話を結び付け、大宰府から難波津経由での入京路に朝貢路としてのイデオロギー的性格を想定する。

一方、鄭は軍備の手薄な北陸道に縁海警固を拡大する宝亀十一年の勅（史料D）を境に、渤海使の来着も縁海警固の方法で対応されたとして、それ以前の北路来朝を禁じた段階からの変化を指摘する。北路来朝を禁じた理由は、出羽や北陸には外交使節を迎える体制が整わず、石井の論文11同様、接客や入国管理ができる大宰府に誘導したとする。

両論とも、大宰府のみが許された入港地ではなく、北路来朝が禁じられたのは宝亀二年とするなど、石井説を継承する点は多い。だが、鄭は大宰府をめぐる来航新羅人の問題に端を発しているため、渤海使の大宰府入航を現実的な問題として捉え、建前のみとする赤羽目説とは対照的である。また、赤羽目は北路来朝問題の専論であるが、大宰府の外交機能は論じていない。

鄭が指摘するように、宝亀五年には大宰府四天王寺の建立や新羅からの流来者の送還の義務付けなど、新羅を意識した政策が顕著である。[18] では、そのような新羅への警戒が強い時期に、石井や鄭の言うように客館があるという理由で大宰府に渤海使を誘導するだろうか。九世紀にも渤海使は郡家や「便処」に滞在している。また、新羅と渤海の使者は同時期に入京したり、外交儀礼に同席したりすることはなく、意図的に避けられていたと思われる。そこで改めて、渤海使の大宰府誘導の理由を考えてみたい。

(四)再考・北路来朝の禁

まず、赤羽目・鄭両氏があまり触れていない政治史の側面から、「北路来朝の禁」を考えたい。

宝亀初年には、光仁天皇の即位や皇太子山部親王(のちの桓武天皇)の擁立に関与した藤原式家が台頭する。宝亀二年に藤原良継が内臣に就任して以降、宝亀八年九月に薨ずるまでの期間は「藤原式家体制(式家主導体制)」とされ[19]、宝亀四年の「北路来朝の禁」は式家の外交政策とみられる。

式家体制の政策は、平準署や内豎省、外衛府など藤原仲麻呂政権以降の令外官を廃止し、財政緊縮に努めたことが知られる[20]。渤海外交についても、仲麻呂政権からの方針転換が想定される。著者はかつて、仲麻呂政権の渤海外交が仲麻呂の政治手腕に拠り展開され、その反動から宝亀年間の渤海外交が硬直化したと考え、渤海使の大宰府入航を「外交の窓口を大宰府とする律令国家の制度を、渤海にも例外なく適用する動き」と論じたが[21]、渤海外交の制度化の趣旨で、大宰府のみが規定入港地ではないとする石井説に異論はない。

また、式家と大宰府との関係にも注目すると、式家の祖藤原宇合は、天平年間に西海道節度使や大宰帥を務め、博多津や壱岐・対馬などの不虞に備え警固式を定めた。この警固式は、天平宝字年間や宝亀年間にも使用され、宇合以来、大宰府や西海道諸国が式家と緊密な政治的・軍事的関係を築いていたことが指摘されている[22]。宝亀初年における宇合の子良継、百川、蔵下麻呂の相次ぐ大宰帥任命は、式家体制が大宰府を重視した結果であろう。

大宰府には、筑紫大宰の時代から外交機能と軍事機能があり、両者は時代に応じて濃淡を変えながら変遷を遂げてきた[23]。仲麻呂政権は北陸で渤海外交を展開し、大宰府では安史の乱への警戒を強め、新羅征討も計画した。大宰府の軍事・国防機能は、新羅を意識した対策が顕著になる宝亀初年には、式家本来の軍事的基盤もあり強化されたとみられる。

このような大宰府における式家の地縁を考えると、渤海使の大宰府入航は、渤海外交を大宰府の外交範囲に組込み、外交と軍事を大宰府で一括管理する目的があったのではないか。大宰府の外交機能は、軍事機能と密接であり、今後はその点を含めて検討する必要があるだろう。ただし、大宰府への渤海使入航は航路上も軍事上も現実的とはいえない。赤羽目が建前としたように、小稿でも式家体制を構築するにあたってのパフォーマンスとみることにしたい。石井や赤羽目のイデオロギー説にも同様の性格が想定できるのではないか。

次に、「北路」については、新妻・石井が「北陸（北陸道方面）」、赤羽目が「出羽国を含む北陸道以北」と、国内の地域として捉えていたが、鄭は「日本列島の「北」（出羽及び北陸道の国々）に到る航路」と解釈している。小稿でも「北路」を、沿海州から北海道西岸を経て男鹿半島に到る北回り航路と理解したい。この行路は七世紀以前からの伝統的航路で[24]、天平十八年（七四六）是歳条や史料Cにみえる渤海人と鉄利人の大人数での出羽来着も、靺鞨部が渤海を背景に日本と交易を行うためとみられている[25]。天平十八年の渤海人・鉄利人は千百余人、史料Cも三五九人、壱万福は三二五人といずれも大規模な使節であり、北路で来朝した渤海使には北方交易の目的があったと思われる[26]。

渤海使の北方交易の実態は不明であるが、天平年間から蝦夷と百姓との私交易が行われていた[27]。藤原仲麻呂の東大寺領荘園を通じた北陸経営からは、仲麻呂の勢力が北陸に及んでいたことが知られる[28]。造東大寺司官人が越前国の郡司の綱丁として秋田城に出向いていた史料も残されており[29]、仲麻呂政権が北陸を足掛かりに蝦夷や渤海と北方交易を行っていた可能性が考えられる。出羽国野代湊に来着した壱万福らを常陸国に移しているのは、石井の指摘するように蝦夷との接触を回避するためであろうが、その内実には渤海使が出羽国内で交易するのを回避する目的も含まれていたのではないか。上述の大宰府入航を「渤海との交易活動を統制・掌握するため」とする浅香説も無視できない見解である。

以上、小稿では、「北路来朝の禁」をめぐる石井説を基本的には支持するが、大宰府の外交機能という点からはまだ論じる点が残されていると考えた。そして、渤海使の大宰府入航を、藤原仲麻呂政権からの転換と式家ゆかりの大宰府における外交と軍事の一括管理のためと考察した。ただし、実態との乖離から権力強化の演出としての性格が強く、また、北路来朝を禁じた背景に渤海使の北方交易の可能性もあると指摘した。その後、「北路来朝の禁」は権力が式家から北家に移り、なし崩しになったものと考えられる。結局、日渤外交は大宰府には集約されぬまま、現実的対応のなかで展開していくことになる。宝亀年間の画期は重要であり、大宰府の軍事機能の解明や外交機能との関係、蝦夷や渤海との北方交易の実態の把握は今後の課題である。

おわりに

小稿では、石井正敏の日本渤海関係史の業績を紹介し、その継承として「北路来朝の禁」を再考した。なお、石井の研究業績として、日本と新羅との関係史も忘れてはならない。とりわけ、九世紀半ばの貞観年間に起きた貞観地震と新羅海賊への脅威を扱った論文が少なくないことを付記しておく。

注

(1) 浜田久美子「渤海史研究の歩み――石井正敏氏・酒寄雅志氏の業績を中心に」（『歴史評論』六三四、二〇〇三年）。

(2) 中央大学石井正敏研究室のウェブサイト「プロフィール」の「メッセージ」（現在は閉鎖）。なお、「史料を忽せにしない姿勢」は中央大学大学院で学んだ飯田瑞穂に拠ると著書『日本渤海関係史の研究』のあとがきで述べている。

(3) 沼田頼輔『日満の古代国交』（明治書院、一九三三年）六二・六三頁の天平勝宝五年六月丁丑条「但省来啓、無称臣名」の解釈。この解釈は鳥山喜一・船木勝馬編『渤海史上の諸問題』（風間書房、一九六八年）にも引き継がれている（二四一頁）。

(4) 酒寄雅志「八世紀における日本の外交と東アジアの情勢――渤海との関係を中心として」（『渤海と古代の日本』校倉書房、二〇〇一年、初出は一九七七年）。

(5) 浜田久美子「大宰府における外交文書調査権――「国書開封権」研究の現在」（『ヒストリア』二六二、二〇一七年）。小稿で述べる「別稿」はこの論文を示す。

(6) 田島公「日本の律令国家の「賓礼」――外交儀礼より見た天皇と太政官」（『史林』六八―三、一九八五年）。

(7) 森公章「大宰府および到着地の外交機能」（『古代日本の対外認識と通交』吉川弘文館、一九九八年）。

(8) 河内春人「新羅使迎接の歴史的展開」（『ヒストリア』一七〇、二〇〇〇年）、中野高行「天平宝字八年七月甲寅条について」（『日本古代の外交制度史』岩田書院、二〇〇八年）。

(9) 『続日本紀』宝亀十年十月乙巳（九日）、宝亀十一年二月庚戌（十五日）条。

(10) 『続日本紀』宝亀四年六月丙辰（十二日）、戊辰（二十四日）条（後掲史料A）。

(11) 『類聚三代格』巻十八、天長五年正月二日官符、『類聚国史』巻一九四、天長五年二月己丑（二日）条。

(12) 『続日本紀』宝亀三年正月丁酉（十六日）、丙午（二十五日）条。

(13) 『続日本紀』宝亀七年十二月乙巳（二十二日）条。

(14) 新妻利久「第八章海路条令」（『渤海国史及び日本との国交史の研究』東京電機大学出版局、一九六九年）。

(15) 『続日本紀』宝亀三年二月己卯（二十八日）条。

(16) 浅香年木「古代のコシと対岸交流」（『古代地域史の研究』法政大学出版局、一九七八年）。なお、藤井一二『天平の渤海交流』（塙書房、二〇一〇年、一三九・一四〇頁）では、外交の一元的掌握と解す。

(17) 赤羽目匡由「渤海使の大宰府航路（朝鮮半島東岸航路）をめぐって」（『人文学報』五〇五、二〇一五年）、鄭淳一「縁海警固と「九世紀」の黎明」（『九世紀の来航新羅人と日本列島』勉誠出版、二〇一五年、初出は二〇一三年）。以下本文で記す赤羽目・鄭の論文はこれらに拠る。

(18) 『類聚三代格』巻二、宝亀五年三月三日官符、巻十八、宝亀五年五月十七日官符、『続日本紀』宝亀五年五月乙卯（五日）条など。三上喜孝「光仁・桓武朝の国土意識」（『国立歴史民俗博物館研究報告』一三四、二〇〇七年）、吉岡直人「宝亀年間の対外政策と大宰府外交――宝亀五年五月十七日太政官符を手

掛かりとして」（『立命館文学』六二四、二〇一二年）参照。

(19) 中川収「光仁朝政治の構造と志向」（『奈良朝政治史の研究』高科書店、一九九一年、初出は一九八五年）、木本好信「藤原百川」（『藤原式家官人の考察』高科書店、一九九八年、初出は一九九五年）。

(20) 中川収「光仁朝政治の構造と志向」（前掲注19論文）。

(21) 浜田久美子「藤原仲麻呂と渤海――遣唐使藤原清河の帰国策をめぐって」（『法政史学』八三、二〇一五年）。

(22) 木本好信「藤原宇合」（前掲注19著書、初出は一九九二年）。警固式の使用は『続日本紀』天平宝字三年三月庚寅（二十四日）、宝亀十一年七月丁丑（十五日）条にみえる。

(23) 倉住靖彦『古代の大宰府』（吉川弘文館、一九八五年）、田村圓澄「大宰府の職掌の二元性」（『古代東アジアの国家と仏教』吉川弘文館、二〇〇二年、初出は一九九二年）。

(24) 新野直吉『古代日本と北の海みち』（吉川弘文館、二〇一六年、初版は一九九四年）、小嶋芳孝「蝦夷とユーラシア大陸の交流」（鈴木靖民編『古代蝦夷の世界と交流』名著出版、一九九六年）、古畑徹「渤海・日本間の航路について」（『古代交通研究』四、一九九五年）など。北回り航路には、樺太を経ずに沿海州から直接北海道に渡るルートもあることが小嶋論文で指摘されている。

(25) 小嶋芳孝「蝦夷とユーラシア大陸の交流」（前掲注24論文）。

(26) 壱万福らが来着した「出羽国賊地野代湊」は、交易港と指摘される（簑島栄紀「古代出羽地方の対北方交流」『古代国家と北方社会』吉川弘文館、二〇〇一年、初出は一九九五年）。

(27) 『類聚三代格』巻十九、延暦六年正月廿一日。「一依二故按察使従三位大野朝臣東人制法一随レ事推決」から大野東人が按察使であった天平九年から十一年頃には実態があったことがわかる。

(28) 岸俊男「越前国東大寺領庄園をめぐる政治的動向」（『日本古代政治史研究』塙書房、一九六六年、初出は一九五二年）。

(29) 『大日本古文書』二十五―二六九、丸部足人解（天平宝字四年三月十九日）。

［III 継承と発展］

大武芸時代の渤海情勢と東北アジア

赤羽目匡由

あかばめ・まさよし――首都大学東京人文科学研究科准教授、淑徳大学人文学部兼任講師。専門は朝鮮古代史。主な著書・論文に『古代環東海交流史』2――渤海と日本（共著、明石書店、二〇一五年）、論文に「渤海使の大宰府航路（朝鮮半島東岸航路）をめぐって」（『人文学報』五〇五、二〇一五年）などがある。

石井正敏は、東北アジア情勢に大きな影響を及ぼした、大武芸時代の渤海情勢について「対日本外交開始前後の渤海情勢」と「日本通交初期における渤海の情勢について」という二つの論考を発表されている。本稿はこれら二つの論考で示された論点を検証し、それが今後の渤海史研究において占める位置を展望する。

はじめに

渤海第二代王大武芸《だいぶげい》（位七一八～七三七年）は即位するや、『新唐書』巻二一九・列伝一四四・北狄・渤海に「（大祚栄の）子の武藝立つや、土宇を斥大し、東北の諸夷は畏れて之に臣す」と伝えられるように、東北方に位置した諸族への征討を進めた。その過程で、渤海北方に位置し強盛を誇っていた黒《こく》水靺鞨《すいまっかつ》は渤海との対抗上、唐との通好を模索し、これに応じた唐は羈縻州である黒水州都督府を設置した。これを契機に渤海と唐との間に対立が生じ、渤海は突厥・契丹・奚と連携して、唐側についた新羅を巻き込み、遂に七三二年九月の登州（現在の山東省蓬莱市）への入寇に始まる唐との武力衝突、即ち唐渤紛争に至る。(1) 七二七年の第一回日本遣使も、以上の情勢に危機を感じた大武芸が、軍事的提携を求めて開始されたものであったという。(2)

このように、東北アジア情勢に大きな影響を及ぼした大武芸代の渤海情勢について、石井正敏は、A「対日本外交開始前後の渤海情勢」(3)と、B「日本通交初期における渤海の情勢について」[4]という二つの専論を発表している。このうちまずA論文は、張九齢作「勅渤海王大武芸書」全四首の作成年時に対する考証を通じて、当時の渤海から見た東北アジアの国際情勢を明らかにしたものである。ただし全四首各々について、なお有力な異見が提出されていて、今後の議論が要請されている。[5]次にB論文は、大武芸から子の大欽茂への王位継承年時の考証と、それに基づく対唐関係の回復時期の再検討を試みた論考であるが、論文発表後の金石文の発見により、[6]見解に修正を加える必要性を自ら表明していたものである。[7]

そこで本稿は、これら石井の二つの論考で示された論点を検証し、今後の渤海史研究において占める位置を展望してみたいと思う。具体的にはまず、石井がA論文で扱った張九齢作「勅渤海王大武芸書」全四首のうち、第四首の作成年時について私案を提示する。[8]そして残り三首のうち、特に争点となっている第一首の作成年時に関する石井の理解に、私案がどのような影響を及ぼすかについて言及する。次に以上の検討結果を援用して、B論文で石井が自ら課題として残していた、渤海の対唐関係回復時期に関する見解についても、筆者なりに考察を加えてみたい。石井の両研究を批判的に継承し、今後の渤海史研究の発展にいささかなりとも寄与することができればと思う。

一、張九齢作「勅渤海王大武芸書」第一・四首の作成年時について

七二〇～七三〇年代の唐と渤海との関係については、開元十年（七二二）の黒水靺鞨の唐への遣使と、続く唐による黒水州都督府の設置（開元十四年〈七二六〉）を契機とし、両者の親密化に対して大武芸が黒水靺鞨への征討を企てたことで、渤海国内において武芸と親唐派の王弟門芸とに対立が生じ、周辺諸国を巻き込んで先述の唐と渤海との紛争に至り、その後七三〇年代後半に両国関係が回復するとされる。[9]張九齢作「勅渤海王大武芸書」全四首は、こうした当時の唐・渤海関係の詳細を伝える根本史料として従来重視されてきたが、全四首の作成年時については論者により見解が分かれている。まず四首全ての年時を考定する主な見解を掲げれば**表1**のとおりである。[10]

四首は「勅」で始まるので、一般に詔勅と呼び慣わされる王言のうち論事勅書にあたる。すでに張九齢の官歴を検討して明らかにされているように、その起草に張九齢が与りえたのは、開元十年（七二二）二月から同十三年（七二五）十一月までの間と、同十九年（七三一）三月から同二十四年（七三六）十一月までの間とであった。[11]さらに全四首の内容からみ

表1　張九齢作「勅渤海王大武芸書」全四首の作成年時比定案

	第一首	第二首	第三首	第四首
金毓黻	開元15年(727)	開元21年(733)	開元25年(737)8月	開元21年(733) (第二首の後)
何格恩	開元20年(732)秋	開元24年(736)3月	開元24年(736) 冬以前	開元24年(736)4月
P.A.Herbert	開元20年(732) 9月以前	開元24年(736)晩春	開元20年(732) (登州入寇後)	開元24年(736)初夏
石井正敏	開元20年(732)秋 (7月頃)	開元24年(736)春 (3月頃)	開元24年(736)秋	開元24年(736)夏 (4月頃)
古畑徹	開元19年(731) 8・9月	開元23年(735)3月	開元23年(735) 8・9月頃	開元23年(735)4月
黄約瑟	開元20年(732) 8月(中旬後半)	開元24年(736)晩春	開元25年(737)冬	開元24年(736)夏
熊飛	開元20年(732)秋	開元23年(735)3月	開元23年(735)10月	開元24年(736)4月

て、この二つの期間のうち、唐と渤海との対立発生の契機となった七二六年の黒水州都督府設置以前である前者の期間に、全四首が作成された可能性はほとんどないとみてよい。**表1**に掲げた諸説がおおむね後者の期間を考慮したものとなっているのも当然といえよう。

その上で、改めて各首の具体的な作成年時の比定の相違を確認すると、大きく見て、第一首では金の見解はひとまず措き[12]、何・Herbert・石井・黄の四名と古畑との比定に一年の差異がある。第二首では、何・Herbert・石井・黄・熊の五名と古畑・熊両名との比定に一年の差異がある。第三首ではHerbertの見解はひとまず措き[13]、古畑・熊両名と何・石井両名と金・黄両名との比定が順に一年間隔で並ぶ。第四首では、何・Herbert・石井・黄・熊の五名と古畑との比定に一年の差異がある。

これらの見解の相違のうち、第二・三首の年時比定については今のところ筆者なりの成案がないので後考を期するとして、ここでは第一・四首について、第四首の作成年時に関して以前発表した私見に補足を加えつつ紹介することを通じて、第一首の作成年時にも言及してみたい。

筆者が従来の全四首に関する年時比定に疑問を抱いたのは、第一に、これらに従うと、各首の冒頭に登場する、大武芸の官爵のうちの羈縻州官が、短期間に目まぐるしく変化することになるからである。すなわち大武芸の羈縻州官を抽出するとそれぞれ、

第一首　忽汗州刺史
第二首　忽汗州都督
第三首　忽汗州都督
第四首　忽汗州刺史

となる。これを**表1**に掲げた諸見解に照らしてみると、およそ七三一～七三六年までの足かけ六年間に、Herbertの見解に従えば第一首（忽汗州刺史）→第三首（忽汗州都督）→第二首（忽汗州都督）→第四首（忽汗州刺史）と変遷することになり、金・何・石井・古畑の四名の見解に従えば第一首（忽汗州刺史）→第二首（忽汗州都督）→第四首（忽汗州刺史）→第三首（忽汗州都督）と、さらに熊の見解に従えば第一首（忽汗州刺史）→第二首（忽汗州都督）→第三首（忽汗州都督）→第四首（忽汗州刺史）と、それぞれ変遷することになる。ここでの都督と刺史との相違とは、皇帝の勅書中における宛先の人物の官銜であるので、その地位を示す本質的な称号の相違とみなされ、官品の差（大都督府と上州とで比較すると都督は従二品、刺史は従三品で二階の差）に端的に表れるように、都督が上、刺史が下の政治的地位の上下を示すとみられる。[14]つまり短期間に昇格と降格とを繰り返していたことになるが、それがいささか不自然に感じられたのである。

そこで従来の研究成果を参照しつつ、第四首を筆者なりに読み直してみたい。第四首の原文、書き下し文、簡単な語釈を掲げれば次のとおりである。原文は『文苑英華』明・隆慶元年（一五六七）刊本を底本とし、『全唐文』及び張九齢の文集である『曲江集』等で校訂したというA論文所載の石井のテキストに従う。

(a)『文苑英華』巻四七一・翰林制詔五二・蕃書四

【原文】

勅渤海王大武芸書四首　　張九齢

四

勅忽汗州刺史・渤海郡王大武藝。①卿往者誤計、②幾於禍成。③而失道未遙、聞義能徙、何其智也。④朕棄人之過、收物之誠、表卿洗心、良以慰意。⑤計卿既盡誠節、永固東藩、子孫百代、復何憂也。近使至、具知款曲。⑥兼請宿衛及替、亦已依行。⑦大郎雅等、先犯國章、竄逐南鄙、亦皆捨罪、仍放歸藩。卿可知之、皆朕意也。夏初漸熱。卿及首領・百姓等竝平安好。遣書指不多及。

【書き下し文】

忽汗州刺史・渤海郡王大武藝に勅す。卿は往者《さきに》計を誤り、禍《わざわい》の成るに幾《ちか》かりき。而るに道①を失うこと未だ遙かならず、義を聞きて能く徙るは、何ぞ其れ智《さと》きや。朕は人の過《あやま》ちを棄て、物の誠を収めれば、卿の洗心②を表し、良《まこと》に以て意を慰む。計るに卿は既に誠節③を盡し、永く東藩④を固むれば、子孫百代、復た何をか憂えんや。近ごろ使い至り、具さに款曲⑤を知れり。兼ねて宿衛及び替うるを請うも亦た已に依りて行えり。大郎雅らは、先に國章⑥を犯し、南鄙に竄逐⑦せしも亦た皆な罪⑧を捨《お》き、仍りて放ち⑨て藩⑩に歸せしむ。卿は之を知るべし、皆な朕の意なり。夏初⑪にして漸く熱し。卿及び首領・百姓ら竝びに平安にして好からんことを。書を遣わすに指《むね》は多く及ばず。

【語句】

①道…道義。②先心…改心。③誠節…まこと。④東藩…東方の藩屏（まもり）。ここでは渤海王が治める封国。⑤款曲…委細。⑥国章…国法。ここでは唐の法律。⑦竄逐…罪ある人を遠く逐いやること。放逐。⑧罪を捨き…罪をゆるす。⑨放ちて…ときはなつ。自由にさせる。⑩藩…ここでは渤海を指す。⑪夏初…夏の初め。四月。

注目される部分を見てゆくと、まず、(a)②は「禍が生じそうであった」と解釈できる。すなわち禍がまだ生じていないことになる。従来第四首はその内容から、別段疑問をもたれることなく、渤海による七三二年九月の登州入寇を経過して、唐と渤海との関係が回復する過程で作成された勅書と見なされてきた。しかし(a)②を重視すれば、第四首は七三二年九月の登州入寇以前に作成されたと考えることが可能である。しかも(a)③は「いまだ甚だしくは道義に外れていない」と解され、ここからも唐と渤海との関係が決定的に破綻する以前の状況を伝えていることがうかがえるのである。

もちろん、(a)①・④・⑤を通じて、以前過ちを犯した大武芸が改心したことを皇帝が嘉しているので、これを登州入寇と結びつけることは可能であり、実際そう解釈されてきた。しかし次に、この過ちを、七二六年の黒水州都督府設置以来の黒水靺鞨との対立とその結果生じた唐との関係悪化や、唐に亡命した門芸に対する武芸の排撃[15]といった、唐に対する渤海の間接的な敵対行為とみなす余地も十分にあろう。そしてその内容から七三二年九月の登州入寇以前の作成とみてよい第一首[16]には、「卿は能く過を悔い誠を輸《いた》し、禍を轉じて福と爲す。言は則ち已に順なれど、意は尚お執迷たり」とあって、第一首作成以前に大武芸が唐へ帰順の意思を示していることがわかる。これが(a)①・④・⑤の武芸の改心に相当するとも考えられるのである。

次に、(a)⑥の宿衛とその交替員に関する渤海の要請については、第二首の一節に、[17]

(b) ①所令大茂慶等入朝、竝已處分、各加官賞。想具知之。②所請替人、亦令還彼。

〈大茂慶らをして入朝せしむる所は、竝びに已に處分し、各《お》の官賞を加えり。想い、具さに之を知れ。所請替人、亦令還彼〈訓読は後述〉〉

とあることに対応すると考えられてきた。第二首は、その内容から登州入寇後、両国関係が改善する過程で出されたと見てよい。[18] 内容に入ると、(b)②の宿衛交替員の要請に関する解釈については、「請う所の替人も亦た彼《か》に還らしむ」と訓読して、(b)①の渤海使大茂慶が朝貢再開後第一回目の使者として唐へ派遣され宿衛に就いた後、別の渤海使（大蕃）が彼の交替要員として来唐した際に第二首が発給され、唐は交替を認めず大茂慶とともに帰国を命じたとする石井の意見がある。[19] 一方、(b)②を「替うるを請う所の人も亦た彼に還らしむ」と訓読し、(b)①の渤海使大茂慶が渤海の謝罪帰順の申し出を伝え、この申し出に対し以前から宿衛として唐に留まっていたが、宿衛を交替して欲しいと要請していた人物を帰国させることを唐が命じたもの、とする古畑の意見もある。[20] そしてその宿衛交替要請と要請した人物とを伝えるのが(a)の⑥・⑦であり、後者の人物とは大郎雅であるという。

これら二つの見解は、いずれも第二首→第四首の順で発給されたことを前提としたものである。その上で第二首と第四首とが伝える宿衛とその交替員に関する記述が、同一の事実を述べているとすると、いずれの見解も説得力があるがなお問題が残るように思う。まず石井の理解によると、第二首で唐は渤海の宿衛交替要請を断っているにもかかわらず、第四首の(a)⑥で宿衛とその交替の件について、すでに要請どおりに処置したと返答しており、[21] 矛盾が生じる。次に古畑の理解については第一に、第二首の(b)②と第四首の(a)⑥とによると、第四首発給時点で宿衛交替は完了したことになっているにもかかわらず、交替した宿衛員を大郎雅と見なすと、完了した宿衛交替とは別途に(a)⑦で、第四首発給時に大郎雅が「歸藩」、すなわち帰国させられているかの如く述べているのがいささか気にかかる。第二に、大郎雅が宿衛員である確証がない点である。『冊府元亀』巻九七一・外臣部・朝貢四には「（開元）十八年（七三〇）正月、（中略）靺鞨、其の弟の大郎雅を遣わし來朝せしむ。正を賀し、方物を獻ぜしむ」とあるのみで、大郎雅を宿衛とはしない。もっとも実際に宿衛だった可能性もあるが、大郎雅の入唐の直前にも大胡雅・大琳の宿衛入朝が認められ（**表2**参照）、かつ彼ら二人は大郎雅入唐時に宿衛に留まっていた可能性が高い。大郎雅が彼ら二人と重複して七三〇年以来、唐渤紛争終結まで宿衛員として唐に留まっていたとするには、疑問を差し挟む余地がある。

こうした問題が生じるのは、第二首と第四首との宿衛及びその交替員に関する記述が、同一の事実をいうと前提することにある。その前提を外し、第二首(b)②の宿衛交替を要請した人物と、第四首にいう宿衛交替を要請した人物（古畑説によれば大郎雅）とを切り離して解釈することはできないであろうか。

表2　渤海の宿衛員（玄宗期を中心に）

年	月	目的	使者名	本国身分	備　考
（神竜元(705)		質子	大門芸	王子	開元初帰国）
開元6(718)	2	宿衛	大述芸	王子	帰国不明
開元13(725)	5	宿衛	大昌勃価	王弟	727年帰国
開元14(726)	3	朝貢・宿衛	大都利行	嗣子	728年在唐客死
開元17(729)	2	朝貢・宿衛	大胡雅	王弟	帰国不明
開元17(729)	8	宿衛	大琳	王弟	帰国不明
（開元18(730)	正	朝貢・賀正	大郎雅	王弟	宿衛か？）
開元27(739)	2	宿衛	大勗進	王弟	帰国不明
天宝2(742)	7	宿衛	大蕃	王弟	帰国不明

※古畑注1b論文の表Ⅰ・Ⅱを参考に作成。

宿衛員ではないと見られる大郎雅が、長期間唐に留まるのは不審である。第四首の(a)⑦にあるとおり、大郎雅が国法を犯し嶺南に流されていたためとも考えられるが、渤海からは大郎雅の入唐以後も七三一年十月までに五回にわたり唐に使節が派遣されており、わざわざ唐渤紛争の終結を待って始めて、唐が大郎雅の消息を伝えたと見るのもいささか苦しい。(22)

以上の批判が当を得たものであるならば、強いて第二首と第四首とが近接した時期に作成されたと考える必要はないであろう。

そこで筆者は、第四首を第二首と同じ唐渤紛争後ではなく、第一首と同じく紛争前である七三二年九月以前に作成されたと想定してみたいのである。さらに唐が大武芸の行動を強く非難し、軍隊派遣も辞さないとの威嚇を加える第一首の内容(23)と比較して、史料(a)の③・④・⑤に見える如く唐への帰順を伝える第四首が、第一首より後に作成・発給されたとは思えないので、両者の作成順は第四首→第一首の順であったと考えられる。残る第二首と第三首の作成順は、大方が想定されるとおり（**表1**参照）、第二首→第三首だったとみてよいと思われる。それゆえ全四首の作成順は、第四首→第一首→第二首→第三首となり、羈縻州官の変遷も刺史→刺史→都督→都督と推移したことになる。こう見れば羈縻州官の目まぐるしい変動も解消され、関係改善に伴い官爵が回復したと無理なく解釈することが可能となるのである。

これまで拙稿の論点のうちの一つを、補足を加えつつ紹介してきた。そこで次に、一歩進んで第一首と第四首の具体的な作成年時について言及してみたい。先述のようにこの二首については、古畑とその他論者との見解に一年の差異があり、特に石井と古畑との間で議論が続いている。(24) 第四首を七三二年九月以前、かつ第一首以前の作成と見る私案をこの議論に当てはめて解釈するとどうなるか試してみよう（以下、**表1**も併せて参照されたい）。

繰り返しになるが、全四首を張九齢が起草し得た期間は、開元十九年（七三一）三月から同二十四年（七三六）十一月までの間であり、第四首には「夏初」即ち四月の一句が見える。従って第四首の作成年時は、七三一年四月か、七三二年四月かのいずれかに絞られる。

順は前後するが、第一に第四首の作成年時を七三二年四月と仮定してみると、古畑の第一首作成年時案だと、第一首→第四首の順となってしまうので、候補から外れる。石井の第一首作成年時案の七三二年秋（七月頃）は、七三二年四月より後なので一応可能性はなくはないが、わずか約三ヶ月で唐への帰順（第四首）から唐からの強い批難・威嚇（第一首）へと情勢が急変したとは考えにくい。従って、第四首の作成年時を七三二年四月と想定することは極めて困難であると言えよう。

それゆえ第二に、第四首は七三一年四月作成と見なすべきであろう。そこで第一首の作成年時に関する、古畑案と石井案のいずれがより妥当かであるが、古畑案の七三一年八・九月に従うと、やはりわずか約四、五ヶ月で情勢が急変したことになり無理が生じる。一方、石井案の七三二年秋（七月頃）に従えば、第四首との間に約一年三ヶ月の時間の経過が想定でき、その間に情勢変化があったとしてもさほど無理は生じないように思う。筆者は、第四首の作成年時を七三一年四月と見なし、第一首のそれについては石井の主張する七三二年秋（七月頃）という案を支持する。そして、渤海と唐との衝突過程における一臨界点を伝える第一首の作成年時の考定は、単に両国のみならず、黒水靺鞨・奚・契丹そして新羅・突厥といった東北アジアとその周辺諸勢力の動向を理解するのに、多大な影響を及ぼすのである。
以上、張九齢作「勅渤海王大武芸書」の作成年時に対する筆者なりの再吟味を通じて、改めて石井の見解を支持することとなった。

二、大武芸から大欽茂への王位交替期の唐・渤海関係について

前章で扱った張九齢作「勅渤海王大武芸書」全四首が発給されたのち間もなく大武芸は世を去り、その子大欽茂が即位する。この両王交替の年次については、諸史料で開元二十五年（七三七）と翌同二十六年（七三八）と、所伝が分かれている。この点について石井はB論文で[25]、『資治通鑑』巻二一四・唐紀三十・玄宗開元二十六年（七三八）年条に、

(c) 八月辛巳、勃海王武藝卒、子欽茂立。
（八月辛巳、勃海王武藝卒《しゅっ》し、子の欽茂立つ）

とある記事を重視し、武芸卒去・欽茂即位を伝える記事と、参考としてこれ以前の王位交替である祚栄卒去・武芸即位に関する記事とを吟味することを通じて、(c)が伝える年月日を「武芸卒去の日、乃至その報が唐廷に伝わった日」とし、「武芸の卒去は開元二十六年八月を遠く隔たらぬ時期」とした。さらに月次の八月は閏八月の誤りであることを指摘する。

以上の武芸の在位期間についての再検討の結果を踏まえ、『唐会要』巻三六・蕃夷請経史の、

（開元）二十六年六月二十七日、渤海遣使、求寫唐禮及三國志・晉書・三十六國春秋。許之。
（二十六年六月二十七日、渤海、使いを遣わし唐禮及び三國志・晉書・三十六國春秋を寫さんことを求む。之を許す）

という記事の意義に再考を迫った。すなわち、従来このときの遣使は大欽茂による文化的事業の一端であって、武芸の強硬政策から、文化的友好的関係への対唐姿勢の変化を示し、欽茂による文治政治の第一歩と評価されてきた。しかし実はこの遣使は武芸によるものであって、紛争を経て対唐強硬政策の限界を知り、また自国を取り巻く周辺国際情勢の変化により、唐との関係改善を企図する政治的意味を帯びた行為とみなしたのである。

しかしその後一九八〇年十月、大欽茂の第四女貞孝公主の墓誌が発見され[26]、大欽茂の卒去年が明らかになった。「貞孝公主墓誌」には、

粤以大興五十六年夏六月九日壬辰、終於外第。春秋三十六、謚曰貞孝公主。其年冬十一月二十八日己卯、陪葬於染谷之西原。禮也。
（粤《ここ》に大興五十六年夏六月九日壬辰を以て、外第に終わる。

春秋三十六、謚して貞孝公主と曰う。其の年の冬十一月二十
八日己卯、染谷の西原に陪葬す。禮なり）

との一節が記される。すでに日本史料である『類聚国史』巻一九三・殊俗部・渤海上の延暦十五年（七九六）四月戊子条に引く、渤海使呂定琳がもたらした大嵩璘（欽茂の孫で第五代王）の「喪を告ぐる啓」に「祖の大行大王（大欽茂のこと）は、大興五十七年三月四日を以て薨背せり」とあって、大欽茂の卒去年が「大興五十七年」であることは周知のことであったが、それが具体的にいつに当たるかが確定できなかったのである。

「大興」とは大欽茂の年号であり、欽茂の卒去後に即位した大嵩璘が唐より冊封を受けた貞元十一年（七九五）以前で、かつ「貞孝公主墓誌」にみえる二つの日付・干支を持つ年は、貞元八年（七九二）である。従って、大興五十六年は七九二年、大欽茂が卒去した大興五十七年は七九三年であって、ここから遡って大興元年は開元二十五年・七三七年となる。大武芸の在位が開元二十六年・七三八年にかかる余地はないのである。そして開元二十五年・七三七年が大欽茂の即位年と見られている。[27]

以上によって石井の大武芸卒去年開元二十六年説と、それをもとにした唐礼・諸史書請求を大武芸によるものとする見解とは、成立しえなくなった。先述のように、石井がB論文の修正の必要性を自ら表明していたのは、こうした事情からと見てよい。しかし私見によれば、大武芸＝武断政治、大欽茂＝文治政治といった構図を批判し、大武芸が在位最末期に対唐関係改善、和平への道を歩み始めたとする論点は、今後も十分に学術的批判に耐えうるのではないかと思う。

石井自身がすでに言及するように、前章で扱った張九齢作「勅渤海王大武芸書」全四首のうち、まず第二首に、

(d) 又近得卿表云、「突厥遣使、求合擬打両蕃」。奚及契丹、今既内屬。而突厥私恨、欲讎此蕃。
（又、近ごろ卿の表を得るに云う、「突厥、使いを遣わし、合わせて両蕃を打つを擬さんと求む」と。奚及び契丹は、今ま既に内屬せり。而るに突厥は私《ひそ》かに恨み、此の蕃に讎《むく》いんと欲す）

という一節が見える。両蕃とは奚・契丹を指す。この一節は、既に唐の傘下に入った奚・契丹を、突厥が力を合わせて攻撃しようと渤海に提案してきたことを、渤海が唐に通報したことを伝えるものである。[28] 渤海の積極的な対唐協力、それを通じた関係改善への強い意志をうかがうことができる。次に第三首には、

(e) 多蒙固所送水手及承前没落人等來。
（多蒙固の送る所の水手及び承前に没落せし人ら來たる）

の一節が見える。多蒙固は『冊府元亀』巻九七五・外臣部・褒異二に「(開元)二十五年八月戊申、渤海靺鞨の大首領多蒙固、來朝す」とある人物にあたり、年次の開元二十五年は二十四年の誤りとされる。これよりさき唐渤紛争の際に渤海の手に落ちた水夫を始めとする唐人の捕虜を多蒙固が送り届けたことを伝えるのである。[29] ここにも武芸の対唐関係改善への強い意志をうかがうことができる。

前章で述べたように、第二首・第三首ともに七三二年九月の渤海の登州入寇後、唐・渤海関係回復の過程で発給されたもの(具体的な年時比定案は**表1**参照)なので、両首を通じ在位末期の大武芸が唐との和平の道を強く希求していたことが確認できるのである。唐礼・諸史書請求が大武芸によるものでなくとも、石井が提示した論点は生きているといえよう。

さらに大武芸の後を継いだ大欽茂も、その対唐関係改善政策を引き継ぎさらに推進したという。まず『冊府元亀』巻九七一・外臣部・朝貢四には、

(f)(開元二十六年)閏八月、渤海靺鞨遣使獻豹鼠皮一千張・乾文魚一百口。

(閏八月、渤海靺鞨、使いを遣わし豹鼠皮一千張・乾文魚一百口を獻ず)

という記事が見える。渤海がこのとき唐に献上した物品のうち、豹鼠皮は貂鼠皮の誤りで、渤海から唐・日本への贈答品における最高級品にあたるが、その一千張という数量は異例の多額であり、武芸が卒去し欽茂即位の承認を求めるにあたって、唐に忠誠を示した特別な遣使と考えられるというのである。

このように石井は、大武芸末期及び大欽茂即位初の渤海側の姿勢を、対唐関係改善に努めたとみなした。しかし一方で、渤海をめぐる周辺の国際環境については、紛争直後で唐との緊張はいまだ解けておらず、とりわけ唐と新羅との関係の一層の緊密化により情勢は楽観を許さなかったとする。(f)の異例の大規模な唐への朝貢も、その後続く大欽茂即位後の頻繁な朝貢も、緊張関係にあったからこそ、これにより唐の歓心を繋ごうとしたというのである。

単純に国際関係の一方の当事者である渤海の姿勢のみを以て、唐・渤海関係の友好化の指標とみなすのではなく、相手側の唐、さらにその周辺勢力である新羅の主体的事情にも目配りを怠らない、極めて慎重かつ複眼的な見方と評価することができる。こうした見方はさらに敷衍され、唐渤紛争以来の唐・渤海間の緊張関係は、七五〇年代まで継続していたと見なす意見もある。[30]

しかし私見では、大武芸末期より唐も渤海に対して友好的

姿勢で対処するようになったと見なしてよいように思われる。
　その理由は第一に、前章で言及した、唐渤紛争後七三五年または七三六年以降作成と考えられる張九齢作「勅渤海王大武芸書」の第二首に、

(g)　(前略)。①卿往年背徳、已爲禍階、近能悔過、不失臣節。迷非復善、即又可嘉。朕記人之長、忘人之短。況又歸服。載用嘉歎、永祚東土、不亦宜乎。(中略)。②卿但不從、何妨有使、擬行執縛。義所不然。此是人情。況為君道。然則知卿忠赤、動必以聞。永保此誠、慶流未已。(後略)。

(卿は往年徳に背き、已に禍階を爲せしも、近ごろ能く過《あやまち》を悔い、臣節を失わざりき。非に迷うも善を復するは、即ち又嘉《よみ》すべし。朕は人の長を記《おぼ》え、人の短を忘る。況んや又帰服するをや。載《ただ》ちに用《もっ》て嘉歎し、永く東土に祚《むく》ゆるも亦た宜しからずや。(中略)。卿は但だ従わざるも、何ぞ使い有るを妨げ、執縛を行うを擬さんとせるや。義の然りとせざる所なり。此れは是れ人情なり。況んや君道を爲すをや。然らば則ち卿の忠赤を知れば、動きあらば必ず以聞せよ。永く此の誠を保たば、慶流未だ已《や》まざらん)

【語句】○往年…先年。○禍階…わざわいの契機。○臣節…臣下として守りつとめるべき道。○嘉歎…ほめたたえる。○東土…東方の地。ここでは渤海を指す。○然らば則ち…しかしながら。○忠赤…まごころ。○以聞…臣下が皇帝に上奏する。○慶流…さいわいとめぐみ。

とあり、また第三首に、

(h)　(前略)。表卿輸誠、無所不盡。長能保此、永作邊捍、自求多福、無以加也。(後略)。

(卿の誠を輸《いた》すを表して、盡くさざる所無し。長く能く此れを保ち、永く邊捍《へんかん》を作《な》し、自ら多福を求むれば、以て加うる無きなり)

【語句】○表して…たたえあきらかにして。○辺捍…辺境のまもり。

と、それぞれ見えるからである。(g)①からは唐が大武芸の帰服を評価していることがうかがえる。②では、先に史料(d)で触れた大武芸が突厥の奚・契丹攻撃計画を通報してきたことに続いて、渤海が突厥の提案に従わなかったに止まらず、突厥の使者を執縛しようとしたことを、道義にもとるがその忠義は褒められるものなので、今後も忠誠を尽くすようにと、唐が諭している。(h)ではやはり唐は大武芸のまごころを称え、今後も唐の辺境のまもりを務め、幸福を追求せよと述べる。
　ただし、これら評価も向後の渤海の忠誠を前提とするので、唐はまだ全面的には渤海を信用していなかったと考える余地

もある。

そこで第二に、唐の渤海に対する評価を、別の具体的指標によりうかがってみたい。まず取り上げたいのは、前章で言及した羈縻州官である。前章で述べたように、大武芸の羈縻州官は七三一年頃の忽汗州刺史から、七三二年九月の登州入寇を挟んで、七三五年または七三六年には忽汗州都督へと変化している。大武芸は即位時に唐より忽汗州都督とされている（後掲史料(i)①参照）ので、この変化とは一旦下落した官爵の、即位当初への回復とみてよい。

次に取り上げるのは、同じく大武芸の官爵のうち、将軍号である。大武芸が唐から授与された将軍号については、次のように所伝の齟齬が見られる。

(i)『旧唐書』巻一九九下・列伝一四九下・北狄・渤海靺鞨

（前略）。開元七年（七一九）、祚榮死、玄宗遣使弔祭、①乃冊立其嫡子桂婁郡王大武藝、襲父爲左驍衛大將軍・渤海郡王・忽汗州都督。（中略）。②二十五年（七三七）、武藝病卒、其子欽茂嗣立。詔遣内侍段守簡往冊欽茂爲渤海郡王、仍嗣其父爲左驍衛大將軍・忽汗州都督。（中略）。（貞元）十一年（七九五）二月、遣内常侍殷志贍、冊大嵩璘爲渤海郡王。十四年（七九八）、加銀青光祿大夫・檢校司空、進封渤海國王。③嵩璘父欽茂、開元中、襲父位爲郡王・左金吾大將軍、天寶中、累加特進・太子詹事・賓客、寶應元年（七六二）、進封國王、大曆中、累加拜司空・太尉。④及嵩璘襲位、但授其郡王・將軍而已。嵩璘遣使敍理。故再加冊命。（後略）。

（開元七年、祚榮の死するや、玄宗は使いを遣わし弔祭せしめ、乃ち其の嫡子の桂婁郡王大武藝を冊立し、父を襲《つ》ぎて左驍衛大將軍・渤海郡王・忽汗州都督と爲す。（中略）。二十五年、武藝、病《や》みて卒し、其の子の欽茂、嗣ぎて立つ。詔して内侍の段守簡を遣わし往きて欽茂を冊して渤海郡王と爲し、仍りて其の父を嗣ぎて左驍衛大將軍・忽汗州都督と爲さしむ。（中略）。十一年二月、内常侍の殷志贍を遣わし、大嵩璘を冊して渤海郡王と爲す。十四年、銀青光祿大夫・檢校司空を加え、渤海國王に進封す。嵩璘の父の欽茂は、開元中、父の位を襲ぎて郡王・左金吾大將軍と爲り、天寶中、累《かさ》ねて特進・太子詹事・賓客を加えられ、寶應元年、國王に進封せられ、大曆中、累ねて加えて司空・太尉に拜せらる。嵩璘の位を襲ぐに及び、但だ其の郡王・將軍を授けらるのみ。嵩璘は使いを遣わし理《ことわり》を敍《の》ぶ。故に再び冊命を加う）

(i)により大武芸の将軍号を確認してゆくと、①より即位時に左驍衛大将軍を授与されたこと、[31] ②より子の大欽茂が武芸を嗣いで左驍衛大将軍となったこと、即ち大武芸が卒去時に左驍衛大将軍であったこと、一方③では欽茂が父武芸の左金吾大将軍を継いだ、即ち大武芸が卒去時に左金吾大将軍だったことがそれぞれ分かる。[32] また、これとは別に日本史料である『続日本紀』巻三二・宝亀三年（七七二）二月己卯（二十八日）条には、大欽茂宛の外交文書の中で過去を回顧して「爰に神龜四年（七二七）に洎び、王の先考の左金吾衞大將軍・渤海郡王、使いを遣わし來朝せしめ、始めて職貢を修む」と見えている。ここでいう王とは大欽茂なので、その先考とは大武芸である。つまりこれによれば、七二七年当時大武芸が左金吾衛大将軍であったことになる。

以上に見た大武芸の将軍号に関する所伝の齟齬については、これまで即位初の左驍衛大将軍から途中で左金吾衛大将軍に昇格したという理解[33]があるいっぽうで、石井は、大武芸が左金吾衛大将軍であったという記事をより重視しているようである。[34]

しかし私見によれば、左驍衛大将軍と左金吾衛大将軍とは官品はともに正三品であるが、前者のほうが格上であると考えられる。また所伝の性格としては、(i)③や『続日本紀』宝亀三年二月条系統の所伝は渤海側の所伝と見られ、唐の実際の処置としては、(i)①・②系統の所伝が正しいと考えられる。従って、大武芸の将軍号の推移としては、即位初の左驍衛大将軍から七二七年までに左金吾衛大将軍に降格されたことになる。そしてこうした降格は、先に見た羈縻州官の降格と連動するものであって、七二六年の唐の黒水州都督府設置以来の唐と渤海との関係悪化によると見られるのである。[35]

以上の大武芸の官爵に関する理解は先頃述べたことであるが、[36] さらによくよく考えてみると、(i)②では大武芸の卒去前の将軍号を左驍衛大将軍と明記している。先の拙稿では大武芸の将軍号の回復時期については明言できなかったが、羈縻州官が忽汗州都督に回復されると同時に、将軍号も左驍衛大将軍に回復したとみてよいのではあるまいか。[37] すなわち、第二首作成年時である、大武芸在位中の七三五年または七三六年には、唐との対立により降格されていた将軍号と羈縻州官とは、即位当初のそれに回復されていたとみることができる。

従って唐と渤海との関係については、渤海の姿勢としては石井がつとに考証したように、大武芸在位末期より唐との和平の道を歩み始めたとみてよい。こうした渤海の態度を受け、唐としても第二首が作成された七三五年または七三六年という紛争終結後の早い段階で、大武芸の官爵を即位当初の状態に回復したのであった。[38] このように大武芸末期には、唐と渤海との友好関係は、ほぼ完全に回復したと見なされるのである。[39] そしてこれ以後、B論文が明らかにするように、大欽茂は対唐朝貢を頻繁に重ねることで、唐から官爵を進められ同時期の新羅をしのぐ高位に至るなど、唐との親密化を果たす。[40]その一方で、渤海にとって敵対勢力としてより一層浮上してくるのが、南方、朝鮮半島の日本海側で隣り合う新羅の存在なのであった。

おわりに

石井正敏の研究手法の特徴の一つとして、史料に基づく、その厳密な分析による手がたい実証的研究ということが挙げられよう。それゆえ史料に基づかない主張や、為めにする批難に対しては厳しい態度で臨んだ。それは主著や、常ひごろ、史料の一字一句の重要性を説いたり、学術的主張にあたっては権威にとらわれることなく、あくまでどのような史料に基づいたかを重視していたという逸話[41]を通しても重ねて確認できよう。一方で、たとえ見解を異にしても、卓説や肯綮に当たる批判、新出史料への対応については、決しておろそかに扱ったりせず丁寧にとりあげ、容るべきは容れ、反論すべきは反論するというように、極めて誠実・柔軟に対応している。本文で触れた張九齢作「勅渤海王大武芸書」四首の作成年時をめぐる古畑徹との論争や、大武芸・大欽茂の王位交替時期に関する議論のほか、大宰府への外交文書調査権付与時期に関する見解の変更[42]などにそれは具体的にみることができる。何れも学術研究に携わる者として当然の態度ともいえるが、当たり前のことを当たり前に行うことは容易ではないと思う。

本稿は、渤海大武芸時代の対唐関係に関連する問題二点をとりあげ、史料の再吟味を通じて、石井が提示した、張九齢作「勅渤海王大武芸書」第一首の作成年時と、大武芸在位末期より唐と渤海との関係が友好・和平に転換するという点との二つの論点が、十分に支持しうるものであることを確認してきた。そしてこれら論点は、東北アジアとその周辺地域の諸勢力の情勢理解にも広く関わるものであった。一方その検討過程で、非礼を省みず石井の見解とは異なる理解を示したこともあった。筆者なりに石井の顰みに倣おうとしたつもりであるが、それが成功しているかどうかは、今後の検証に委ねるほかない。

今回、以上の石井の見解を再確認する作業を通して改めて感じたのは、行論を史料的根拠とともに容易にたどることのできる安心感であった。それは、検証不能な材料を間に挟まないためと思われる。石井の方法論とそれを通じてつむぎだされた確かな考証結果とは、今後も長く指針となり、私たちを裨益し続けることであろう。

注

（1）唐渤紛争については、末松保和「郡県制完成期の問題点」（『新羅の政治と社会』下、吉川弘文館、一九九五年、初出一九七五年）、石井正敏「対日本外交開始前後の渤海情勢」（『日本渤海関係史の研究』吉川弘文館、二〇〇一年、初出一九八四年。以下A論文と称す）、古畑徹a「大門芸の亡命年時について」（『集刊東洋学』五一、一九八四年）、同b「日渤交渉開始期の東アジア情勢」（『朝鮮史研究会論文集』二三、一九八六年）、同c「唐渤紛争の展開と国際情勢」（『集刊東洋学』五五、一九八六年）、同d「張九齢作「勅渤海王大武芸書」と唐渤紛争の終結」（『東北大学東洋史論集』三、一九八八年）、同e「張九齢作「勅渤海王大武芸書」第一首の作成年時について」（『集刊東洋学』五九、一九八八年）など参照。

（2）大武芸の日本遣使の背景については、石井正敏a「神亀四年、渤海の日本通交開始とその事情」（石井注1前掲書所収、初出一九七五年）、同b「第一回渤海国書の解釈をめぐって」（同前書所収、初出一九九九年）、古畑注1b論文など参照。

（3）石井注1論文。

（4）『法政史学』二五（一九七三年）。このたび刊行される著作集には、残念ながら諸般の事情で収録できなかった。

（5）古畑注1a・d・e論文。

（6）「貞孝公主墓誌」の発見による。詳細は後述する。

（7）石井正敏a「第二次渤海遣日本使に関する諸問題」（石井注1前掲書所収、初出一九七九年）三五七―三五八頁及び三八八頁付記、同b「平群広成らの登州出航の年次をめぐって」（同前書所収）四〇四頁（注）。

（8）この点は、既発表の拙稿「渤海王大武芸への官爵授与をめぐる二、三の問題」（『メトロポリタン史学』一二、二〇一六年）による。

（9）以上の七二〇～三〇年代の唐・渤海関係の概略については、A論文及び古畑注1d論文参照。

（10）表の諸見解の出典はそれぞれ、金毓黻『渤海国志長編』（趙鉄寒主編『宋遼金元四史資料叢刊（一）渤海国志』文海出版社、一九七七年、初出一九三四年）、何格恩「張曲江詩文事蹟編年考」（『広東文物』中冊、一九四九年）、P.A.Herbert, *Under the Brilliant Emperor*, Canberra: Australian National University Press,1978, A論文、古畑注1a・d・e論文、黄約瑟「読《曲江集》所収唐与渤海及新羅勅書」（『黄約瑟隋唐史論集』中華書局、一九九七年、初出一九八八年）、熊飛校注『張九齢集校注』（中華書局、二〇〇八年）五七九―五八六頁。注8拙稿で同様の表を作成したが、今回、熊飛校注書の情報を追加した。表の作成方針については、注8拙稿参照。

（11）A論文三一〇―三一一頁。なお、石井が張九齢の王言起草時期の下限を、七三六年十一月二十七日の中書令から右丞相への転任に求める点には二点補足の余地がある。第一に、すでに古畑が指摘するように、このとき王言起草に与り得た集賢員学士の肩書きを削られている点である（古畑注1d論文六〇頁注9）。第二に、右丞相転任は石井の指摘のとおり政界の表舞台からの放逐であるとみてよいが、右丞相とは当時尚書右僕射が改称されたものである。三省の長官は宰相とされたので、尚書省の事実上の長官として、左右丞相（尚書左右僕射）は中書令・門下侍郎とともに宰相の列に加わり、制度上王言起草に与る可能性があるにはあった（宰相が王言起草に与り得ることについては、鈴木虎雄「支那の詔勅文と其の起草者」『東方学報』京都九、一九三八年、一九頁）。しかし唐の初め、尚書省の実質的長官として宰相とされた尚書左右僕射（＝左右丞相）は、後に宰相会議のメンバーから外されたという（池田温「律令官制の形成」『岩波講座世界歴史』古代五、岩波書店、一九七〇年、三一三―三一四頁）。従って右丞相への転任は、先述の集賢院学士の肩書削除とともに、王言起草時期の下限としてよい。

(12) 金の第一・二・四首の作成年時に関する見解については、第一首は先述の張九齢が王言起草に与り得た期間から外れ、第二・四首はその伝える内容と、金が想定する作成年時における唐・渤海関係とからみて成り立ちがたい（A論文三一八―三一九頁）。それゆえここでは考慮の外に置く。

(13) Herbertの第三首の作成年時に関する見解は、多蒙固を人名と見なさないことに基づく誤解なので、ここでは考慮の外に置く。古畑注1d論文四〇頁参照。

(14) 注8拙稿一一四―一一五頁。

(15) 詳細については、古畑注1a論文参照。

(16) 表1所掲の諸見解参照。

(17) 以下、全四首のテキストはA論文による。

(18) 表1所掲の諸見解参照。

(19) A論文三一七―三一八頁。

(20) 古畑注1d論文五一―五二頁。

(21) 古畑注1d論文四九頁。

(22) 注8拙稿一一九頁。

(23) 第一首には、「朕は比年含容し、中土を優恤し、未だ命将せざる所なるも、事も亦た時有り。（中略）。言は則ち已に順なれど、意は尚お執迷たりて、門藝を殺し然る後に歸國せんことを請う。是れ何の言ぞや」の一節が見える。【語句】○比年…近年。○含容…ふくみいれる。寛容な態度を示すことか。○中土…中国。○優恤…手厚くめぐむ。○命將…将帥を派遣する。○事も亦た時有り…然るべき時には実行する。○執迷…頑迷）なおA論文三二六―三二七頁参照。

(24) 現時点における論点については、A論文の〔付記〕（三四六―三五四頁）参照。

(25) 以下、特別に断ることがない限り、文中の石井の見解はB論文による。

(26) 貞孝公主墓誌に関する論考は幾つかあるが、ここでは王承礼著・古畑徹訳「唐代渤海『貞恵公主墓志』と『貞孝公主墓志』の比較研究」（『朝鮮学報』一〇三、一九八二年）参照。

(27) 以上、大興元年がいつにあたるかの検討については、濱田耕策「渤海国王の即位と唐の冊封」（『史淵』一三五、一九九八年）七五―八一頁参照。

(28) A論文三三一頁。

(29) 以上(e)の解釈については、A論文三三〇―三三一頁参照。

(30) 李成市『東アジアの王権と交易』（青木書店、一九九七年）九六―九七頁。こうした見方に対しては、すでに批判がある。古畑徹「書評 李成市著『東アジアの王権と交易――正倉院の宝物が来たもうひとつの道』」（『朝鮮学報』一七〇、一九九九年）一九二頁、拙著『渤海王国の政治と社会』（吉川弘文館、二〇一一年）二二八―二三三頁、参照。

(31) 同様の記事が『冊府元亀』巻九六四・外臣部・封冊二、同巻九六七・外臣部・継襲にも見える。

(32) (i)②・③と同様の記事は、『唐会要』巻九六・靺鞨にも見える。

(33) 濱田耕策『渤海国興亡史』（吉川弘文館、二〇〇〇年）四二―四三頁。

(34) 石井正敏「大宰府・縁海国司と外交文書」（石井注1前掲書所収、初出一九九一年）六〇九頁。なお、注8拙稿一二三頁注17で大武芸への左金吾衛大将軍授与に関する石井及び古畑の理解を誤解した。これに関する記述を削除したいと思う。併せてお詫び申し上げる。

(35) 注8拙稿一〇九―一一三頁。特に(i)①などにみえる、大武芸が即位初に左驍衛大将軍を授けられた点については、第一に、その所伝を疑う理由がないこと、第二に、即位後の七二〇年に彼の嫡子大都利行が桂婁郡王とされた際、やはり大武芸が左驍衛大将軍であったと伝えられる（『冊府元亀』巻九六四・外臣部・封冊二・開元八年八月是月条）こととの二点から、認めて問題ないと思われる。以上、注8拙稿を補足する。

(36) 注8拙稿。

(37) 注30拙著二三〇―二三一頁の表10では、七三七年の即位時に大欽茂は左金吾大将軍を唐より授与され、その後のある時期に、左驍衛大将軍となったとの理解を示した。再考して見解を改める。

(38) このほか、国際的背景として、当時唐が西方吐蕃との関係を悪化させていたことが、唐と渤海との急速な関係回復に大きな影響を及ぼしたと思われる。石見清裕「唐・張九齢『曲江集』所収の対吐蕃国書四首について」（荒川正晴・柴田幹夫編『シルクロードと近代日本の邂逅』勉誠出版、二〇一六年）参照。

(39) 注30拙著二三三頁で、渤海の対唐関係正常・緊密化の時期を「遅くとも七五六年までには」と述べたことがある。今回の検討で、対唐関係正常化の時期を大武芸在位末期と考えるに至ったので、拙著の見解を改めたい。なお拙著の論旨には変更はない。

(40) なお注30拙著二二八―二三三頁も参照。

(41) 近藤剛の談。

(42) 石井注34論文。

「倭寇図巻」「抗倭図巻」をよむ

須田牧子［編］

十四世紀から十六世紀の東アジア海域を跋扈した倭寇の活動を描き出した「倭寇図巻」。

倭寇を描く唯一の絵画資料として著名でありながら、その制作時期・背景は謎に包まれていた…。

近年新たに紹介された、類似の内容を持つ「抗倭図巻」との比較を軸に、赤外線撮影による隠された文字の解読、隣接する各種絵画資料・文献資料の分析、「蘇州片」「戦勲図」というフレームワークの提示などの多角的視点から、倭寇図巻の成立、そして倭寇をめぐるイメージの歴史的展開に迫る画期的成果。


「倭寇図巻」「抗倭図巻」「平番得勝図巻」「太平抗倭図」の全編をフルカラー掲載！

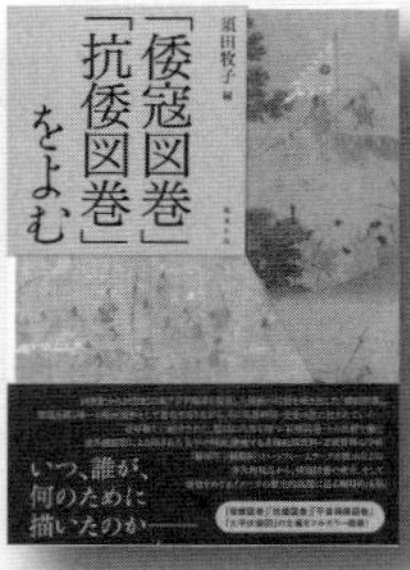

本体7,000円(+税)
A5判・上製・528頁
ISBN978-4-585-22139-5

勉誠出版
千代田区神田神保町3-10-2 電話 03(5215)9021
FAX 03(5215)9025 WebSite=http://bensei.jp

〔III　継承と発展〕

遣唐使研究のなかの石井正敏

河内春人

遣唐使研究は日本史のなかでは周縁的な位置づけを与えられたが、戦後、森克己によって学問的に確立する。石井はその薫陶を受けているが、その研究体系のなかでは主軸ではない。しかし、石井の遣唐使研究は席次争長事件や遣唐使停止問題などのテーマにおいて、遣唐使研究に強い影響を与えており、現在の研究はその成果をふまえて発展的に継承されている。

はじめに

石井正敏の一連の研究において主軸となるのは、その研究の前半期は日本と渤海の関係史であり、後半期は鎌倉時代までを視野に入れた高麗との対外関係史であることは言を俟たない。また、渡宋僧成尋に関連する論考を多く著しており、人物叢書の企画における『成尋』執筆の準備を進めていた。第三の主軸として、成尋と『参天台五臺山記』の研究を挙げることに異論はなかろう。このように石井が取り組んだ研究テーマを概観する時、遣唐使というテーマは石井にとって中核的なものとはいいがたいことが明らかである。しかし、翻って見るに遣唐使研究において石井の研究は大きな光彩を放っている。石井自身も生前に自らの研究に対する自己評価において、研究を大きく変えたテーマとして、異国牒状記、三別抄とともに遣唐使停止問題を挙げていたとのことである。(1)その点で石井の研究を語るうえで遣唐使を外すわけにはいかない。

こうち・はるひと——明治大学・中央大学・立教大学・首都大学東京・大東文化大学兼任講師。専門は日本古代対外関係史、東アジア国際関係史。著書に『東アジア交流史のなかの遣唐使』（汲古書院、二〇一三年）、『日本古代君主号の研究』（八木書店、二〇一五年）、『日朝関係史』（共著、吉川弘文館、二〇一七年）などがある。

遣唐使研究のなかにおいて石井正敏はいかに評価されるべきか。石井が遣唐使研究に与えた影響を考える時、それを遣唐使停止問題のみで語るのは明らかに不十分である。また、石井の研究総体において遣唐使というテーマの位置づけも問題となる。それは、石井の研究における遣唐使の位置づけと、遣唐使研究における石井の立ち位置の双方向から再確認することによって果たされ得るものである。遣唐使研究における石井正敏の史学史的位置を確認し、その遺産をいかに引き継ぐべきか。それを考えるのが本稿に与えられた課題である。

一、遣唐使研究の軌跡

近代の歴史学において遣唐使研究とはいかなる意味を付与されていたのか。本節ではそれがどのような軌跡をたどりながら石井の研究に逢着するのか探ることとする。

そもそも「遣唐使」という用語はそれ自体がきわめて日本史的な主観性の強い用語である。(2) 唐からみれば、日本から来た外交使節は日本使と呼ばれるべきである。あるいは「遣唐使」ということであれば、新羅であろうが渤海であろうが唐に派遣すればそれは遣唐使であり、それを明確にするためには「日本遣唐使」「新羅遣唐使」などのように表記するのが適切である。日本の遣唐使だけを何の前置きもなく単に「遣唐使」と称するのは、冗長になるからということが最大の理由ではあるだろうが、やはり日本古代史において日本が自明であることを当然視する、対象の客体化に対する無自覚があるように思われる。一方で煩雑になるという面があることは否めず、読者の便宜を考えて、特に他国の遣唐使と区別するべき時以外は小稿においても「遣唐使」と称することにするが、上記の点は筆者も遣唐使研究の末端に携わる者として深く反省しなければならない。

日本の遣唐使とは古代日本と唐を往来する使節であることからして、その関心は日本古代史と唐代史双方から向けられて然るべきである。しかし、唐の対外関係において最も重要なのは遊牧民族が大きな勢力をもって圧力を加えてくる北方や、軍事的に重要性がありかつ交易などによる交流が活発な西域であり、(3) そうした全体的動向のなかでは東方の東アジアは優先度が相対的に低くならざるを得ない。さらにその中において、新羅遣唐使が約一九〇回、渤海遣唐使が一一七回の派遣であるのに比べれば、倭国・日本遣唐使の十八~二十回というのは圧倒的に少ないのであり、日本との関係はわずか一部にすぎない。いきおい唐から見た国際関係総体のなかにおいて日本の位置づけはきわめて低いものになることは当然の帰結であった。(4) そうした研究状況を反映して唐代史の立場から日本が派遣した遣唐使に対して寄せる関心は大きいとはいえず、研究も多くないのが現状である。これに対して古代日本の国家形成における唐のインパクトはきわめて巨大なものがあり、それを抜きにして日本古代史は語れない。(5) それゆえ、これまでこのテーマについて主導的に取り組んできたのは日本古代史の側といってよいだろう。

しかし、今でこそ日本古代史において外交史、国際交流史は大きな位置を占めるようになっているが、これとて自明のことではない。そもそも近代の日本史学において対外関係史は傍流であり研究の主流とは認められていなかった。

その研究の流れを遡ると、遣唐使のもっとも早期の研究としては一九〇三年の『歴史地理』誌上に掲載された由水生「遣唐使」、雨塔「菅公の遣唐使廃止の建議に就て」という二本の論文を挙げることができる。(6) 両論文は概観的な内容に止まり、執筆者が名を伏せるという点において、遣唐使研究が歴史学のテーマとして正式に認知されていたとはいい難い状況を窺うことができる。(7) 結局、この後十年以上これに続く研究は見ることができず、遣唐使というテーマが広く受け入れられていなかった様子が看取される。

ところが、一九一五年以降遣唐使に関する研究が目に付くようになる。もとより概要的な内容の論考が多いことは否めないが、(8) 海事史からのアプローチという傾向を持つ谷森饒男(9) や外交文書という観点を導入した板沢武雄等、(10) 個別のテーマの深化も見られるようになる。当時は一九一〇年に韓国を併合、一九一五年には第一次世界大戦という国際状況を背景に日本は中華民国に対して対華二十一箇条の要求を通牒しており、当時の日本の東アジアに対する意識は朝鮮半島から中国大陸に関心が移り始めていた。そうした社会環境が研究動向に反映した可能性もあるだろう。その後、昭和前期の一九三三年に、岩波講座日本歴史（戦前版）において「日唐関係」というテーマが設けられており、(11) ここに至って遣唐使研究がひとまず日本史の一分野として認められたものと理解できる。

しかし、こうした研究の進展は当時の社会情勢によって大きな壁に直面する。一九三〇年代に日本が中国への侵略を前面に打ち出すようになると、日本史学界も変貌せざるを得なかった。当該期には前近代の日中関係史の書籍が多く出版されている。すでに一九一七年に辻善之助は『海外交通史話』を出版していたが、一九三〇年に増訂版を刊行する。(12) 琉球史から日中関係史にフィールドを移した秋山謙蔵も前近代日中関係の研究を多く著し、その成果を出版している。(13) こうした日中関係史の書籍の刊行は優遇されていたらしく、太平洋戦争が始まって物資が乏しくなった後も出版が続いていることからもそうした傾向が窺える。[14] このように日中関係史をテーマとする書籍が数多く出されており、遣唐使もその内容の一部を構成するものとして扱われた。ただし、そこに述べられている内容は史料の内容をなぞるだけであったり、エピソードの紹介といった挿話的性質のものが多くを占めており、研究のさらなる進展を積極的に推し進めるという性質のものではなかった。

敗戦直後から数年は、遣唐使研究が停滞する。それはおそらく対外関係史が戦争に対して迎合的な傾向を示したことへの反作用であろう。そうした研究状況に対して本格的に再スタートをきるのが一九五五年である。この年に遣唐使に関わる業績が二冊出版されている。一つは木宮泰彦の『日華文化交流史』である。同書は前近代の日中関係史を通観する中で遣唐使にもふれるという体裁をとっており戦前の研究の改訂という側面を強く持つが、[15] 遣唐使の課題を論点ごとに整理した点において現在の研究の先駆を為すものである。もう一つが、森克己『遣唐使』である。[16] 同書では遣唐使について、制度、海事、国際関係、文化輸入、人の移動、その終焉とその後の論点のほとんどをカバーしている。現在の遣唐使研究の基礎は森克己にあるといってよい。

なお、森克己は木宮泰彦の研究について全くと言っていいほど言及していない。同年出版の『日華文化交流史』はともかくとして、それ以前の木宮の業績にふれないのは不自然である。この点について佐伯有清は、森克己は木宮の研究をそのまま取り込んだと考えていたらしい。[17] **表1**は木宮泰彦『日華文化交流史』と森克己『遣唐使』の目次の比較であるが、両書の構成が酷似していることは事実である。佐伯の見解の妥当性については慎重な留保が必要であるが、森克己が木宮にふれないことも含めて余人には窺えない何かがあるように見えることも事実である。

ともあれ、右記のように一九五五年が遣唐使研究にとって画期であることは間違いない。しかし、当時としては群を抜く完成度を有する研究の登場は、かえって全体的な傾向として遣唐使研究の停滞を引き起こすこととなった。なお、森克己は日宋貿易研究においても――というよりもむしろより顕著に――同様の事態を招いている。一九四八年に刊行された『日宋貿易の研究』[18] は平安時代における対外関係のイメージを決定づけるボリュームと内容を備え、以後四十年以上にわたって日宋貿易研究の決定版としてあり続けた。日宋貿易研究が森を乗り越えて再始動するのは山内晋次の登場を待たねばならない。[19] 遣唐使にせよ日宋貿易にせよ、長く森の研究がその頂点にあり続けたのであり、それは森の研究が包括的か

表1　遣唐使研究の比較

木宮泰彦『日華文化交流史』		森克己『遣唐使』
二、隋・唐篇		
第一章　遣隋使	←→	第一章　遣唐使の先駆
第二章　遣唐使		
一、遣唐使の四期	←→	第二章　遣唐使制度の発達
二、遣唐使の組織	↖	第三章　遣唐使の全貌
三、遣唐使船	↖↘	一　その組織
四、遣唐使の航路	↖↘	二　その船舶
五、遣唐使往復の有様	↖↘	三　その航路
六、遣唐使の遭難とその原因	←→	四　その航海術
七、遣唐使の忌避と優遇	↘	五　航海中の有様
八、唐朝に対する我が国の態度	←→	第四章　遣唐使をめぐる国際関係
九、遣唐使と文化の受容	←→	第五章　遣唐使の文化の輸入
十、遣唐使と貿易	→該当なし	
第三章　遣唐使廃絶後の日唐交通	→該当なし	
第四章　遣唐学生・学問僧と文化の受容	←	第六章　遣唐留学生の文化の輸入
第五章　帰化唐人・印度人・西域人と文化の移植	←	第七章　遣唐使随伴の帰化人
	該当なし←	第八章　遣唐使の廃止

※木宮第二章、森第三章は内容が多岐にわたるので節名まで挙げた

つ全体的なバランスの取れたものであったことの証明であろう。

もちろん森の遣唐使研究の前提そのものに対する批判もあったし、森の研究における手薄な方面に着手する成果もあった。前者については、対外関係における遣唐使（日唐関係）と日羅関係をめぐって鈴木靖民が森と論争しているのが注目される。[20]これは日本古代の対外関係について日中関係を主軸に置くか、日朝関係を重視するかという重要な課題を背後に含むものであった。森が遣唐使を重視したのは近代以来の中国重視という時代の産物であり[21]、森個人の理解として処理すべきではない。ただし、それは単なる外交関係にとどまる問題ではなく、律令国家形成期としての七世紀についての評価という課題において、現在まで形を変えながら議論すべきテーマであり続けている。[22]また、後者については、佐伯有清が一九七八年に『最後の遣唐使』を上梓している。[23]これらのような動向をはらみながらも、一九七〇年代までの日本史の概説書・通史などでは正倉院の文物に代表される唐及びその延長線上にあるシルクロードの文物や唐風の文化をもたらしたという文化

的役割が言及されるに止まるものであった。森の遣唐使研究が全体を規定するという状況が続くことになる。

そこに風穴を空ける強いインパクトを与えたのが、西嶋定生の東アジア世界論である。(24)東アジアを一体の世界と捉えるその見解は一国史としての立場からのアプローチを進めてきた日本史学界に大きな影響を及ぼすことになる。これによって日本古代史における対外関係史研究は「東アジア」というフィールドを設定することによって再スタートを切ることになる。

また、一九七〇年前後の時点では遣唐使研究は当時の日本古代史研究で盛んに取り組まれていた古代国家論とは距離を置くものであった。こうした断絶状況を打破したのが石母田正である。石母田は『日本の古代国家』において国際的契機が国家の成立・進展を促すとする対外的契機論を提唱し、対外関係史研究と古代国家研究を結びつける素地を作ったと評価できる。(25)

遣唐使研究を段階ごとにいくつかの画期で区切るとすれば、第一期は遣唐使研究の本格的開始から戦後直後の停滞まで(大正期〜一九五四年)、第二期は森克己『遣唐使』の刊行とその影響の時期(一九五五〜一九七〇年代)、第三期は西嶋定生の東アジア世界論と石母田正の国際的契機論の提起による対外関係史の再構築(一九七〇年代〜)という動向に整理できる。

ただし第三期の傾向としては、一九七〇年代には遣唐使研究はまだ大きな動きを見せていない。東アジア世界論や古代国家研究の進展をふまえて本格的に再始動するようになるのは一九八〇年代のことであり、その初期の代表的な論者として山尾幸久が挙げられる。(26)そして、後述のように石井が遣唐使研究を公表するようになるのも一九八〇年からであり、石井もまた研究動向のなかにあったといえる。

二、石井正敏の遣唐使研究

石井は一九六九年に丸山忠綱の推薦で中央大学大学院に入学した。(27)当時の中央大学における日本史の教員として森克己がおり、その謦咳に接することになる。石井は森の指導の下で翌一九七〇年に最初の論文として「大宰府の外交面における機能」を早くも公表している。(28)ここに石井の研究活動が本格的に始まるが、初期の研究は渤海を主たる対象とするものであった。石井は後年に自らの研究について、「森先生の研究の落ち穂拾いをしているような、そんな感じでいつも思って」いると述べており、(29)森の研究の補完を強く意識していることが窺える。憶測を逞しくすれば、森の研究とのバッティングを避けていたようにも思える。

石井は一九七六年より東京大学史料編纂所に勤務するようになる。この頃から石井の研究テーマは広がりを見せ始める。渤海以外をテーマとした論考しては、一九七八年の高麗関係における三別抄関連史料の紹介がその嚆矢である。[30] また、研究者として実績を積む過程で一般書への執筆も手掛けるようになり、そのなかで遣唐使というテーマにも着手するようになったと考えられる。

石井が遣唐使研究を公にするのは一九八〇年からである。[31] 遣唐使を主題とした論考を年次ごとに列挙すると次のようになる。

①一九八〇「遣唐使節・青年僧の役割」『啓発』六六（学研）
②一九八一「唐の「将軍呉懐実」について」『日本歴史』四〇二
③一九八二「討論 遣唐使の船と航海術」『太平洋学会誌』一四
④一九八三「大伴古麻呂奏言について」『法政史学』三五
⑤一九八六「遣唐使」『海外視点 日本の歴史４ 遣唐使と正倉院』（ぎょうせい）
⑥一九八七「最後の遣唐使」『海外視点 日本の歴史５ 平安文化の開花』（ぎょうせい）
⑦一九八七『遣唐使研究と史料』（東海大学出版会）※茂在寅雄・田中健夫・西嶋定生氏と共著
⑧一九八九「遣唐使の貿易活動」『道は正倉院へ』（読売新聞社）
⑨一九八九「遣隋使・遣唐使と文化交流」『世界歴史と国際交流』（放送大学教育振興会）
⑩一九九〇「宇佐八幡黄金説話と遣唐使」『日本歴史』五〇〇
⑪一九九〇「いわゆる遣唐使の停止について」『中央大学文学部紀要 史学科三五』
⑫一九九二「外交関係」『古代を考える 唐と日本』（吉川弘文館）
⑬一九九六「遣唐使の見た大陸と人々」『国文学 解釈と鑑賞』六一―一〇
⑭二〇〇一「寛平六年の遣唐使計画と新羅の海賊」『アジア遊学』二六
⑮二〇〇三「遣唐使と語学」『歴史と地理』五六五
⑯二〇〇五「遣唐使と新羅・渤海」『東アジアの古代文化』一二三
⑰二〇一一「東アジアの変動と日本外交」『日本の対外関係２ 律令国家と東アジア』（吉川弘文館）
⑱二〇一一「寛平六年の遣唐使計画について」『情報の歴史

学』（中央大学出版部）

⑲二〇一五「遣唐使の歴史と意義」『横浜ユーラシア文化館紀要』三

まずその全体を概観しておく。右の遣唐使著作リストを見て気づくのは、石井は節目ごとに遣唐使の総括的な取り組みをしていることである。特に取り上げるべきは⑦⑫⑲であり、これを区切りとして石井の遣唐使研究は三期に区分できると考えている。

まず①から⑥までが初期の研究として位置づけられる。この時期の石井は史料編纂所に勤務しており、その関係での仕事が多い。例えば⑤⑥の『海外視点日本の歴史』シリーズは古代を土田直鎮が担当している。土田は一九八三年まで史料編纂所に在籍しており、⑤⑥の刊行時には国立歴史民俗博物館長として赴任してすでに東京大学を離れていたが、石井とは元同僚として執筆者に起用されたものであろう。

ここで石井にとって遣唐使に関する最初の文章である①「遣唐使節・青年僧の役割」について少し詳しく見ておく。これは一般向けに解説するノートである。遣唐使についてそのはじまりから目的、構成、航路、終末を、後半は留学僧について種類、選考基準・対象、人数、滞在費、修行内容、帰国後の動向などを分かりやすく記したものである。このノートは一般向けという性質もあって石井のオリジナルな視点が見られることはない。また、例えば航路について、前期に北路、中期に南島路、後期に南路と説明するが、現在では南島路は恒常的な航路として想定されてはいなかった可能性が高いと考えられているように[32]、現在の理解と異なるところもある。とはいえ、参考文献として挙げられているのが森克己『遣唐使』と佐伯有清『最後の遣唐使』であり、当時の研究を反映させながら過不足なく丁寧に説明している。石井の遣唐使に対する理解の土台がこれらの研究から形成されたものであることを窺わせる。

そうしたなかで石井が特に意識した視点は、遣唐使の派遣において新羅・渤海の果たした役割である。③の討論では、石井はこれまでの研究の紹介をしながら遣唐使の概要を述べているが、派遣における新羅・渤海との関係について特に重点を置いて解説している。遣唐使の基礎的な理解については森の研究に大きく拠っているが、それだけではなく朝鮮半島との関係を織り込むことによって新たな視角を生み出している。

史料編纂所時代の石井の遣唐使研究のなかでも、その研究手法がもっとも明確に表れているのが、②「唐の「将軍呉懐実」について」とその続編的論文にあたる④「大伴古麻呂奏言について」である。両論文はいわゆる席次争長事件について扱うものである。この事件はそれを報告した遣唐副使大伴古麻呂の復命のなかで言及されたものであり、それが日本に都合がよいことから虚構ではないかと見なされることがあった。[33] こうした虚構説に対して『続日本紀』の記事内容を綿密に分析したものである。特に大伴古麻呂らへの対応にあたった呉懐実という見過されがちな人物について焦点を当てている。その追究においては『安禄山事迹』など日本史研究者では気づきにくい中国史料への目配りを怠らず、史料によっては「呉懐寶」と記されることもあり名前すら定かでなかった人物について同定して、そこを手がかりに事件が実際にあったということを論証する。呉懐実についてはその後、墓誌が発見され、石井の考察が正しいことが証明された。[34] なお、石井は執筆時点の展望として唐の儀礼や外交論理追究の必要性を指摘している。前者は石見清裕に、[35] 後者は山内晋次に[36]よって研究が進展することになる。石井の研究動向に対する見通しの確かさを示すものといえるだろう。

石井にとって史料編纂所での勤務はその研究に大きな影響を与えた。史料編纂所時代の遣唐使研究の総決算ともいうべき成果が、茂在寅雄・田中健夫・西嶋定生氏との共著となる⑦『遣唐使研究と史料』である。本書に石井が加わった経緯としては、共著者の田中健夫が一九四九年から一九八四年まで史料編纂所に奉職しており、石井と深いつながりがあったことが大きな要因であろう。[37] また、③の討論に参加した際にその司会を務めた、当時太平洋学会理事長であった茂在寅雄との接点も窺われる。本書の中で石井は「古代日中関係編年史料稿――推古天皇八年（六〇〇）から天平十一年（七三九）まで」を担当している。⑦は論考ではなく史料集であり、その形式は『大日本史料』を踏襲するものであった。すなわち、史料編纂所のスタイルによって遣唐使史料を集成しようとしたものといえる。その対象年代は六〇〇年から七三九年までである。最初が六〇〇年であることは、古代の日中関係を『隋書』に記される遣隋使から語り起こすものとして至極もっともなところである。対象とする範囲について、そのはしがきでは「史料解釈に異論の多い「日本書紀」の扱う時代」をメインとして時期を限定する旨が述べられている。ただし、その一方で「将来は遣唐使の関係する全期間にわたり内外の資料を博捜して「古代日中関係総合年表」を作製したいと意図しているが、本史料集はその第一段階の基礎作業」として位置づけており、後に田中健夫を代表とする対外関係史総合年表編集委員会による『対外関係史総合年表』[38]へと結実することになる。「編年史料稿」の果たした役割は遣唐使研究に止まらないものであったといえよう。

そして、その刊行を見届けるかのように石井は史料編纂所を退職し、次のステージに進むことになる。

次いで大きな転機となったのが一九八八年である。同年四月に石井は中央大学文学部に赴任する。八〇年代末から九〇年代にかけての石井の研究は、それまで取り組んできた渤海との関係史の総仕上げと、政治外交史以外の対外関係史へのまなざしが前面に出るようになったことである。

前者については『日本渤海関係史の研究』として結実する。その学史的位置づけについては筆者も記したことがある。(39) この点については本書の別稿に譲りたい。(40)

後者では、特に貿易史への視座が強まることに注目したい。石井はこれ以前の一九八七年に「八・九世紀の日羅関係」を著し、(41) その経済的側面について注目している。一九八八年に「九世紀の日本・唐・新羅三国間貿易について」を執筆し、外交的な国際関係とは異なる東アジアへのアプローチを試みている。(42) 一九九二年には「一〇世紀の国際変動と日宋貿易」を著しており、(43) 平安期以降の研究に取り組むようになる。こうしたなかで遣唐使についても、一九八九年に⑧「遣唐使の貿易活動」を公表している。一般向けではあるが、貿易史という視座の一角を構成するものである。古代対外関係史における貿易史研究は、森克己の『日宋貿易の研究』およびその続編(44)によって長くその独壇場であったが、モノの輸入などが主たる観点であった。石井はそこに政治・外交との接点を強く打ち出しており、その先駆性・先見性は評価されるべきであろう。(45)

こうしたなかで石井の遣唐使研究を不朽のものとしたのが⑪「いわゆる遣唐使の停止について」である。この研究の論点においても、既知の史料に対する徹底的な追究という石井の手法がよく表れている。⑪論文では『日本紀略』の「其日」という表記について精緻な検討を加え、(46) それまでの研究の誤解を指摘して新たな見解を打ち出している。

石井の⑪論文によっていわゆる「遣唐使廃止」に関する理解は大きく変化した。それがもっとも端的に表れているのが教科書の叙述である。高校教科書のなかでも知名度の高い山川出版社の『詳説日本史』を例にとってみる。

A 一九八九年版

八九四年菅原道真の建議もあり、律令時代に多くの犠牲をはらいながら、さかんに唐の文物をもたらしてきた遣唐使が廃止された。すでに唐は、八世紀の内乱ののちに衰退をつづけており、独自の成長をとげているわが国にとって、多くの危険をおかしてまで公的な交渉をつづける必要がないと考えられたからである。

B　二〇〇二年版

八九四年、遣唐大使に任じられた菅原道真は派遣の中止を建議した。すでに唐は、八世紀の内覧（安史の乱）ののちは衰退を続けており、多くの危険をおかしてまで公的な交渉を続ける必要がないというのが、その理由であった。結局、この時遣唐使は派遣されないままに終った。

Aでは「遣唐使が廃止された」と明記されており、律令国家が主体的に遣唐使の派遣を取りやめたことが打ち出されている。これに対してBでは、「派遣の中止」という表現になっている。これは八九四年の遣唐使を取りやめることを含意するものであり、遣唐使そのものを廃止＝二度と派遣しない、というわけではない。石井の主張がそのまま教科書に反映したといえる。

ただし、石井は⑪論文の理解が必ずしも正確に伝わっているわけではないことに危惧を抱いていた。それが⑱「寛平六年の遣唐使計画について」の執筆につながっている。同論文は、石井が依頼ではなく自主的に執筆した遣唐使研究としては⑪論文以来、実に二十一年ぶりとなるものであった。それは石井にとって遣唐使研究は自らの研究の中核に据えるものではなく、依頼に応じて対処するという向き合い方となっていたことを意味する。それゆえ⑫論文（一九九二年）以降は⑱論文を除いて全て依頼原稿となっている。換言すれば、⑱論文の執筆は、遣唐使停止問題に関する世間の理解に対して、研究で明らかにしたことについて最後まで責任を持とうとするものであり、そこに石井の使命感を読み取ることは難しくない。

⑱論文では、⑪論文以後、研究上「遣唐使廃止」という理解はほとんどなくなったことを確認したうえで、「遣唐使の停止」について八九四年の遣唐使派遣は早期に沙汰止みとなり、次の派遣計画の前に唐が滅んだとする理解について、[47]自らの主張とは異なるものとして批判する。石井の主張の眼目は『日本紀略』の停止記事自体が疑問であり、八九四年の遣唐使は沙汰止みになどなっていないということを述べるものである。石井の史料解釈への強いこだわりが読み取れる。

なお、この問題は実のところ完全に決着がついたとはいい難い。小中学校の歴史教育においては、その一部に依然として菅原道真による遣唐使「廃止」が記され続けているからである。[48]そうでなくとも、「とりやめ」という説明がなされており、石井の意図とずれた理解が採用されている。高校教育における研究成果の反映は、そこに関わる研究者が一定数いることによって果たされているが、初等教育においては実現しにくく、「遣唐使廃止」あるいは「とりやめ」の通念が残っているのである。研究と教育の関連性という問題においては、これを改めることが遣唐使研究における課題の一つといえる。(49)

研究の動向という点でいえば、「遣唐使停止」という論点は遣唐使というテーマにとどまらない大きな影響力を及ぼすものであった。なぜなら古い理解では、遣唐使の廃止は日本独自の文化を生み出す前提になったと理解され、いわゆる「国風文化」の成立という議論につながっていく。(50)石井の所論はその根底をゆるがすものでもあった。先掲の教科書叙述の問題でいえば、Aでは「我が国と海外諸国との交渉は不振であった」とまとめられていた平安時代の対外関係は、Bでは「大陸との交流は活発におこなわれた」という真逆の評価へと転換したのである。

石井の研究に戻ると、一九九〇年代にそれまで取り組んでいた渤海史研究をまとめにかかり、一九九九年に『日本渤海関係史の研究』として上梓して区切りをつける。そして、二十一世紀における石井の研究は、成尋（渡海僧）、日宋貿易、対高麗関係などにシフトしていく。これらの研究の根底にあるのは「閉鎖的・退嬰的な平安朝の外交姿勢」という理解への批判であり、それは「遣唐使停止」問題への取り組みに端を発するものであった。⑪論文では宇多天皇の海外への関心の高さを強調するが、それは平安朝の対外姿勢への再検討を促すものであり、平安期対外関係が停滞していたのではなく活発であったことへの再検討を喚起させた。

要するに「遣唐使廃止」批判とは、平安対外関係史を低調とする通念に対して疑義を呈し、それを再評価しようとする試みに他ならない。その成果を政治的な関係ではなく、貿易史という視座に結びつけたところに当時としての斬新さがあった。そして、平安貿易史というテーマにおいて避けて通れないのが森克己である。石井のみならず誰にとっても平安対外関係史において厳然たる金字塔として、森克己の『日宋貿易の研究』があった。先述のように森克己批判は山内晋次によって本格的に進み始め、現在の平安対外関係史研究の活性化につながる。石井は政治的関係の解体という方面から取り組み、現在の研究の基礎を作り上げたといえる。

最後に石井の遣唐使総体の理解についてふれておきたい。石井はこれまで遣唐使の派遣回数について何回か言及している。すでに①において十九回（十五回派遣、四回中止）と述べている。③においても十九回としている。回数は①と変わらないが、八九四年の遣唐使について「今回に限っての中止」

と述べており、⑪論文の見通しはこの頃にはできていたようである。ところが、⑧においては二十回（十七回派遣、三回中止、一回停止）としており、回数に変化が見られる。なお、それ以降、⑫⑲においても遣唐使の派遣一覧を挙げているが、派遣について変化は見当たらない。

当初石井が数えていた十九回説は、それまでもっとも通説的に捉えられていた十八回説に、石上乙麻呂の任命を加えたものである。[51] 十八回説は森克己が『遣唐使』において明記するところであり、初期における石井の見解は森克己説にそって、そこに石上乙麻呂を加えて修正したものであったといえる。

これに対して⑧以降は六六七年（天智六）の伊吉博徳《いきのはかとこ》・笠《かさの》諸石《もろいわ》の派遣をカウントしている。森克己は百済鎮将が派遣してきた使者の送使としてこれを遣唐使に入れていない。石井におけるカウントの変化は、六六五年の守大石の派遣への理解と関わる。守大石の派遣について、森は唐朝への派遣と理解したが、石井は⑫において熊津都督府との間の交渉と捉えており、六六五年を数える以上六六七年を外すべきではないという考えに立ったものである。それは「唐」に派遣された使節を全て取り込むという意味をもつ。

⑧以前の石井の遣唐使に対する理解は、それまでの森克己をベースにして考えるものであった。これに対して⑧以降は石井のオリジナルな理解へと進展したものであった。森克己が取り込めなかった、あるいは取り込まなかった学問的成果を含めて再構成したものであった。ただし、それを達成した時点で石井のなかで遣唐使をテーマとする研究は後景に退き、必要に応じて言及するという取り組み方となる。

おわりに

日本古代史研究における対外関係史の位置づけは、この二十年の間に飛躍的に比重を増している。一方で他の分野と同様に個別細分化が進み、全体像の俯瞰が困難になりつつあるという問題が顕在化しつつある。対外関係という視角からの通史は、講座としては石井も編者として主宰した『日本の対外関係』[52]が最近の成果として挙げられるが、統一的な叙述の実現という点では限界がある。[53]

第三期以降、日本古代史における遣唐使の研究はその政治的役割を追究するという傾向を強く持つようになる。その結果、外交・国際関係史としての政治性において成果を上げてきた。そして、それとともに遣唐使の文物将来という、従来文化史的カテゴリーの枠内で理解されてきた歴史を政治的文脈で再構築するようになる。この二つの論点は本来相反するものではないが、七世紀の遣唐使においては第一の論点が強調され、八世紀の遣唐使には第二の論点が注目されるという状況が現出した。しかし、国際交流とは外交に限定されるものではない。石井の遣唐使研究の特色はその徹底した史料分析とともに、広い意味での国際交流のなかに遣唐使を位置づけようとする視点にある。

最後に小稿で取り上げることができなかった、石井の遣隋使研究についてふれておきたい。石井は遣隋使の論文を書き上げた際に、対外関係史についてトータルに論じる準備ができたと述べたという。(54) それがかなわなくなったということは、斯界において痛恨事といわざるを得ない。石井が筋道をつけながらも果たすことができなかった、現段階における古代対外関係史の総論を、石井への批判も含めながら達成することが後進に与えられた課題であることを強く感ずる。

注

(1) 近藤剛の談話による。

(2) 王勇「遣唐使」(『国文学』五〇―一一、二〇〇五年)。

(3) 石見清裕『唐代の国際関係』(山川出版社、二〇〇九年)。

(4) 山内晋次「唐朝の国際秩序と日本」(『奈良平安期の日本とアジア』吉川弘文館、二〇〇三年)。

(5) ただし、国家形成における唐の影響のみをことさらに強調するのは、倭国・日本における朝鮮半島との関係とその影響の重要性を見誤る恐れがあるので注意しなければならない。国家形成における朝鮮半島との関係を強調する見解としては、李成市「古代東アジア世界論再考」(『歴史評論』六九六、二〇〇八年)、鐘江宏之「「日本の七世紀史」再考」(『学習院史学』四九、二〇一一年)など参照。

(6) 由水生「遣唐使」(『歴史地理』五―二、三、一九〇三年)、雨塔「菅公の遣唐使廃止の建議に就て」(『歴史地理』五―三、一九〇三年)。

(7) 大森金五郎によると、由水生は陶山康次郎、雨塔は小林庄次郎である(『大日本全史』上、冨山房、一九二一年)。

(8) たとえば、牧野義智「遣唐使の性質」(『国家及国家学雑誌』五―二、一九一七年)、同「遣唐使の事績について」(『歴史と地理』五―一、一九二〇年)、西岡虎之助「遣唐使」(『中央史壇』六―四、一九二三年)、藤麿王「日唐通交と其影響」(『寧楽』一〇、一九二七年)等。

(9) 谷森饒男「日唐の交通路に就いて」(『史学雑誌』二六―五、一九一五年)。

(10) 板沢武雄「日唐交通に於ける国書問題に就いて」(『史林』二四―一、一九二九年)。

(11) 筑波藤麿「日唐関係」(『岩波講座日本歴史』岩波書店、一九三三年)。

(12) 辻善之助『増訂海外交通史話』(内外書籍株式会社、一九三〇年、初版一九一七年)。

(13) 秋山謙蔵『日支交渉史話』(内外書籍株式会社、一九三五年)、同『日支交渉史研究』(岩波書店、一九三九年)。

(14) 西村真次『日本海外発展史』(東京堂、一九四二年)、藤田元春『上代日支交通史の研究』(刀江書院、一九四三年)、秋山謙蔵『東亜交渉史論』(第一書房、一九四四年)。なお、『日支

交通史』上・下（冨山房、一九二五・一九二六年）を刊行した木宮泰彦も、同書を全面更訂した『日華文化交流史』を一九四五年に刊行する予定であったが東京大空襲により烏有に帰したと述懐している（木宮泰彦「序」『日華文化交流史』冨山房、一九五五年）。
(15) 注14参照。
(16) 森克己『遣唐使』（至文堂、一九五五年）。
(17) 鈴木靖民の談話による。
(18) 森は一九四五年に同名の研究によって東京帝国大学文学博士を取得している。
(19) 山内晋次「日宋の荘園内密貿易説に関する疑問――11世紀を中心として」（『歴史科学』一一七、一九八九年）。
(20) 森克己「遣唐使と新羅との関係」（『中央大学文学部紀要』四九、一九六八年、後に『新編森克己著作集2 続日宋貿易の研究』勉誠出版、二〇〇九年）、鈴木靖民「日羅関係と遣唐使」（『朝鮮史研究会論文集』七、一九七〇年、後に補訂して「対新羅関係と遣唐使」『古代対外関係史の研究』吉川弘文館、一九八五年）。
(21) 李成市「古代史にみる国民国家の物語」（『世界』六一一、一九九五年）。
(22) 鐘江宏之は遣唐使による中国（隋唐）の制度の導入という観点を批判し、朝鮮半島との関係を第一に見るべきことを主張している。鐘江宏之前掲注5論文。
(23) 佐伯有清『最後の遣唐使』（講談社、一九七八年）。
(24) 西嶋定生「六―八世紀の東アジア」（『西嶋定生著作集 第三巻』岩波書店、二〇〇二年、初出一九六二年）。
(25) 石母田正『日本の古代国家』（岩波書店、一九七一年）。
(26) 山尾幸久「遣唐使」（『東アジア世界における日本古代史講座』6、学生社、一九八二年）。
(27) 「座談会 森克己論集再再版と思い出」（『新編森克己著作集5 古代～近代日本の対外交流』勉誠出版、二〇一五年）。
(28) 『法政史学』二二。石井は附記において、「本稿を成すにあたり、種々御指導御助言を賜った森克己先生、並びに全てに亘り御指導を賜った丸山忠綱先生に、ここに深く謝意を表したい。又種々御配慮頂いた森陸彦氏に厚く御礼を申し上げる」と記している。
(29) 前掲注27。
(30) 「文永八年来日の高麗使について」（『東京大学史料編纂所報』一二、一九七八年）。
(31) 一九七九年に概説として「円仁と張宝高」（『図説 人物海の日本史1』毎日新聞社）を執筆しており、これも対唐関係に関連するものではあるが、日本の遣唐使を直接の対象とするものではないのでここでは除いておく。
(32) ただし、山里純一は南島路の存在を認めている。「南島路の存否」（『古代日本と南島の交流』吉川弘文館、一九九九年）。
(33) 前掲注26山尾論文。
(34) 拝根興「新発現的墓志石刻与唐代東亜交流」（『石刻墓志与唐代東亜交流研究』科学出版社、二〇一五年）、なお石見清裕「中国唐代史から見た石井正敏の歴史学」（本書所収）も参照されたい。
(35) 石見清裕「外国使節の皇帝謁見儀礼復元」（『唐の北方問題と国際秩序』汲古書院、一九九八年）。
(36) 山内晋次「唐朝の国際秩序と日本」（『奈良平安朝の日本とアジア』吉川弘文館、二〇〇三年）
(37) なお、石井は一九七五年に『海外交渉史の視点 1』（日本書籍）において「新羅・渤海との交渉はどのように進められたか」「大宰府および各地の客館は外交上どのような目的・役割をもっていたか」という二つの原稿を担当している。本書の編者は森克己と田中健夫であった。石井が本書に参加したのは森の推薦によるものであろうが、一九七六年に史料編纂所に入所する以前の段階で田中との接点もあったことがわかる。

(38) 吉川弘文館、一九九九年。

(39) 拙稿「渤海史研究の論点」(『唐代史研究』五、二〇〇二年)。なお、他に古畑徹「戦後日本における渤海史の歴史枠組みに関する史学史的考察」(『東北大学東洋史論集』九、二〇〇三年)、浜田久美子「渤海史研究のあゆみ」(『歴史評論』六三四、二〇〇三年)、榎本淳一「日渤関係史研究の成果と意義」(『史学雑誌』一一三―七、二〇〇四年)も参照のこと。

(40) 古畑徹「『日本渤海関係史』の評価をめぐって」(本書所収)参照。

(41) 田中健夫編『日本前近代の国家と対外関係』(吉川弘文館)。

(42) 『歴史と地理』三九四。

(43) 『新版古代の日本2　アジアからみた古代日本』(角川書店、一九九二年)。

(44) 森克己『日宋貿易の研究』(国立書院、一九四八年)、『続日宋貿易の研究』(国書刊行会、一九七五年)、『続々日宋貿易の研究』(国書刊行会、一九七五年)。

(45) なお、古代における貿易史は二一世紀に入り盛んになる。代表的な研究として、田中史生『国際交易と古代日本』(吉川弘文館、二〇一二年)、渡邊誠『平安時代貿易制度史の研究』(思文閣出版、二〇一二年)などがある。

(46) 石井は皆川完一・山本信吉編『国史大系書目解題　下』(吉川弘文館、二〇〇一年)において「日本紀略」を担当している。編者の皆川は一九九二年に中央大学に赴任して石井の同僚となっており、⑪論文によって「日本紀略」執筆の契機になったものと推測される。

(47) 保立道久『黄金国家』(青木書店、二〇〇四年)。

(48) たとえば、育鵬社や自由社の小中学校向けの教科書にはいまだに「廃止」と記されている。

(49) 日本古代史でいえば、他にも吉村武彦が批判する「公地公民」に対する理解(吉村武彦「古代社会と律令制国家の成立」『日本古代の社会と国家』岩波書店、一九九六年)もそのままの形で残されている。初等教育では教員が歴史研究に精通することは困難であり、古いままの歴史理解が通用しやすいと推察される。

(50) さしあたって旧来の「国風文化」に対する批判と議論の再構築としては、木村茂光『「国風文化」の時代』(青木書店、一九九七年)参照。

(51) 東野治之「天平十八年の遣唐使派遣計画」(『正倉院文書と木簡の研究』塙書房、一九七七年)、鈴木靖民「『懐風藻』石上乙麻呂伝の一考察」(『古代対外関係史の研究』吉川弘文館、一九八五年)。

(52) 『日本の対外関係』(全七巻、吉川弘文館、二〇一〇～二〇一三年)。石井が主に担当したのは一～三巻である。

(53) 朝鮮との関係に限定すれば、関周一編『日朝関係史』(吉川弘文館、二〇一七年)が各時代一人による執筆という体裁であり、統一的な全体像の構築に取り組んでいる。

(54) 近藤剛の談話による。

【III 継承と発展】

平氏と日宋貿易——石井正敏の二つの論文を中心に

原 美和子

はら・みわこ——雙葉中学校・高等学校教諭。専門は古代・中世前期対外関係史。主な論文に「宋代東アジアにおける海商の仲間関係と情報網」(『歴史評論』五九二、一九九九年)、「南北朝期における平清盛の日宋交渉への評価について」(『室町時代研究』三、二〇一一年)などがある。

博多津から離れた立地にあった神崎荘や島津荘などが、博多を拠点に貿易活動を行う宋海商と契約を結び、博多における取引のネットワークを有していたとの石井正敏の見解に注目し、平氏政権と日宋貿易の実態を考える手がかりとなる可能性を指摘する。

はじめに

筆者に与えられた課題は、日宋貿易及び宋海商などを中心に、石井正敏の業績を論じることであった。そこで、本稿を成すにあたり、日宋貿易とその時代を中心とする石井の諸論考[1]を読み返したところ、改めて実感したことは、その学問の多彩さとともに、際だった特徴が、一つの史料に真摯に向き合い、史料の一字一句を大切にし、厳密に検討し、読解していく姿勢であることであった。周知の史料であっても通説にとらわれず、史料を緻密に読み解く。そして、それまでの説に疑問を提示し、新たな視点を導きだすという手法が貫かれているのである。導き出された結論の説得力は圧倒的な力をもち、その業績の偉大さを再確認した[2]。平安・鎌倉時代の対外関係史料は多くはなく、数が限られていると言われているが、限られた史料であるからこそ、厳密に読み解くことで、先行研究の誤りを正してきたのだと考えている。

研究に臨む姿勢については、自身で次のように述べている。

歴史を学ぶ者の心構えの一つとして、「虚心に史料を読め」と言われることがある。しかし実際には、史料の読解という日常的な作業は、それまでの蓄積を先入観としている。そして私の体験からすると、誤った先入観や思い込みによって史料や文献を誤解し、その誤解に気付かないまま検討を進め、あとで気付いて「なーんだ」と思ったり、人から指摘されて顔に汗する思いをすることがよくある。（中略）厳密な実証史家として知られた故飯田瑞穂先生は、中央大学の大学院における授業で、活字本のテキストの場合でも、院生に白文で書写させ、自分で句読点・返り点をうって読解を進めさせるという形を取られていたことがある。直接お聞きして確かめることはしなかったが、史料を読むという基本的な作業は、先人の仕事を尊重しながらもそれに頼らず、自ら史料に向き合う姿勢が大切であることを教えられたものと理解している。一字一句を忽せにしないという先生の研究姿勢を少しでも学びたいと思っているが、難しい。(3)

これはまさに、石井から研究会やゼミなどの際に伝えられた、史料に向き合う厳密な姿勢と合致し、この随筆を読んだ時に非常に納得したことを思い出す。成果があがる保証のない地道な作業を時間をかけて繰り返し、とことん史料にもとづく実証的研究にこだわるこの研究姿勢こそを、継承することができたらと思う。

小稿では、「肥前国神崎荘と日宋貿易――『長秋記』長承二年八月十三日条をめぐって」（『古代中世史料学研究』下、吉川弘文館、一九九八年）（以下、論文aとする）と「年未詳五月十四日付源頼朝袖判御教書案について――島津荘と日宋貿易」（『中央史学』三七、二〇一四年）（以下、論文bとする）の二本の論文を取り上げ、平氏と日宋貿易に関する石井の指摘について触れたいと思う。

一、平忠盛の日宋貿易への関与について

論文aでは、『長秋記』の長承二年（一一三三）八月十三日条の記事が検討されている。この史料自体は目新しいものではない。論文aから史料を以下に転載する。(4)

晴陰不レ定也。早朝帥中納言送レ書云、大切可二示合一事出来、可二来向一。輦レ車可レ下也。者、仍午時許行向。云、鎮西唐人船来着。府官等任レ例存問、随出二和市物一畢。其後備前守忠盛朝臣自成二下文一、号二院宣一、宋人周新船、為二神崎御庄領一、不レ可レ経二問官一之由、所二下知一也。此事極無二面目一、欲レ訟二申院一也。其上書案可二書給一。不レ可レ振レ筆、唯和名書二天可レ作也。者、仍書二々案一。……

抑宋人来着時、府官存問、早経二上奏一、安堵・廻却、所

レ従二宣旨一也。而可レ為二庄領一由、被二仰下一条、言語道断也。日本幣〔弊イ〕亡不レ足レ論、外朝恥辱更無レ顧。是非レ他、近臣如二猨犬一所為也。

概略を述べると、「鎮西」に来着した「宋人周新」（海商）の船に対する大宰府の行為に対し、平忠盛が下文を作成し「院宣」と号して、神崎荘の権利を主張した。神崎荘は、肥前国の有明海に面した荘園で、当時は鳥羽院領として知行されていた。忠盛は、鳥羽院の近臣で院司、また神崎荘預所の立場からこの記事に表われる。

（一）宋船の来着地について

論点の一つは、宋船の来着地がどこかということである。「到着地の問題は、忠盛の主張の根拠を考える上で重要な意味をもっている」[5]との認識から石井は、それまでに提示されていた諸説の検討を試みた。以下が先行の諸説である。

①有明海に面した神崎荘現地に来着した。

②博多にあった神崎荘の倉敷地に来着した。

③博多津に来着した。

イ　貿易手続きの検討

船の来着地を明らかにするために石井は、「大宰府はどこまで周新との間の貿易を進め、忠盛の下知がどの時点で出されているのか、といった視点から考察することが有効であると考える」[6]として、記事中の「府官等任例存問、随出和市物畢」（府官等例に任せて存問し、ままに和市《わし》物〈交易用の品〉を出し畢《おわ》んぬ）の部分に注目した。従来は、大宰府が例に従って存問（宋商人が来航すると大宰府が宋船の責任者〈綱首《ごうしゅ》〉の姓名、来日理由、積載品目などを尋ね、公憑《こうひょう》などの必要書類をの提出を求めること）し、貿易を完了した後、忠盛からの抗議があった、という理解が一般的であった。石井は記事の文章から、「存問」と「和市物を出す」ことは一連の行為と考えられること、つまり和市物を出すとは、商人の交易品である和市物を船外に出す行為（搬出・陸揚）と解釈し、「畢」はその作業が終了したことを意味するとした。商人との公貿易の実務は、商人に対する処置（年期《ねんき》制に照らして滞在と貿易を許可する〈安置〉または貿易を認めずに帰国させる〈廻却〉）を知らせる宣旨を待ったうえで行われるため、指示を待つ間、商人の積み荷は船内に放置しておくのではなく、陸揚げして、しかるべき施設に収容していたと考えるのが自然であると指摘した。従って、忠盛が下文を発給したのは、朝廷からの指示が来る以前のことであり、船の来着地は大宰府が管理する博多津であろうとの結論を導き出した。

ロ　「庄領」と「鎮西」の解釈

次に、「為神崎御庄領」（神崎の御庄領たれば）・「可為庄領」

（庄領たるべし）の部分の解釈に取り組んだ。この文言を根拠に、神崎荘現地に船が来着したとの説が出されてきたが、石井は、「庄領」が荘園の領域を指すのではなく「船」にかかるとの大庭康時の説を受けて、当時の史料に頻出する「庄領」が、庄家の領掌（土地を領有して支配すること）を意味することを確認した。そして、「為神崎御庄領」「可為庄領」は、周新の船の支配権・管理権が神崎荘にあることを主張しているのであって、神崎荘領域・領地といった場所を述べているわけではないことを論証した。[7]

また、「鎮西」という語の諸史料における用例を精査し、「鎮西」には広狭両用の意味があり、狭い意味では、大宰府ないし大宰府周辺を指す場合があることを確認し、「鎮西唐人船来着」（鎮西に唐人船来着す）とあるのは、大宰府博多津に周新の船が来着したと読めるとした。これらの検討を通して、周新の船の来着地は大宰府が管理する博多津であり、大宰府が存問と船の積載品の陸揚という通常の任務を行い、朝廷からの指示を待っていたところ、忠盛が貿易の権利は神崎荘にあると主張して大宰府の管理を排除しようとしたものであったとの理解を示した。

（二）忠盛の主張の根拠について

さてもう一つの論点が、忠盛が周新の船との貿易の権利が神崎荘にあることを主張した根拠である。そこで石井は、「不可経問官之由」の部分の読みを検討した。五味文彦の「官の経問をすべからず」と読む解釈に対し、石井は、『参天台五台臺山記』にみえる「問官」の用例から、「問官」が大宰府を指す語であることを指摘し、「問官を経べからざるの由」と読んだ。[8] そのうえで、以下の推論を導き出した。

神崎荘では唐物を年貢に加えるべく、周新との間に、一定の契約を結んでいた。このような取引方法は広く行われていたが、あくまでも大宰府の存問・検領を経た後に許されることであった。ところが忠盛は、この慣行を無視して、大宰府の干渉を全面的に排除する行動に出たため、手続きを無視した〈言語道断〉の行為とされた。つまり今回の問題は、全てを忠盛ないし神崎荘側が管理しようとしたところに問題があったのではないだろうか。[9]

『長秋記』の記事は、平氏が忠盛の時代から日宋貿易に着目していた事例としてとりあげられてきた、平氏の日宋貿易を評価する貴重な材料の一つである。石井は、忠盛の貿易関与に関しては、以下のように評価している。

これは個人的な立場からの行為というよりも、荘園の権利を守ろうとする意志に発した行動ではなかったろうか。前年には内の昇殿を許されて、いよいよ院近臣として飛ぶ島落とす勢いを示す忠盛は、院領の権益確保のための行動とみるべきではあるまいか。（中略）上述したような筆者の理解によれば、忠盛自身対宋貿易に積極的に取り組もうとする意欲を読みとることができると考える。(10)

宋船の来着地については、未だに論争が続いているようであるが、私は、石井の論文a並びに次に取り上げる論文bの検討によって、来着地に関する博多津説はほぼ確実なものとなったと考えている。

二、平氏管理下に置かれた島津荘の日宋貿易について

論文bが検証した史料も以下に同論文から転載する。(11)

在御判（源頼朝）

自㆓近衛（基通）殿㆒被㆓仰下㆒、嶋津庄官訴申、為㆓宰府㆒背㆓先例㆒、今年始以押㆓取唐船着岸物㆒事、解状遣㆑之。早停㆓止新儀㆒、如㆑元可㆑令㆑付㆓庄家㆒也。適為㆑被㆓仰下㆒事之上、如㆑状者、道理有㆑限事也。仰旨如㆑此。仍以執達如㆑件。

五月十四日　（平）盛時奉

伊豆藤（天野遠景）内殿

これも周知の史料である。論文bに従い、小稿でも便宜上、「頼朝御教書《みぎょうしょ》」とよぶこととする。島津荘は、南九州の日向・大隅・薩摩三国にまたがった摂関家領荘園であった。当時の領主であった近衛基通が、「唐船着岸物」を大宰府によって押し取られたとする荘官の訴えを源頼朝に伝え、頼朝が大宰府の行為を「新儀」とみなし、押し取ったものを荘家に返却すべきことを、鎮西統治のために九州に派遣していた御家人天野遠景に命じた、というのが内容である。

（一）宋船の来着地について

まず、史料に見える「唐船着岸物」についてであるが、石井は、寄船《よりぶね》・寄物（遭難した船の漂着物）ではなく、貿易船の積み荷であると解釈した。そのうえで、事件の現場、すなわち宋船の来着地が重要な論点の一つとなることを指摘している。これまでの通説では、船の来着地は島津荘域つまり島津荘現地とされてきた。石井は、大塚紀弘が示した博多津との見解(12)を受け、検討をすすめた。『御室相承記』、『台記』、『本朝世紀』の関連史料の錯綜した部分を整理し、久安三～四年に「西海庄」や、杵嶋《きしま》荘が孔雀や鸚鵡などを摂関家や覚法法親王に献上した出来事について検討した。「西海庄」については、孔雀を摂政藤原忠通に献上していることから摂関家領と考えられるとし、島津荘に比定した。そして、「西海庄」（南九州の島津荘）や杵嶋荘（神崎荘と同様に有明海に面した地にあった）は、それぞれの荘園現地に来航した宋船から孔雀や

鸚鵡などを入手したのではなく、大宰府博多津に来航した宋商人から入手したのだと結論づけた。

また、建保六年（一二一八）に、神崎荘と深い関わりをもっていた博多津在住の宋商人張光安《ちょうこうあん》が殺害された事件を取り上げ、神崎荘が博多津在住の宋海商と深い結びつきをもっていたことに触れ、これらの事例から、以下のように推論している。

博多津から離れた場所に位置する荘園では唐物入手のために博多津在住の荘官を置いたり、あるいは現地在住の宋海商と契約を結んで、唐船入港情報や積載品（唐物）をいち早く入手するルートを構築していたものと思われる。島津荘や孔雀献上で触れた杵嶋荘もおそらくこのようなネットワークを有していたとみて間違いないであろう。以上、「頼朝御教書」にみえる島津荘と大宰府との争いの現場は博多津であり、神崎荘の例を参考にすると、島津荘がある種の契約を結んでいた唐船の積み荷を大宰府が押し取ったことで紛争が生じたものと推測されることを述べてきた。(13)

さらに、文治三年（一一八七）以後、源頼朝の命によって天野遠景の使者が島津荘に入部することが停止された事実(14)から、「頼朝御教書」の事件現場が島津荘現地でおこったとは考えられないと指摘した。(15)

（二）島津荘側が主張する「先例」について

ところで、島津荘の領有は、平氏政権下で複雑な問題をはらんでいた。島津荘は摂関家領であったが、仁安元年（一一六六）に摂政藤原基実が死去した後、子の基通が幼少であったため、基実の弟の基房が摂政・氏長者を継いだ。しかし、平清盛の娘盛子が基実に嫁いでいたため、清盛は、島津荘を始めとする摂関家の主要な財産を盛子に伝領させた。その後治承三年（一一七九）に盛子が亡くなると、盛子が管理していた基実の遺領を後白河上皇と基房が収公する。それを契機に、清盛による治承三年のクーデターがおこった。清盛は基房らを解官し、後白河院政を停止させ、基通を関白とし、島津荘をはじめとする基実の遺領を継がせた。

石井は、島津荘を始めとする主要な摂関家領は、基通名義ではあるものの、実質的には平氏の管理下に置かれたため、「頼朝御教書」の発給の直前まで島津荘は平氏の管理下にあったとし、史料にみえる「先例」は、「平氏時代の貿易のあり方に関わるものであったことはあきらかである」(16)と述べている。

私はこの指摘に注目したい。「平氏時代の貿易のあり方」が具体的にどのようなあり方を意味するのか、論文bからは読み取りにくいが、『NHKさかのぼり日本史　外交篇［八］鎌倉「武家外交」の誕生』（NHK出版、二〇一三年）の一七七―一七八頁を参考にすると、忠盛の時代に神崎荘が行っていた、宋商人との間に何らかの契約を結んで博多津で取引を行っていたような貿易のあり方を「先例」と考えていることが推測できる。とすれば、孔雀や鸚鵡の輸入を行った久安三～四年の頃から引き続き、平氏管理下にあった島津荘でも、博多津に来着したり在住したりしていた宋海商と何らかの契約を結んでの取引が行われていたことを石井が想定していたことになる。

おわりに

平氏が日宋貿易に積極的に関与したことは、自明のことのように語られてきているが、平氏と日宋貿易に関しては、未だ不明な点が多い。その実態解明に近づく貴重な検討材料の一つが、論文aが扱った『長秋記』の平忠盛に関する記事である。また、「頼朝御教書」に見える島津荘が主張した「先例」についての、論文bにおける石井の指摘は注目できる。すなわち、平氏管理下にあった島津荘が博多津における取引のネットワークを有して活動していたという指摘は、平氏による日宋貿易の具体像を解明するための貴重な手がかりの一つを提示していると言えよう。

平氏政権下における日宋貿易の状況については、近年いくつもの新たな視点や知見が提示されている。[17] 私には今ここで、この問題を論ずる用意はないが、近年の研究成果に学びつつ、改めて、平氏と日宋貿易との問題を考えていく必要を感じている。渡邊誠が「日宋貿易と言えば平氏政権をまず思い浮かべるほど、平氏の貿易への関与は特別視されやすいが、実態をみればそれは、まったく新たに創出された仕組みによるのではなく、既存の貿易の機構と組織を整備・発展させたものであり、また院やその他の権門と共同した貿易経営とみなければならない」[18]と指摘しているように、今後検討すべき論点の一つに、平氏の背後にいる院の関与の問題があろう。『長秋記』の記事で言えば、私は、「而可為庄領之由、被仰下条」という部分の解釈が気になっており、大宰権帥藤原長実が鳥羽上皇に抗議しようとしていることとあわせて、鳥羽上皇の意志がどの程度、忠盛の行動に影響していたのか、検討する必要を感じている。[19] 後白河上皇が宋との交流に深く関与したことは、いくつもの事例から明かにされてきている。承安年間（一一七三～一一七五）における平清盛による宋への返牒問題においても、後白河上皇の意志が強くはたらいていたと私は考えている。

以上、小稿で取り上げた、石井正敏の日宋貿易に関する二つの論考が、平氏政権と日宋貿易の具体的な姿の解明の手がかりともなる視点を提示しているとともに、荘園と海商の契約やネットワークの存在など、日宋貿易の体制や海商の活動の実態を考えるうえでも、大宰府の貿易管理権や幕府による大宰府実効支配の進展の問題を考えるうえでも、今後検討すべき数多くの論点を提示した、重要な論考であることを確認しておきたい。

注

(1) c「十世紀の国際変動と日宋貿易」(『新版古代の日本第二巻 アジアからみた古代日本』角川書店、一九九二年)、d『東アジア世界と古代の日本』(山川出版社、二〇〇三年)。渡海僧全般に関するe「入宋巡礼僧」(『アジアのなかの日本史V 自意識と相互理解』東京大学出版会、一九九三年)やf「遣唐使以後の中国渡航者とその出国手続きについて」(『島と港の歴史学』中央大学出版部、二〇一五年)。渡海僧の中でも、『参天台五臺山記』の記主である成尋や『参天台五臺山記』に関するg「成尋生没年考」(『中央大学文学部紀要』史学四四、一九九九年)、h「『参天台五臺山記』にみえる「問官」について」(『八—一七世紀の東アジア地域における人・物・情報の交流——海域と港市の形成、民族・地域間の相互認識を中心に(上)』科学研究費補助金研究成果報告書、二〇〇四年)、i「成尋——一見するための百聞に努めた入宋僧」(『古代の人物⑥ 王朝の変容と武者』清文堂、二〇〇五年)、j『成尋阿闍梨母集』にみえる成尋ならびに従僧の書状について」(『中央大学文学部紀要』史学五二、二〇〇七年)、k「源隆国宛成尋書状について」(『中央史学』三〇、二〇〇七年)。日本と高麗の関係について論じたl「文永八年来日の高麗使について——三別抄の日本通交史料の紹介」(『東京大学史料編纂所報』一二、一九七七年)、m「日本と高麗」(『海外視点・日本の歴史五 平安文化の開花』ぎょうせい、一九八七年)、n「日本・高麗関係に関する一考察——長徳三年(九九七)の高麗来襲説をめぐって」(『アジア史における法と国家』中央大学出版部、二〇〇〇年)、o「『小右記』所載「内蔵石女等申文」にみえる高麗の兵船について」(『朝鮮学報』一九八、二〇〇六年)、p「藤原定家書写『長秋記』紙背文書「高麗渤海関係某書状」について」(『人文研紀要』六一、二〇〇七年)、q「『異国牒状記』の基礎的研究」(『中央大学文学部紀要』史学五四、二〇〇九年)、r「貞治六年の高麗使と高麗牒状について」(『中央大学文学部紀要』史学五五、二〇一〇年)、s「高麗との交流」(『日本の対外関係三 通交・通商圏の拡大』吉川弘文館、二〇一〇年)、t「文永八年の三別抄牒状について」(『中央大学文学部紀要』史学五六、二〇一一年)など。

(2) 例えば、注1前掲oでは、『小右記』の刀伊入寇関係記事の原文の緻密な検討を進め、大日本古記録の『小右記』の原文に付けられた傍注では「不懸檝」(檝《かい》〈船を進める櫂、オールのこと〉を懸けず)と読まれていた部分を、底本である前田育徳会尊経閣文庫本が記す「下懸檝」(下に檝を懸く)とするのが自然であると結論づけた。わずか一文字の校訂によって解釈が全く変わることを示し、「下」という文字で読むことで、高麗の兵船の構造が明らかにできることを指摘している。

(3) 『参天台五台山記』研究所感——虚心に史料を読む、ということ」（『日本歴史』六〇〇、一九九八年）三二、三五頁。
（4）一七七頁。東京大学史料編纂所架蔵東山御文庫本写真帳により、同所架蔵写真帳二種及び写本等を参照して校訂している。文字、返り点などすべて論文aの記載に従った。
（5）一七八頁。
（6）一八五頁。
（7）「博多綱首殺人事件――中世前期博多をめぐる雑感」（『法哈嗟』三、一九九四年）。
（8）「日宋貿易の社会構造」（『今井林太郎先生喜寿記念　国史学論集』同論文集刊行会、一九八八年）。
（9）一九五―一九六頁。
（10）一九六頁。
（11）二三―二四頁。文字、返り点、傍注などすべて論文bの記載に従った。
（12）「唐船貿易の変質と鎌倉幕府――博多綱首の請負から貿易使の派遣へ」（『史学雑誌』一二一―二、二〇一二年）
（13）三二頁。
（14）文治三年九月九日付源頼朝袖判下文（『鎌倉遺文』二六二号）。
（15）三四―三五頁で、事件現場を博多津と考えることで、天野遠景による大宰府の実効支配がどの程度進展していたかという評価にも影響することを指摘している。
（16）二五頁。
（17）渡邉誠『平安時代貿易管理制度史の研究』（思文閣出版、二〇一二年）、榎本渉『僧侶と海商たちの東シナ海』（講談社、二〇一〇年）、髙橋昌明『平清盛　福原の夢』（講談社、二〇〇七年）、山内晋次「平氏と日宋貿易――通説的歴史像への疑問」（『神戸女子大学古典芸能研究センター紀要』六、二〇一二年）、注12前掲論文など。
（18）注17前掲書、二九三頁。
（19）論文a、二〇一―二〇二頁では、『長秋記』の記事に見える「院宣」は、院の意志、命令の意で用いられていることを検討している。拙稿「南北朝期における平清盛の日宋交渉への評価について」（『室町時代研究』三、二〇一一年）二一二頁。

日宋貿易の制度

河辺隆宏

日宋貿易に関わる制度の一つに年紀制がある。来日する中国海商に一定の間隔を空けて来航させる制度で、十世紀初頭から十二世紀前半頃まで機能した。また、同時期には日本人の海外渡航を禁止する渡海制も存在した。中国でも、海商が海外渡航する際に渡航許可証が発給されるなど、日中の出入国管理に関する諸制度を概観する。

はじめに

本稿に与えられた課題は「日宋貿易の制度」である。森克己の日宋貿易に関する一連の研究が出て長らく経つが、ここ二十年程の間に、山内晋次・渡邊誠を中心に森説に対する再検討が行なわれ、批判すべきもの・発展的に継承すべきものが論じられてきた。このような研究状況のなかで、石井正敏も日宋貿易に関わる論考を著してきた。そこで本稿では、「日宋貿易の制度」の中で石井も言及してきた、来日する中国海商が一定の年限を空けて来航しなければならないことを定めた年紀制と、日本人が海外渡航することを禁じた渡海制を取り上げる。さらに、海商が海外渡航する際に渡航許可証として発給された公憑《こうひょう》についても触れていきたい。

一、年紀制とは

年紀制(1)とは、外交使節や中国海商に対して一定の間隔を空けて来航させる制度である。天平期の新羅使に対するものに始まり、渤海使に対しては八二四年(天長元)に十二年に一

かべ・たかひろ――帝京第三高等学校教諭。専門は日本古代対外関係史。主な論文に「来日宋海商の廻却と廻却官符」(『中央史学』三三、二〇一〇年)、「『朝野群載』所収宋崇寧四年「公憑」について」(中央大学人文科学研究所編『情報の歴史学』中央大学出版部、二〇一一年)などがある。

度の来航とする年紀が定められ、来航の基準として機能していく。その後、十世紀初頭に中国海商に対する年紀が制定され、十二世紀前半までその機能を果たした。中国海商に対する年紀は、『貞信公記抄』九四五年（天慶八）七月二十九日条に「延喜十一年の制の後、唐人来着の時、度々符案を見せしむ。即ち奏せしめて云く、期□〔限カ〕を過ぐるに早く安置すべきものなり」とみえるのが早いものである。一般的には、九一一年（延喜十一）に制定され、同一海商の連年の来航を禁止し、帰国から再来日まで二年から三年の間隔を空けて来航させる制度と考えられてきた。新羅使や渤海使への年紀制を基にして、中国海商にも年紀の基準を設けたことは明らかであろう。(2) 近年では渡邊により、中国海商への年紀制は、前回来航から今回来航までの間隔で計算し、年紀の年限は十年以上十二年以内とする見解が示されている。(3) 以下、宋海商の来日から帰国までを追い、日宋貿易における年紀制の運用をみていく。

宋海商が来日すると、大宰府（大宰府管内以外では来着地の国司）では海商に対して来航理由や船員・積載品の中身を検査する存問《そんもん》を行ない、海商に公憑や積載品リストである貨物解文《げぶみ》・和市物解文・船員名簿などを提出させる。その詳細を朝廷に報告するために、存問内容などを記した解文を作成するなどの一連の作業を行なう。海商の来着は関係文書を副えて奏上され、朝廷では陣定において、海商の滞在を認めるか否かについて議論を行ない、天皇の裁可を経て海商の処遇が決定され、官符（もしくは宣旨）で大宰府（国司）に指示が伝えられる。海商の滞在・貿易を許可することが「安置《あんち》」で、滞在・貿易を許さずに帰国させることが「廻却《かいきゃく》」であり、前者では安置官符、後者では廻却官符が発給されるものと理解されている。また、安置となり滞在していた海商が帰国する場合でも、廻却官符が発給されていることもあり、入国から帰国まで海商は朝廷の管理下に置かれていたことがうかがえる。(4)

二、年紀制の運用

年紀違反で来着した海商は、天皇の徳を慕って来航した旨を述べることによって廻却を逃れようとする。日本側でも、徳を慕って来航してきた者を追い返さずに滞在させてしまう場合がある。徳を慕って来日する彼等は、朝貢者的存在とみなされていた。(5) その他にも、年紀違反であるが天皇代がわり後の最初の海商来航であるので安置とする例や、年紀違反で廻却とされながら、実際には風待ちなどの理由で滞在を認めている例もある。年紀を厳格に適用する時期もあれば、柔軟な運用をする時期もあり、[6]年紀の年限を遵守して来航することが滞在の絶対条件ではなかった。年紀を基本的な指標としながら、状況に応じて滞在許可・不許可の判断が行なわれていたのである。これは、年紀制による管理が有名無実であったことを示しているわけではない。むしろ、このような柔軟な運用を可能としている背景には、海商入国時における関係文書の提出から、帰国時の廻却官符発給まで、海商の来航に備えた体制が整備されていた状況があったといえよう。年紀制は海商への来航を制限するものとして消極的に捉えられることもあったが、出入国・貿易管理を積極的に行なうため、対外的秩序維持のために設けられた制度と理解されてきている。[7]

財政面に注目すると、同一人の連年の来航を制限したのであり、別人であれば連年の来航が妨げられるものではなく、財政的懸念からの政策ではないとする見解がある。[8]一方で、森克己が論じた当該期の財政緊縮政策という視点と新たな年紀計算方法に基づき、制定根拠の一つとして朝廷が海商と貿易するにあたっての財政負担軽減があったとする見解がある。[9]この見解に対しては、目的が財政緊縮であるならば、来航制限よりも海商の滞在長期化を抑制する方が効果的である、との指摘もある。[10]

三、年紀制と貿易形態の変化

年紀制によって宋海商への管理が行なわれていたことが確認できるのは、十二世紀前半までである。『中右記』一一二七年(大治二)十二月二十六日条に「大宰府申す唐人四人来着の事。人々定め申して云く、年紀叶わざれば、廻却せらるべきか」とあり、年紀違反で来航した唐人(宋海商)の処遇について議論している。これ以後、同様の史料をみることは出来ない。何故この頃に年紀関係の史料がみられなくなるのであろうか。同時期の北宋滅亡(一一二七年)が、日本政府の対外姿勢に何らかの影響を与え、年紀制による管理が放棄されたとする見解[11]とともに、貿易形態の変化が注目される。十一世紀後半より海商が博多に長期滞在・定住する貿易形態(住蕃貿易)が展開されはじめるが、このことについて大庭康時は、古代の管理貿易システムは海商の来航ごとに対応するものであったのに対して、十一世紀後半から十二世紀代にみられる住蕃貿易の主体が宋海商であるにせよ、博多に貿易拠点を置いたことは日本側からの商行為で管理貿易システムとしては想定外の事態であり、住蕃貿易段階の中で管理貿易は崩壊した、としている。[12]年紀制への言及はないが、非常に重要な指摘である。

四、年紀制の終焉

一一三三年（長承二）、鳥羽院領肥前国神崎荘預所の平忠盛が、来日した宋海商周新の船について、神崎荘の周新船に対する権利を主張して大宰府の管理を排除しようとした事件では、「抑《そ》もそも宋人来着の時、府官存問して早く上奏を経、安堵・廻却は宣旨に従う所なり」(13)とあり、年紀制管理体制下における原則論がわずかにみられる。この事件により年紀制が存在意義を失ったとする理解がある。(14)年紀制が制度として停止されたのか不明であるが、年紀制による管理体制は十二世紀前半から中頃に終焉をむかえたようである。

最後に、年紀の計算方法が、帰国から再来日の間隔であるのか、前回来日から今回来日の間隔であるのか、筆者にその判断は出来ないが、石井が同一人の連年の来航を制限したものとする上で参照した、陣定での帰国から来日の間隔を念頭に置いた貴族の発言・記録の仕方には、再度注意を払うべきではないか。(15)また河内春人は、貿易も含めた制度のあり方に言及するなかで、「制度を運用する人間が入れ替わっていくにつれ、制度に対する理解も変化し制度自体に及ぶこともあり得よう」と指摘しており、(16)年紀制の理解についても、このような視点を踏まえてより柔軟に見ていくことが必要であろう。

五、渡海制とは

渡海制とは、日本人が無許可で海外へ渡航することを禁止した法令である。この法令の存在は『小右記』一〇一九年（寛仁三）八月三日条から十日条の紙背に記載されている、同年七月十三日付大宰府解文および同解文所引対馬島解文によって知ることができる。まずは渡海制に関わる箇所を中心に解文の内容を紹介する。

刀伊の対馬入寇時に対馬島判官代であった長岑諸近は、刀伊軍に親族とともに捕えられたが、刀伊船が再び対馬に立ち寄った際に単身脱出することができた。まもなく親族の安否を尋ねるために刀伊の地へ渡ることを決心するが、「渡海の制」があるので島司に告げるわけにはいかず、小船を盗んで高麗に赴いた。そこで伯母以外の親族は死亡してしまったことを知り帰国しようとするが、「本朝異国に向かうの制」が重いので、高麗側に刀伊軍に捕えられていた日本人捕虜を証人として連れ帰りたいと申請し、高麗側が用意してくれた捕虜十人とともに帰国する。対馬島司は、「異国に投若するは朝制已に重」いこと、まして近日その制はより厳重になっているとの意見を付し、高麗から帰国した諸近と捕虜を大宰府に送る。対馬島解文を受けた大宰府は、諸近の行為は不当であり「異域に越渡するは、禁制素より重」く、まして刀伊の賊徒来襲後に誡めとして「先行者」を「異国に与する」ものとする、と言っていたにもかかわらず、諸近はそれを破って渡海した。もし捕虜を伴って帰国したことを優遇して罪科に処することが無ければ、後の規範とならないばかりでなく、人々が「法」が緩いと思って渡海してしまうことになりかねない、と記している。

以上の解文中の「渡海の制」、「本朝異国に向かうの制」、「異国に投若する…朝制」、「異域に越渡する…禁制」、「法」などの用語より、渡海を規制する制度の存在を知ることができる。これらを便宜上まとめて渡海制と呼ぶ。解文から読み取れる渡海制についての情報は、日本人の無許可での海外渡航を禁止、刀伊の入寇が起こった一〇一九年以前から制度として確実に存在している、大宰府から対馬島判官代の官人層に至るまで渡海制が認識されている、刀伊の入寇後には渡海制違反者にはより厳しい姿勢で臨む、などであろう。(17)

六、渡海制の法源と日宋貿易

渡海制の法源については、①九一一年（延喜十一）制定説と、②律に求める説がある。①は中国海商に対して年紀が制定されるとともに、日本人の海外渡航に対しても制限が加えられたとする理解である。(18) 特に石井は、度々この考えを提示しており、出入国管理の視点を重要視していたことがうかがえる。②は二つに分かれる。一つは、国境の関所を勝手に越えたり、私貿易を行なったことに対する罪が規定されている唐《とう》衛《えい》禁《きん》律《りつ》越《おつ》度《ど》縁《えん》辺《ぺん》関《かん》塞《さい》条《じょう》に基づくとみる説である。(19) もう一つは、『小右記』にみえる「異国に与する」とは日本を裏切り異国側につくことであり、養《よう》老《ろう》名《みょう》例《れい》律《りつ》八《はち》虐《ぎゃく》条《じょう》律《りつ》疏《そ》に「圀に背き偽に従わんと謀る」とある謀叛罪にあたり、また「異国に投若する」という表現は謀叛条律疏の「本朝に背かんと欲し、将に蕃国に投ぜんとす」に基づいたものであるとし、渡海制の法的根拠は謀叛条とする理解である。(20) 渡海制の研究を総括した村井章介は、律説ならば謀叛条に分があり、延喜十一年制定説についても成立の余地があろうとする。(21)

平安期の日宋貿易関係の史料を概観した時に、海商の安置・廻却を議論する陣定の史料のように、頻繁に渡海制に関する史料がみられるわけではない（そもそも渡航する日本人自体が稀なのであるが）。また、「日宋貿易の制度」という枠に限定するのであれば、渡海制を取り上げる必要もないであろう。それでも渡海制を取り上げたのは、年紀制と渡海制が出入国管理の視点から表裏一体のものとする石井の見解を改めて紹介したいが故である。あれだけ精緻な史料解釈に基づいて論考を著してきた研究者が出した見解には、ある種の重みがあろう。年紀制研究が新たな段階に入った今、再度活発な議論がされることを期待したい。

七、『朝野群載』所載の公憑

三善為康（一〇四九～一一三九）編著『朝野群載』は、漢詩文・各種文書を分類編纂した平安時代の政務を知るための根本史料の一つである。巻二十・異国所収の公憑は、宋代に海商が海外へ赴く際に発給された渡航許可証で、一一〇五年（宋の崇寧四）に提挙《ていきょ》両浙《りょうせつ》路《ろ》市舶司《しはくし》から海商李充《りじゅう》に発給されたもので、森克己が紹介して以来注目されてきた史料である。[22]

また、高田義人による『朝野群載』の写本研究によって、現在最も流布している国史大系本が底本とした写本と、それに基づく翻刻には少なからず問題があることが指摘されている。[23]高田の研究以後、『朝野群載』の本文校訂作業が行われ、本書に対する関心が高まっている。[24]公憑の本文研究としては森克己の研究があり、[25]全文を掲載し文字の不審箇所に対する的確な傍注があり、現在においてもまず参照すべきものである。[26]近年、公憑の本文校訂が行なわれており、[27]ここでは筆者が以前に作成したものを注に掲げておく。[28]

八、公憑の内容

以下、公憑の内容を、先行研究に依拠しながらみていく。[29]

そもそも市舶司とは、唐代中期に淵源を持つ貿易を担当する役所である。北宋末の市舶制度について確認すると、[30]まず公憑の冒頭に「提挙両浙路市舶司」や「明州市舶務」がみえるが、市舶務とは市舶司の下部組織で、一路の市舶事務を総括するのが司、路の所属各州における支司が務である。一一一九年（宋の宣和元）に成立した、北宋末の広州近辺の見聞録である朱彧《しゅいく》の『萍洲可談』巻二に、「崇寧の初、三路に提挙市舶官を置く」とあり、「三路」（両浙路・福建路・広南東路）に「提挙市舶官」が設置されており、公憑の発給年である一一〇五年には、提挙両浙路市舶司の下に明州市舶務が組織されているとみてよいであろう。

Ａ 李充の申請内容

「泉州の海商李充の書状によると、『今自分の船一隻を仕立てて貿易のために日本へ赴きたい。（日本で貿易後、）持ち帰った貿易品は明州市舶務で抽解（徴税）を受ける。よって公験（許可証）を発給し出航させてほしい』とする」という内容が記されている。一般的に、宋代に海商が海外へ赴くにあたっては、まず所在の州（李充の場合は泉州）に船員・積載品・渡航地を明らかにして保証人を立てる作業を行ない、所在の州でそれを確認した後、出港地の州（李充の場合は明州）へそれらの内容が記された書状が送られ、出港地の州で確認作業を行ない、許可が下りると出港地の市舶司から公憑が発給される。その後、貿易を終えて帰国した海商は出港地の市舶司に公憑を返却し、徴税と官の先買を受けなければならない。[31]

続いて、船員名、積載品、李充の保証人三名の明記、明州市舶務より杖と印（恐らく綱首（船頭）に船内での刑罰権の付与を示すもの）を李充に与える旨が記されている。

B 禁止・処置事項の列挙

「勅条を下項に検坐す」として、渡海にあたっての禁止・処置事項が掲げられている。①海商の渡航手続きと帰国手続き、および手続き違反の場合の罰則。②渡航禁止地域の提示と違反した場合の罰則、および搭載禁止の物と乗船禁止の人の提示と違反した場合の罰則。③海外に貿易へ行く際の積載品（含武器類）・人数・目的地の確認をすること。帰国後に武器類の数が出港前と変わっていないかの確認と、数に変更があった場合の処置。海商が規定違反をしないように、発地において海商に遵守させる指示。④海商が妄りに使者を名乗ったり勝手に文書を作成することを禁止。⑤積載品を隠匿して徴税を逃れようとする行為を禁止し、違反した場合の罰則。⑥徴税を逃れようとした場合の海商と保証人に対する罰則。⑦出港地と異なる港に帰国して徴税を受けた場合、元の出港地の州に連絡すること。⑧渡航禁止地域へ行った場合の罰則。

C 市舶務役人の署名

市舶司下級部署の役人の存在については藤田豊八以来指摘がある。[32] ここでは特に山崎覚士の研究に拠りながらみていきたい。[33] 勅条は宋代の最重要法規で誤字・脱字は許されず、ここには勅条を書いた者及びそれを確認した明州市舶務の役人が並んでいるとする。銭帛案とは市舶司財務を担当する部署で、そこの手分（おそらく文書管理の役職）一人が勅条を読み（「供」述する）、もう一人が書き入れる（「注」する）。次に、手分より上位の押案《おうあん》（文案を担当する役職）の名（「宣」と「厲」）が記され、さらに上位の役人で、供述を担当する勾押《こうおう》、検読を担当する孔目《くもく》が確認したことが記され、最後にこの中で最上位の役人である権都勾押官《ごんのとこうおうかん》と都孔目官の名を記したとする。これにより誤字等があった場合の責任の所在を明らかにしておくものと考えられている。

D 出港許可と帰国後の処置の指示

李充に対して出航を許可する旨が記されている。「公憑を発給して李充に与える。前掲の内容を遵守して、日本国へ行き、他（他＝彼、日本を指すか）を経て帰国したならば、明州市舶務に戻って徴税を受けよ。隠匿や脱税は認めない。違反した場合は法に基づいて徹底追及する」と指示している。

E 市舶務役人の署名

最後に市舶務関係官吏四名が列記されている。署名一・二行目の、市舶務を兼任する通判（知州の補佐官）と州の長官である知州(34)の署名と押印が施されて、公憑が効力を備えるとされる(35)。

以上、公憑の内容を概観したのみであるが、この文書を所持して来日した海商が、年紀制に基づいて滞在可否を判断されたのである。今後も、『朝野群載』の写本と同時期の中国史料とを突き合わせることで、より蓋然性の高い本文を示すことは可能であろう。『朝野群載』所載ながらも日本史研究者にとっては取っ付きにくい内容であり、『朝野群載』所載であるが故か、中国史研究者もあまり利用しないようである(36)。更なる本文研究の発展を期待したい。

おわりに

「日宋貿易の制度」という課題のもと蕪雑な文章を並べてきた。制度というのであれば、唐物使なども取り上げるべきであったが、年紀制と渡海制は石井が日宋貿易研究の中で度々言及してきたものであり、特に取り上げた次第である。また、拙い内容ながら公憑に紙幅を割いたのも、教え子に対して常に複眼的視点で物事を考えるように、日本史だから東洋史だからと自分を括ることはしないように指導していた姿を間近で見てきた故である。今回は触れられなかったが、石井の日宋貿易に関する論考には、一つの史料を出発点に、当時の歴史的状況をあらゆる史料を博捜して俯瞰し、そのなかに出発点とした史料を位置づける、精緻な史料解釈に基づいた研究が数多ある(37)。これらの論文は著作集に収録されるであろうし、これにより斯界が発展することは言を俟たない。そうであっても、手元にある何度も読み返して汚れてしまった論文のコピーへの愛着は変わらないであろう。

注

(1) 一般的に、新羅使・渤海使関係史料では「年期」、日宋貿易関係史料では「年紀」と記されているが、煩雑を避けて本稿では「年紀」で統一する。

(2) 石井正敏「一〇世紀の国際変動と日宋貿易」（田村晃一・鈴木靖民編『新版古代の日本2　アジアからみた古代日本』角川書店、一九九二年）。石井正敏『東アジア世界と古代の日本』（山川出版社、二〇〇三年）。森克己『新訂　日宋貿易の研究』（勉誠出版、二〇〇八年。初版は一九四八年）。

(3) 渡邊誠「年紀制と中国海商」（同『平安時代貿易管理制度史の研究』思文閣出版、二〇一二年、初出は二〇〇九年）。渡邊誠「年紀制の消長と唐人来着定」（同『平安時代貿易管理制度史の研究』思文閣出版、二〇一二年、初出は二〇〇九年）。
(4) 山内晋次「中国海商と王朝国家」（同『奈良平安期の日本とアジア』吉川弘文館、二〇〇三年、初出は一九九三年）。河辺隆宏「来日宋海商の廻却と廻却官符」（『中央史学』三三、二〇一〇年）。
(5) 森公章「平安貴族の国際認識についての一考察――日本中心主義的立場の「定立」」（同『古代日本の対外認識と通交』吉川弘文館、一九九八年）。山内前掲注4論文。
(6) 渡邊前掲注3論文。
(7) 石井前掲注2論文。森公章「日渤関係における年期制の成立とその意義」（『遣唐使と古代日本の対外政策』吉川弘文館、二〇〇八年、初出は二〇〇四年）。
(8) 石井前掲注2論文。
(9) 渡邊前掲注3論文。
(10) 河内春人「書評　渡邊誠著『平安時代貿易管理制度史の研究』」（『史学研究』二七九、二〇一三年）。また、中村翼は、新たな年紀計算方法への疑問を呈している。中村翼「書評　渡邊誠著『平安時代貿易管理制度史の研究』」（『ヒストリア』二三八、二〇一三年）。
(11) 渡邊誠「平安貴族の対外意識と異国牒状問題」（『歴史学研究』八二三、二〇〇七年）。渡邊前掲注3論文。
(12) 大庭康時「解説　大宰府鴻臚館・博多」（森克己『続日宋貿易の研究』勉誠出版、二〇〇九年）。
(13) 『長秋記』一一三三年（長承二）八月十三日条。
(14) 渡邊前掲注3論文。
(15) 「去年廻却宋人今年重不レ可二来朝一事」（『小記目録』異朝事・一〇〇三年（長保五）七月二十日条）。「下官以下只年紀被二定下一了。而隔二一年一帰朝、不レ可レ然。早可二追却一之由定申了。」（『小右記』一〇〇五年（寛弘二）八月二十一日条）。「商客来朝憲法立レ限。而文祐等去秋帰去、今年秋重来。然則於二安置一雖二年紀未一レ至（後略…結局安置としてしまう）」（『小右記』一〇二七年（万寿四）九月十四日条）。
(16) 河内前掲注10論文。
(17) 村井章介「一〇一九年の女真海賊と高麗・日本」（『朝鮮文化研究』三、一九九六年）。その他、『渡宋記』や『大槐秘抄』にも渡海制を示すとされる表現がある。稲川やよい「「渡海制」と「唐物使」の検討」（『史論』四四、一九九一年）。石井正敏「日本高麗関係に関する一考察――長徳三年（九九七）の高麗来襲説をめぐって」（中央大学人文科学研究所編『アジア史における法と国家』中央大学出版部、二〇〇〇年）。近藤剛「一二世紀前後における対馬島と日本・高麗」（中央大学人文科学研究所編『島と港の歴史学』中央大学出版部、二〇一五年）。
(18) 森克己前掲注2書。石井前掲2、17論文・書。
(19) 山内晋次「古代における渡海禁制の再検討」（『待兼山論叢』二二、一九八八年）。
(20) 榎本淳一「律令国家の対外方針と「渡海制」」（同『唐王朝と古代日本』吉川弘文館、二〇〇八年、初出は一九九一年）。
(21) 村井前掲注17論文。
(22) 森克己「日支交通と船舶国籍証」（森克己前掲注2書。初出は一九三八年）。
(23) 高田義人「『朝野群載』写本系統についての試論――慶長写本・東山御文庫本・三条西本・葉室本を中心として」（『書陵部紀要』五四、二〇〇二年）。
(24) 生島修平・染井千佳・森公章「『朝野群載』巻二十二「国務条々」校訂文（案）と略註」（『白山史学』四六、二〇一〇年）。佐藤信監修、朝野群載研究会編『朝野群載 巻二十二 校訂と註釈』（吉川弘文館、二〇一五年）。

(25) 森克己前掲注22論文。

(26) その他、陳高華・呉泰『宋元時期的海外貿易』（天津人民出版社、一九八一年）。亀井明徳「両浙路市舶司公憑の陶磁器」（同『日本貿易陶磁史の研究』同朋舎出版、一九八六年、初出は一九七六年）。

(27) 森公章「宋朝の海外渡航規定と日本僧成尋の入国」（同『成尋と参天台五臺山記の研究』吉川弘文館、二〇一三年、初出は二〇〇六年）。山崎覚士「宋代両浙地域における市舶司行政」（『東洋史研究』六九―一、二〇一〇年）。河辺隆宏「『朝野群載』所収宋崇寧四年「公憑」について」（中央大学人文科学研究所編『情報の歴史学』中央大学出版部、二〇一一年）。

(28) 河辺前掲注27論文。山崎前掲注27論文に基づいて訂正すべき箇所もあるが、その作業は他日を期したい。各論者の校訂本文を適宜参照することを望む。

公憑

提挙両浙路市舶司

[A] 拠二泉州客人李充状一、「今将二自己船壱隻一緒〔請カ〕二集水手一、欲下往二日本国一博買上。廻賃〔貨カ〕経下赴二明州市舶務一抽解上。乞下出二給公験一前去上」者。

一、人船貨物

　自己船壱隻

綱首李充　梢工林養　雑事荘権　部領兵〔呉カ〕弟

第一甲　梁富　蔡依　唐祐　陳富　林和　郡勝　阮祐　煬元

　陳従　注珠　顧再　王進　郭宜　阮昌　林旺　黄生

　強寄　関従　呉満　陳祐　潘祚　毛京　阮聡

第二甲　尤直　呉添　陳貴　李成　翁生　陳珠　陳徳　陳新

　蔡原　陳志　顧章　張太　呉太　何来　朱有　陳先

　林弟　李添　楊小　彭事　陳欽　張五　小陳珠　陳海

　小林弟

第三甲　唐才　林太　陽光　陳養　林太〔マヽ〕　陳栄　林足　林進

　張泰　薩有　張武　林泰　小陳貴　王有　林念　生栄

　王徳　唐興　王春

物貨

　象眼肆拾疋　生絹拾疋　白綾弐拾疋

　甆垸弐拾床　甆堞壱佰床

一、防船家事　鑼壱面　鼓壱面　旗伍口

一、石刻本州物力戸　鄭裕　鄭敦仁　陳佑参人委保

一、本州今給二杖壱条・印壱顆一

[B]

一、今検二坐　勅条下項一

①諸商賈於二海道一興販、経レ州投レ状、州為験レ実、条〔牒カ〕二送願レ発レ船州一、置レ簿抄上。仍給二公拠一、方聴レ行。廻日、公拠納二住舶州市舶司一。即不レ請二公拠一而擅行、或乗レ船、自二海道一入二界河一、及往二登・莱州界一者、徒二年〈不レ請二公拠一而未レ行者減二貢〔弐カ〕等一〉。往二大遼国一者、徒参年。仍奏裁。並許二人告捕一、給二船物半価一充レ賞〈内、不レ請二公拠一未レ行者、減二擅行之半一。其已行者、給レ賞外船物、仍没官〉。其余在レ船人、雖レ非二船物主一、各杖捌拾已上。保人並減二犯人参等一。

②勘会、旧市舶法、商客前雖レ許レ至二三仏齊等処一、至二於高麗・日本・大食諸蕃一、皆有二法禁一不レ許。縁三諸蕃国遠隔二大海一、豈能窺二伺中国一。雖レ有二法禁一、亦不レ能二断絶一、不レ免二冒レ法私去一。今欲下除二此〔北カ〕界・交趾一外、其余諸蕃国、未三嘗為二中国害一者、並許中前去上。雖レ不レ許下興二販兵甲・器仗一、及将中帯女口・姦細、并逃亡軍人上、如違、応一行所有之物並没官。仍於レ所レ出引内外明声説。

③勘会、諸蕃船・州商客、願レ往二諸国一者、官為検二校所レ去之物、及一行人口之数、所レ詣諸国一、給二与引牒一、付二次杖・印一。其随レ船防レ盗之具、兵器之数、並置レ暦抄上、候二回日一照点、不レ得二少欠一。如有二損壊散失一、亦須乙具有下照二験一船人一、保明文状上、方得甲レ免レ罪。

④勘会、商販人前二去諸国一、並不レ得下妄称二作奉使名目一、及妄作二表章一、妄有中称呼上。並共以二商販一為レ名。如合二行移一、文字只作下陳二訴州縣一体例上、具レ状陳述。如蕃商、有下願二随レ船来、詣レ国者上、聴レ従レ便。

⑤諸商賈販二諸蕃一回〈販二海南州販〔縣カ〕一、及海南州販〔縣カ〕人販到同〉、応二抽買一。輙隠避者〈謂下曲避詐匿、託故曰レ石、前期伝送、私自賃〔貸カ〕易之類上〉、綱首・雑事・部領・梢工〈令二下親戚一管押上同〉、各徒弐年、配二本城一。即雇募人管押、而所二雇募一徒人・傔人避免、及所レ傔人、准二比隣州編管一。若引領停蔵、負載交易、并貼客減二壹等一。余人又減二弐等一。蕃国人不レ坐。即在レ船人私自犯、准二綱法一坐レ之。船物〈不レ分二綱首・余人及蕃国人一、壹人有レ犯、同往人、雖レ不レ知レ情、及二余人知レ情、並准レ此〉給レ賞外、並没官〈不レ知レ情者、以二已物参分一没官〉。

⑥諸海商船貨、避二抽買一、船物応二没官一。而已貨易伝買者、計レ直、於二犯人者名下一近〔追カ〕理、不レ足、同保人備償。即応下以二船物一給上レ賞。而内、於レ合二博買一者、博買如レ法。

⑦諸商賈由二海道一販二諸蕃一者、海南州縣曲〔マヽ〕於下非二元発レ舶州一舶上者、抽買訖、報二元発州一験レ実銷レ籍。

⑧諸海商冒越至二所レ禁州一者、徒二年、配二伍佰里一。若不レ請二公験・物籍一者、徒三年、配二阡里一。即冒至二所レ禁国一者、准〈行者徒壹年、隣州編管。〉。即買二易物貨一、而輙不二注籍一者、杖壹佰。同保人減二壹等一。

C銭帛案手分供在判　注在判
押案宣在判　厲在判　勾抽所供在判　孔目所徐在判
権都勾丁在判　都孔目所在判

D右、出二給公憑一、付二綱首李充一収執。稟二前項勅牒指揮一、前二去日本国一。経レ他回赴二本州市舶務一抽解。不レ得二隠匿透越一。如違、即当二依レ法根治一。施行。
崇寧四年六月　日給

E朝奉郎通判明州軍州管勾学事兼市舶謝在判
宣徳郎権発遣明州軍州管勾学事提挙市舶彭在判
宣徳郎権発遣提挙市易等事兼提挙市舶徐
承議郎権提挙市舶郎

(29) 藤田豊八「宋代の市舶司及び市舶条例」（池内宏編・藤田豊八著『東西交渉史の研究　南海篇』荻原星文館、一九四三年）。榎本渉「宋代市舶司貿易にたずさわる人々」（羽田正編『シリーズ港町の世界史3　港町に生きる』青木書店、二〇〇六年）。山崎覚士「貿易と都市――宋代市舶司と明州」（『東方学』一一六、二〇〇八年）。山崎前掲注27論文。

(30) 藤田前掲注29論文。草野祐子『北宋末の市舶制度――宰相・蔡京をめぐって』（『史艸』二、一九六一年）。

(31) 山崎前掲注27論文。『宋会要輯稿』職官四四之八、一〇九〇年（元祐五）十一月二十九日条、『蘇軾文集』巻三十一、奏議、乞禁商旅過外国状の元祐編勅なども参照。

(32) 藤田前掲注29論文。

(33) 山崎前掲注27論文。

(34) 署名二行目の人物が知州に該当することについては、梅原郁『宋代官僚制度研究』（同朋社出版、一九八五年）二一七―二一八頁の「権発遣」の制度を参照。

(35) 山崎前掲注27、29論文。

(36) 山崎前掲注27論文。

(37) 石井正敏「肥前国神崎荘と日宋貿易――『長秋記』長承二年八月十三日条をめぐって」(皆川完一編『古代中世史料学研究』下巻、吉川弘文館、一九九八年)。石井正敏『NHKさかのぼり日本史 外交篇[8]鎌倉「武家外交」の誕生――なぜ、モンゴル帝国に強硬姿勢を貫いたのか』(NHK出版、二〇一三年)。石井正敏「年未詳五月十四日付源頼朝袖判御教書案について――島津荘と日宋貿易」(『中央史学』三七、二〇一四年)。

新編森克己著作集編集委員会 編――伊原 弘・榎本 渉・小島 毅・手島崇裕

新編 森克己著作集

全五巻　各巻 一〇〇〇〇円(本体)

日宋文化交流史の泰斗、
森克己の研究業績を一望する待望の全集。

全巻索引、地図、初出一覧などの資料のほか、
第一線の研究者による詳細な解説を付す。

1 新訂 日宋貿易の研究 ISBN978-4-585-03200-7
2 続 日宋貿易の研究 ISBN978-4-585-03201-4
3 続々 日宋貿易の研究 ISBN978-4-585-03202-1
4 増補 日宋文化交流の諸問題 ISBN978-4-585-03203-8
5 古代～近代日本の対外交流 ISBN978-4-585-03204-5

◎A5判上製カバー装・各巻約400頁

勉誠出版
千代田区神田神保町3-10-2 電話 03(5215)9021
FAX 03(5215)9025 WebSite=http://bensei.jp

編集後記

川越泰博

中央大学文学部教授石井正敏が定年まで二年余りの日月を残したまま、幽冥界に去ったのは、二〇一五年七月のことであった。享年六十八歳。それは研究がより一層円熟と巧緻を益し、吉川弘文館の人物叢書の一冊として予定されていた『成尋』などをはじめとする秀作を次々と江湖に問おうとしていた矢先のことであり、研究者人生から見れば夭逝としか言いようがない深痛な出来事であった。

心からそのように思い慕う人々が全国各地から集い、「石井正敏さんを偲ぶ会」が東京大学史料編纂所大会議室において盛会裡に開催されたのは、それから半年が閲した十二月二十日のことであった。

本書は、その「石井正敏さんを偲ぶ会」において発表者の任にあった人々の発表内容を中心として纏められたものである。より正確に言えば、「偲ぶ会」での発表を土台にしたものと、石井正敏の全業績を包括的に捉えるために新たに依頼されたものとによる十五篇の論考によって構成されている。それらはいずれも石井正敏が生前孜々として積み上げてきた研究業績を多角的に検討・検証し、その学問的位置づけとその継承を目指したものばかりであり、石井正敏の歴史学研究にアプローチする上でのよき水先案内の役割をも兼ね備えている。

と同時に、本書所収の各論考は、まもなく勉誠出版から刊行が開始される『石井正敏著作集』全四冊に収録された個々の論文に対して、鳥の目と虫の目とをもって全体的個別的検討をほどよく掛け合わせた精密でかつ懇切な解説文ともなっている。

「はしがき」において説明されているように、本書は〔I総論〕、〔II諸学との交差のなかで〕、〔III継承と発展〕の三部構成からなる。個々の各テーマが全体とに連関し、全ての論考が石井史学という水路に注ぎ込まれるように考慮して編まれた本書は、石井正敏と研究上において、または人的関係の上でそれぞれに関わりがあった研究者たちが、石井史学の特質・特徴を剔出し、その相貌を生き生きと描出すべく、それぞれが独自の切り口と洞察力にもとづいて書かれた論考によって成り立っている。

もちろん、研究上の関係、人的関係においては、おのずと親疎・濃淡があるであろうが、ここではそうした関係性を勘案・斟酌することなく、それぞれが石井正敏を客体として捉え、客観化した上で、透徹した目をもって冷静に分析・検証している。という言い方をすると、あたかも無味乾燥な論考の集積という印象を与えかねないが、しかしながら、いずれの論考も、石井史学を過不足なく語るという役割を十分に果たしている。自画自賛すれば、本書は、これまであまり類例のない、一人の研究者を学問対象としたユニークな歴史評論集に仕上がったのではないだろうか。

最後に、本書を「アジア遊学」の一冊に加え、編集を担当してくださった勉誠出版の吉田祐輔氏には、種々的確なアドバイスとご尽力を戴いた。ここに記して深甚なる感謝を申しあげたい。

執筆者一覧（掲載順）

村井章介	榎本　渉	岡本　真	近藤　剛
手島崇裕	鈴木靖民	古畑　徹	石見清裕
川越泰博	荒野泰典	浜田久美子	赤羽目匡由
河内春人	原美和子	河辺隆宏	

【アジア遊学214】
前《ぜん》近《きん》代《だい》の日本《にほん》と東《ひがし》アジア
石井正敏の歴史学

2017年9月25日　初版発行

編　者　荒野泰典・川越泰博・鈴木靖民・村井章介
発行者　池嶋洋次
発行所　勉誠出版株式会社
〒101-0051　東京都千代田区神田神保町3-10-2
TEL：(03)5215-9021(代)　FAX：(03)5215-9025
〈出版詳細情報〉http://bensei.jp/

編　集　吉田祐輔・武内可夏子
営　業　山田智久・青木紀子

印刷・製本　太平印刷社
装　丁　水橋真奈美（ヒロ工房）

© ARANO Yasunori, KAWAGOE Yasuhiro, SUZUKI Yasutami,
MURAI Shosuke, 2017, Printed in Japan
ISBN978-4-585-22680-2　C1320

石井正敏著作集 全4巻

A5判上製カバー装・各巻10000円(+税)

The Collected Works of ISHII Masatoshi

虚心に史料と対峙し、地域・時代を越える
数々の卓越した業績を残した碩学の軌跡

第1巻……古代の日本列島と東アジア……編集◎鈴木靖民・赤羽目匡由・浜田久美子

第2巻……遣唐使から巡礼僧へ……編集◎村井章介・榎本渉・河内春人

第3巻……高麗・宋元と日本……編集◎川越泰博・岡本真・近藤剛

第4巻……史料・通史と現代の間で……編集◎荒野泰典・須田牧子・米谷均

[編集主幹]……荒野泰典・川越泰博・鈴木靖民・村井章介

◉関連書籍

前近代の日本と東アジア
——石井正敏の歴史学

荒野泰典・川越泰博・鈴木靖民・村井章介[編]

アジア遊学214・A5判並製・224頁・2400円

【石井正敏著作集◎各巻収録論文一覧】

◉第1巻……古代の日本列島と東アジア

I…倭国と東アジア外交

五世紀の日韓関係——倭の五王と高句麗・百済
『日本書紀』隋使裴世清の朝見記事について

II…新羅・渤海と古代の日本

日本・渤海間の名分関係——舅甥問題を中心に
八・九世紀の日羅関係
九世紀の日本・唐・新羅三国間貿易について

III…内憂と外患——貞観期の災害・海賊

円仁と張宝高——入唐日本人と新羅人
大宰府鴻臚館と張宝高時代を
　中心とする日本・新羅関係
貞観十一年の震災と外寇
貞観十一年の天災と外寇
東アジア史からみた鞠智城

IV…古代国家の変転と残像

『金液還丹百問訣』にみえる渤海商人李光玄について
　——日本渡航問題を中心に
『日本書紀』金春秋来日記事について
藤原定家書写『長秋記』紙背文書
　「高麗渤海関係某書状」について
東アジアの変動と日本外交

◉第2巻……遣唐使から巡礼僧へ

I…遣唐使

外交関係——遣唐使を中心に
遣唐使の貿易活動
遣唐使と新羅・渤海
唐の「将軍呉懐実」について
大伴古麻呂奏言について
　——虚構説の紹介とその問題点
いわゆる遣唐使の停止について
　——『日本紀略』停止記事の検討
寛平六年の遣唐使計画について
寛平六年の遣唐使計画と新羅の海賊
『古語拾遺』の識語について
宇佐八幡黄金説話と遣唐使
遣唐使と語学

II…巡礼僧と成尋

遣唐使以後の中国渡航者とその出国手続きについて
入宋巡礼僧
入宋僧奝然のこと
　——歴史上の人物の評価をめぐって
成尋——一見するための百聞に努めた入宋僧
成尋生没年考
入宋僧成尋の夢と備中国新山寺
『成尋阿闍梨母集』にみえる
　成尋ならびに従僧の書状について
源隆国宛成尋書状について
入宋僧成尋のことなど
『参天台五台山記』研究所感
　——虚心に史料を読む、ということ
『参天台五台山記』にみえる「問官」について

◉第3巻……高麗・宋元と日本

I…日宋貿易と日麗交流

十世紀の国際変動と日宋貿易
肥前国神崎荘と日宋貿易
　——『長秋記』長承二年八月十三日条をめぐって
年未詳五月十四日付源頼朝袖判御教書案について
　——島津荘と日宋貿易
高麗との交流
日本・高麗関係に関する一考察
　——長徳三年(九九七)の高麗来襲説をめぐって
『小右記』所載
　「内蔵石女等申文」にみえる高麗の兵船について

II…日元・日麗外交と文書

至元三年・同十二年の日本国王宛クビライ国書について
　——『経世大典』日本条の検討
文永八年来日の高麗使について
　——三別抄の日本通交史料の紹介
文永八年の三別抄牒状について
『異国牒状記』の基礎的研究
貞治六年の高麗使と高麗牒状について

◉第4巻……史料・通史と現代の間で

対外関係史研究の現状と展望——研究のあゆみ

I…古代日本と東アジア

東アジア世界の成立
律令国家と東アジア
通交・通商圏の拡大

II…武家外交の成立

III…虚心に史料を読む

崇親院に関する二・三の問題点
　——昌泰四年四月五日官符の検討
『肥後守祐昌様琉球御渡海日記』史料紹介
徳川光圀と『高麗史』
陽明文庫本『中右記』管見
朝鮮通信使との交流と『東国通鑑』
以酊庵輪番僧虎林中虔
『善隣国宝記』諸本解説
『唐大和上東征伝』
『日本紀略』
『旧唐書』『新唐書』に描かれた「倭」「日本」
印象に残る印章の話——岩村藩版『慶安御触書』の印

212 関ヶ原はいかに語られたか—いくさをめぐる記憶と言説

〔序文〕関ヶ原の戦いのイメージ形成史　井上泰至
石田三成—テキスト批評・中野等『石田三成伝』　井上泰至
小早川秀秋—大河内秀連著『光禄物語』を中心に　倉員正江
〔コラム〕大阪歴史博物館蔵「関ヶ原合戦図屛風」について　高橋修
大谷吉継—軍師像の転変　井上泰至
小西行長—近世の軍記から演劇まで　原田真澄
島左近—『常山紀談』の逸話などから　田口寛
〔コラム〕関ヶ原合戦図屛風の近世　黒田智
吉川広家—「律儀」な広家像の形成と展開　山本洋
安国寺恵瓊—吉川広家覚書と『関ヶ原軍記大成』を中心に　長谷川泰志
黒田長政—説得役、交渉役として　菊池庸介
関ヶ原合戦と寺社縁起　黒田智
福島正則—尾張衆から見た関ヶ原の戦い　松浦由起
加藤清正—関ヶ原不参加は家康の謀略によるものか？　藤沢毅
島津義弘—島津退き口の歴史叙述　目黒将史
伊達政宗—近世軍書に描かれたその姿の多様性　三浦一朗
〔コラム〕「北の関ヶ原合戦」をめぐる史料について　金子拓
徳川家康—天下太平への「放伐」　濱野靖一郎

213 魏晋南北朝史のいま

総論—魏晋南北朝史のいま　窪添慶文

Ⅰ　政治・人物

曹丕—三分された日輪の時代　田中靖彦
晋恵帝賈皇后の実像　小池直子
赫連勃勃—「五胡十六国」史への省察を起点として　徐冲（板橋暁子・訳）
陳の武帝とその時代　岡部毅史
李沖　松下憲一
北周武帝の華北統一　会田大輔
それぞれの「正義」　堀内淳一

Ⅱ　思想・文化

魏晋期の儒教　古勝隆一
南北朝の雅楽整備における『周礼』の新解釈について　戸川貴行
南朝社会と仏教—王法と仏法の関係　倉本尚徳
北朝期における「邑義」の諸相—国境地域における仏教と人々　北村一仁
山中道館の興起　魏斌（田熊敬之・訳）
史部の成立　永田拓治
書法史における刻法・刻派という新たな視座—北魏墓誌を中心に　澤田雅弘

Ⅲ　国都・都城

鄴城に見る都城制の転換　佐川英治
建康とその都市空間　小尾孝夫
魏晋南北朝の長安　内田昌功
北魏人のみた平城　岡田和一郎
北魏洛陽城—住民はいかに統治され、居住したか　角山典幸
統万城　市来弘志
「蜀都」とその社会—成都　二二一—三四七年　新津健一郎
辺境都市から王都へ—後漢から五涼時代にかける姑臧城の変遷　陳力

Ⅳ　出土資料から見た新しい世界

竹簡の製作と使用—長沙走馬楼三国呉簡の整理作業で得た知見から　金平（石原遼平・訳）
走馬楼呉簡からみる三国呉の郷村把握システム　安部聡一郎
呉簡吏民簿と家族・女性　鷲尾祐子
魏晋時代の壁画　三崎良章
北朝の墓誌文化　梶山智史
北魏後期の門閥制　窪添慶文

佐藤雄基・大河内勇介
王子神社文書　呉座勇一
間藤家文書—近世土豪の由緒と中世文書　渡邊浩貴
禅林寺文書—売券の観察から　大村拓生
栗栖家文書—署判と由緒　坂本亮太
大宮家文書—春日社神人と在地社会の接点　山本倫弘
Ⅳ　地下文書論からの広がり
金石文・木札からひらく地下文書論　高橋一樹
東国における地下文書の成立—「香取文書」の変化の諸相　湯浅治久
浦刀祢家文書の世界　春田直紀
我、鄙のもの、これを証す　鶴島博和

210 歴史のなかの異性装

序論　歴史の中の異性装　服藤早苗
Ⅰ　日本
平安朝の異性装—東豎子を中心に　服藤早苗
中世芸能の異性装　辻浩和
【コラム】軍記絵のなかの異性装　山本陽子
宮廷物語における異性装　木村朗子
日本近世における異性装の特徴とジェンダー　長島淳子
女装秘密結社「富貴クラブ」の実像　三橋順子
女性装を通じた考察　安冨歩
Ⅱ　アジア
唐代宮女「男装」再考　矢田尚子
異性装のヒロイン—花木蘭と祝英台　中山文
韓国の男巫の異性装とその歴史的背景　浮葉正親
衣と性の規範に抗う「異装」—インド、グジャラート州におけるヒジュラとしての生き方について　國弘暁子
タイ近代服飾史にみるジェンダー　加納寛
ブギス族におけるトランスジェンダー—ビッスとチャラバイ　伊藤眞
Ⅲ　ヨーロッパ・アフリカ
初期ビザンツの男装女性聖人—揺れるジェンダー規範　足立広明
ヨーロッパ中世史における異性装　赤阪俊一
英国近世における異性装—女性によるダブレット着用の諸相　松尾量子
十九世紀フランスのモードと性差　新實五穂
異性装の過去と現在—アフリカの事例　富永智津子
あとがき　新實五穂

211 根来寺と延慶本『平家物語』 —紀州地域の寺院空間と書物・言説

【イントロダクション】紀州地域学というパースペクティヴ—根来と延慶本、平維盛粉河寺巡礼記事について　大橋直義
【総論】延慶本『平家物語』と紀州地域　佐伯真一
【書物としての延慶本『平家物語』と聖教】
延慶本平家物語の書誌学的検討　佐々木孝浩
延慶本『平家物語』周辺の書承ネットワーク—智積院聖教を手懸かりとして　宇都宮啓吾
延慶本『平家物語』の用字に関する覚書　杉山和也
【根来寺の歴史・教学・文学とネットワーク】
「束草集」と根来寺　永村眞
高野山大伝法院と根来寺　苫米地誠一
延慶書写時の延慶本『平家物語』へ至る一過程—実賢・実融：一つの相承血脈をめぐって　牧野和夫
頼瑜と如意宝珠　藤巻和宏
寺院経蔵調査にみる増吽研究の可能性—安住院・覚城院　中山一麿
【延慶本『平家物語』の説話論的環境】
十三世紀末の紀州地域と「伝承」—延慶本『平家物語』・湯浅氏・無本覚心　久保勇
崇徳関連話群の再検討—延慶本『平家物語』の編集意図　阿部亮太
称名寺所蔵『対馬記』解題と翻刻—延慶本『平家物語』との僅かな相関　鶴巻由美
【延慶本『平家物語』・紀州地域・修験】
延慶本『平家物語』と熊野の修験—根来における書写を念頭に　源健一郎
承久の乱後の熊野三山検校と熊野御幸　川崎剛志
紀州と修験—縁起から神楽へ　鈴木正崇

「平家納経」と女性の仏教実践　阿部龍一
『八幡愚童訓』の一側面―神功皇后像と故事としての仏伝　鈴木彰

Ⅳ　東アジアへの視界

宋代の女性詩人と仏教―朱淑真を例として　陳燕
朝鮮の宮廷女流文学における宗教思想　金鍾徳
【コラム】朝鮮時代における仏伝とハングル小説―耶輪陀羅の物語　趙恩馤
【コラム】朝鮮時代の女性と仏教―比丘尼礼順の仏法修行を中心に　金英順
【コラム】ベトナムの女性と仏教　川口健一

Ⅴ　近世・近代文学の女性と宗教

上田秋成の仏教観と「宮木が塚」における権力・智略と信仰　岳遠坤
【コラム】近世における女の巡礼　周以量
二十世紀の和泉式部伝説―『かさぶた式部考』における「救済」について　樋口大祐
初期平塚らいてうの女性解放の思想と禅　王雪
芥川龍之介『南京の基督』論―金花の〈奇蹟〉物語の深層心理　曲莉
核時代における現代人の信仰の問題について―大江健三郎の『燃えあがる緑の木』を中心に　王麗華

208「ひと・もの・知の往来」

序文　近本謙介

Ⅰ　西域のひびき

小野篁の「輪台詠」について　後藤昭雄
敦煌出土『新集文詞九経抄』と古代日本の金言成句集　河野貴美子
曹仲達様式の継承―鎌倉時代の仏像にみる宋風の源流　藤岡穣
端午の布猴　劉暁峰
中世初期のテュルク人の仏教―典籍と言語文化の様相　ソディコフ・コシムジョン
『アルポミシュ』における仏教説話の痕跡　ハルミルザエヴァ・サイダ
『聖母行実』における現報的要素―『聖母の栄耀』との比較から　張龍妹
【コラム】聖徳太子のユーラシア　井上章一

Ⅱ　仏教伝来とその展開

天界の塔と空飛ぶ菩提樹―〈仏伝文学〉と〈天竺神話〉　小峯和明
長谷寺「銅板法華説相図」享受の様相　内田澪子
『大唐西域記』と金沢文庫保管の『西域伝堪文』　高陽
玄奘三蔵の記憶―日本中世における仏教東漸の構想　近本謙介
遼代高僧非濁の行状に関する資料考―『大蔵教諸佛菩薩名号集序』について　李銘敬
投企される〈和国性〉―『日本往生極楽記』改稿と和歌陀羅尼をめぐって　荒木浩
海を渡る仏―『釈迦堂縁起』と『真如堂縁起』との共鳴　本井牧子
文化拠点としての坊津一乗院―涅槃図と仏舎利をめぐる語りの位相　鈴木彰
あとがき　荒木浩

209「中世地下文書の世界―史料論のフロンティア」

序論　中世地下文書論の構築に向けて　春田直紀

Ⅰ　地下文書とは何か

「地下」とは何か　佐藤雄基
地下文書の成立と中世日本　小川弘和

Ⅱ　地下文書の世界に分け入る

村落定書　薗部寿樹
日記と惣村―中世地下の記録論　似鳥雄一
荘官家の帳簿からみる荘園の実相―領主の下地中分と現地の下地中分　榎原雅治
村の寄進状　窪田涼子
中世村落の祈祷と巻数　池松直樹
偽文書作成の意義と効力―丹波国山国荘を事例に　熱田順
端裏書の基礎的考察―「今堀日吉神社文書」を素材に　松本尚之

Ⅲ　原本調査の現場から

大嶋神社・奥津嶋神社文書　朝比奈新
秦家文書―文書調査の成果報告を中心に

日本人居留民と東西本願寺　川邉雄大
上海の日中キリスト教ネットワーク―その交錯と相克　石川照子
【コラム】上海自然科学研究所と陶晶孫　鈴木将久
【コラム】上海画廊を通り抜けた画家たち　大橋毅彦
【コラム】内山完造と「大陸賞」　呂慧君

Ⅲ　【言論・メディア】戦時上海を語る〈声〉

中日文化協会上海分会と戦時上海の翻訳事業―武田泰淳「上海の螢」を手掛かりとして　木田隆文
川喜多長政と戦時上海・中国　晏妮
「親日」派華字紙『中華日報』の日本批判　堀井弘一郎
田村（佐藤）俊子から左俊芝へ、戦時下・上海『女声』における信箱―「私たち」の声のゆくえ　山﨑眞紀子
上海日僑管理処発行『導報』誌の中の日本人たち―内山完造・海野昇雄・林俊夫（三木七石）　渡邊ルリ
【コラム】戦時下上海の暗く寒い冬―阿部知二の中国滞在　竹松良明
【コラム】張愛玲と日本文化　邵迎建

206 宗教と儀礼の東アジア

序文　原田正俊

Ⅰ　祖先祭祀と家・国家

東アジアの宗廟　井上智勝
中国仏教と祖先祭祀　荒見泰史
日本中世の位牌と葬礼・追善　原田正俊
近世大名墓から読み解く祖先祭祀　松原典明

Ⅱ　儒教儀礼の伝播と変容

日本古代の殯と中国の喪葬儀礼　西本昌弘
日本近世における儒教葬祭儀礼―儒者たちの挑戦　吾妻重二
『応酬彙選』の中の『朱子家礼』　三浦國雄

Ⅲ　追善・鎮魂儀礼と造形

道教・民間信仰で描く地獄　二階堂善弘
南宋時代の水陸会と水陸画―史氏一族の水陸会と儀礼的背景　高志　緑
旧竹林寺地蔵菩薩立像の結縁交名について　長谷洋一

Ⅳ　王権の正統化と宗教儀礼

唐代長安における仏教儀礼　中田美絵
北宋真宗の泰山・汾陰行幸―天地祭祀・多国間関係・蕃客　向　正樹
皇恩度僧の展開―宋～元代の普度を中心に　藤原崇人
法皇院政とその出家儀礼の確立―白河院と鳥羽院の出家　真木隆行

207 東アジアの女性と仏教と文学

張龍妹・小峯和明　編

序文―「東アジアの女性と仏教と文学」に寄せて　張龍妹・小峯和明

Ⅰ　女性と仏教の文学世界

女文字の仏教　今西祐一郎
女性が男性を論破する大乗経典―日本の女性文学への影響　石井公成
『参天台五臺山記』にみる「女性と仏教」　勝浦令子
〈仏伝文学〉と女人―物語の原点として　小峯和明
【コラム】女性たちの転生と「謫生」―説話と物語のありよう　丁莉
【コラム】后と聖人―女犯の顛末　高陽

Ⅱ　女人の道心と修行

女性仏道修行者の出家と焼身―東アジア仏教最初期の一考察　何衛紅
紫式部の道心について　張龍妹
手紙を書く女たち―儒教と仏教を媒介に　李愛淑
【コラム】釈教歌と女性　平野多恵
【コラム】暗喩としての〈仏教〉―『更級日記』の〈物語〉　中村文
『とはずがたり』における後深草院二条の信仰心―西行の受容を中心に　邱春泉

Ⅲ　『法華経』と女人の形象

『冥報記』における女性『法華経』信仰説話の伝承考　李銘敬
鎮源撰『本朝法華験記』独自の女性像―表現の出典と発想の和化を手掛かりに　馬駿

鈴木一誌×土屋昌明×森瑞枝（進行）

Ⅲ　波及：下放の広がり、国際的影響

下放の思想史—大飢饉・文革・上山下郷の農村と知識青年　**土屋昌明**

日本における文革と下放から私は何を学んだのか　**前田年昭**

私にとっての文革—七〇年前後の学生運動を契機として　**朝浩之**

共和制のリミット—文革、ルソーの徴の下に　**松本潤一郎**

現代中国の知識人と文革　**及川淳子**

204 交錯する台湾認識

［総論］交錯する台湾認識—見え隠れする「国家」と「人びと」　**陳來幸**

Ⅰ　「国家」の揺らぎ

現代台湾史の重要人物としての蔣介石　**若松大祐**

民主化後の政党政治—二〇一六年選挙から展望される可能性　**松本充豊**

すれ違う「国」と「民」—中華民国／台湾の国籍・パスポートをめぐる統制と抵抗　**鶴園裕基**

台湾とフィリピン、そして日本—「近さ」と「隔たり」の政治学　**宮原曉**

【コラム】琉・華・台・沖　**八尾祥平**

【コラム】台湾原住民族の政治的位置づけ　**石丸雅邦**

Ⅱ　台湾の「実像」

一九四〇～五〇年代の日台経済関係—分離から再統合へ　**やまだあつし**

台湾の経済発展と「開発独裁」—「中華民国」の生き残りをかけた経済開発　**北波道子**

ノーブランドのIT大国　**近藤伸二**

一九六〇年代台湾文学の日本語翻訳活動について—『今日之中国』における文学翻訳とカルチュラル・ポリティクス　**王惠珍（北波道子訳）**

東南アジア系台湾人の誕生—五大エスニックグループ時代の台湾人像　**横田祥子**

【コラム】日台間における性的マイノリティ文化の相互交渉—台湾の「同志文学」を手がかりに　**劉靈均**

【コラム】「台湾客家」の創造　**劉梅玲**

Ⅲ　万「華」鏡の「台湾」

在日台湾人と戦後日本における華僑社会の左傾化現象　**陳來幸**

華僑・台僑をめぐる歴史的位相—台湾「天然独」の抬頭に至るまで　**岡野翔太**

遺骨と祖国とアイデンティティー—一九五〇年代前半の台湾と「中国」をめぐる相剋　**坂井田夕起子**

台湾人と日本の華人系プロテスタント教会　**劉雯**

誰がここで他人の歌を歌っているのか—「日歌台唱」にみる、台湾人の世代交代とその交差点　**黄裕元（北波道子、岡野翔太共訳）**

【コラム】被災地交流で結ぶ日本と台湾　**垂水英司**

【コラム】八田与一を介した台南と金沢の交流　**清水美里**

あとがき　**北波道子**

205 戦時上海グレーゾーン

はじめに　「抵抗」と「協力」の溶けあう街　**堀井弘一郎**

Ⅰ　【政治・経済】〈抵抗〉と〈協力〉のダイナミクス

上海を統治する—汪兆銘政権の人々　**関智英**

戦時下における上海共同租界行政—工部局をめぐる日英の対立　**藤田拓之**

中支那振興株式会社とは何か—華中蚕糸公司を事例として　**髙綱博文**

日中戦争期の上海永安企業における企業保全　**菊池敏夫**

劉鴻生の戦時事業展開—社内人材と外部人脈　**上井真**

【コラム】朝鮮人コミュニティ　**武井義和**

【コラム】経済史の視点からみた戦時上海の「グレーゾーン」　**今井就稔**

Ⅱ　【社会・文化】日本統治下に生きる

日中戦争と洋食・洋菓子文化　**岩間一弘**

上海に生きた東亜同文書院生—上海日本人社会の一側面　**広中一成**

谷崎文学における「盲目」と美学の変貌—『春琴抄』を中心に　鄒波
表象空間としてのふるさと—谷崎が見た昭和初期の東京・『芸談』を視座として　ガラ・マリア・フォッラコ
愛を分かち合う—『夢の浮橋』における非オイディプ　ジョルジョ・アミトラーノ
谷崎潤一郎『人魚の嘆き』の刊行について　田鎖数馬
あとがき　日高佳紀
【特別寄稿】熱血青年から中国近代憲政思想と実践の先駆者へ—宋教仁の東京歳月への一考察　徐静波

201 中国の音楽文化

序言　中国の音楽文化—研究最前線からの報告　川原秀城
中国音楽の音組織　川原秀城
漢唐間における郊廟雅楽の楽曲通用—皇統と天の結びつきからみた　戸川貴行
琴瑟相和せず—音楽考古学のパイオニアたちの視点から再考する　長井尚子
詩賦が織り成す中国音楽世界—洞簫という楽器をめぐって　中純子
朱載堉の十二平均律における理論と実験　田中有紀
清朝宮廷における西洋音楽理論の受容　新居洋子
建国後の中国における西洋音楽の運命　榎本泰子
近代からコンテンポラリー（現代）へ—音楽評論が伝える一九三〇年代の上海楽壇とバレエ・リュス　井口淳子

202 日本化する法華経

はじめに—日本の典籍としての『法華経』
Ⅰ　日本に融け込む『法華経』
『法華経』と芸能の結びつき—聖徳太子伝・琵琶法師・延年　石井公成
法華経と和歌　山本章博
〈法華経儀礼〉の世界—平安時代の法華講会を中心に　舩田淳一
和化する法華経—『本朝法華験記』の表現と発想　馬駿
ベトナムと日本における法華経信仰—古典から探る　グエン・ティ・オワイン
Ⅱ　日本の典籍としての『法華経』
書写と読誦—法華経の文字と声　浅田徹
日本漢字音史から見た法華経　肥爪周二
法華経と読経道—芸道としての法華経読誦　柴佳世乃
仮名書き経典について—伝西行筆法華経化城喩品切をめぐって　小島孝之
『日本霊異記』における『法華経』語句の利用　河野貴美子
Ⅲ　『法華経』のかたち
長松山本法寺蔵「法華経曼荼羅図」に見る前代からの継承と新奇性　原口志津子
物語絵の上に書写された『法華経』　稲本万里子
経塚に埋納された法華経　時枝務
南部絵経—文字の読めないものたちの『法華経』信仰　渡辺章悟

203 文化大革命を問い直す

総論
文革を再考するいくつのかの視点—総説に替えて　「中国六〇年代と世界」研究会代表・土屋昌明
【座談会】運動としての文化大革命　朝浩之×金野純×土屋昌明
Ⅰ　伏流：星火事件、二つの半工半読
小説「星火事件」　土屋昌明
林昭の思想変遷—『人民日報編集部への手紙』（その三及び起訴状）を手がかりとして　陳継東
下放は、労働を権利とみなし教育と結びつける歴史的実験だった　前田年昭
Ⅱ　噴出：政治と芸術、プロパガンダ
文革時期個人崇拝のメカニズム—ヒートアップとクールダウン　印紅標（森瑞枝訳）
【座談会】文革プロパガンダとは何か—胡傑・艾暁明監督作品『紅色美術』をめぐって

崎門における歴史と政治　清水則夫
伊藤東涯と朝鮮―その著作にみる関心の所在　阿部光麿
徳川時代に於ける漢学者達の朝鮮観―朝鮮出兵を軸に　濱野靖一郎
【コラム】『東国通鑑』をめぐる逆説―歴史の歪曲と帝国的行動の中で　井上泰至
編集後記　濱野靖一郎

199 衝突と融合の東アジア文化史

序　言　河野貴美子
Ⅰ　中日における「漢」文化
中日文脈における「漢籍」　王勇
Ⅱ　歴史の記述、仏僧の言説―植物・生物をめぐる
宇陀地域の生活・生業と上宮王家―菟田諸石を手がかりとして　新川登亀男
唐僧恵雲の生物学講義―『妙法蓮華経釈文』所引「恵雲云」の言説　高松寿夫
Ⅲ　高句麗・百済・日本
高句麗・百済人墓誌銘からみる高句麗末期の対外関係　葛継勇
武蔵国高麗郡の建郡と大神朝臣狛麻呂　鈴木正信
Ⅳ　漢文の摂取と消化
藤原成佐の「泰山府君都状」について　柳川響
幼学書・注釈書からみる古代日本の「語」「文」の形成―漢語と和語の衝突と融合　河野貴美子
Ⅴ　イメージと情報の伝播、筆談、コミュニケーション
西湖と梅―日本五山禅僧の西湖印象を中心に　陳小法・張徐依
万暦二十年代東アジア世界の情報伝播―明朝と朝鮮側に伝わった豊臣秀吉の死亡情報を例として　鄭潔西
朱舜水の「筆語」―その「詩賦観」をめぐって　朱子昊・王勇
Ⅵ　著述の虚偽と真実
政治小説『佳人奇遇』の「梁啓超訳」説をめぐって　呂順長
文明の影の申し子―義和団事件がもたらした西洋と東洋の衝突の果ての虚　緑川真知子
Ⅶ　アジアをめぐるテクスト、メディア
横光利一と「アジアの問題」―開戦をめぐる文学テクストの攻防　古矢篤史
東アジア連環画の連環―中国から日本、韓国へ　鳥羽耕史
あとがき　王勇

200 谷崎潤一郎　中国体験と物語の力

はじめに　千葉俊二
Ⅰ　物語の力
【座談会】物語の力―上海の谷崎潤一郎　千葉俊二×銭暁波×日高佳紀×秦剛
物語る力―谷崎潤一郎の物語方法　千葉俊二
文学モデルとしての推理小説―谷崎潤一郎の場合　アンヌ・バヤール＝坂井
Ⅱ　中国体験と物語
「お伽噺」としての谷崎文学―「オリエンタリズム」批判再考　清水良典
陰翳礼讃の端緒としての「西湖の月」　山口政幸
十年一覚揚州夢―谷崎潤一郎『鶴唳』論　林茜茜
「隠逸思想」に隠れる分身の物語―『鶴唳』論　銭暁波
谷崎潤一郎と田漢―書物・映画・翻訳を媒介とした出会いと交流　秦剛
Ⅲ　物語の変容―中国旅行前後
『嘆きの門』から『痴人の愛』へ―谷崎潤一郎・中国旅行前後の都市表象の変容　日高佳紀
都市空間の物語―横浜と『痴人の愛』　ルイーザ・ビエナーティ
「卍」の幾何学　スティーヴン・リジリー
『アラビアン・ナイト』から〈歌〉へ―「蓼喰ふ蟲」の成立前後　細川光洋
放浪するプリンスたちと毀損された物語―〈話の筋〉論争から「谷崎源氏」、そして村上春樹「海辺のカフカ」へ　西野厚志
Ⅳ　可能性としての物語
谷崎潤一郎における異界憧憬　明里千章

大澤広嗣
編集後記　大澤広嗣

197 日本文学のなかの〈中国〉

序言　中国・日本文学研究の現在に寄せて　李銘敬・小峯和明

I　日本文学と中国文学のあいだ

巻頭エッセイ◎日本文学のなかの〈中国〉—人民大学の窓から　小峯和明
『今昔物語集』の宋代序説　荒木浩
かいまみの文学史—平安物語と唐代伝奇のあいだ　李宇玲
『浜松中納言物語』における「唐土」—知識(knowledge)と想像(imagine)のあいだ　丁莉
樹上法師像の系譜—鳥窠禅師伝から『徒然草』へ　陸晩霞

II　和漢比較研究の現在

『杜家立成』における俗字の世界とその影響　馬駿
対策文における儒教的な宇宙観—桓武天皇の治世との関わりから　尤海燕
七夕歌の発生—人麻呂歌集七夕歌の再考　何衛紅
『源氏物語』松風巻の明石君と七夕伝説再考　於国瑛
『源氏物語』写本の伝承と「列帖装」—書誌学の視点から考える　唐暁可
『蒙求和歌』の増補について　趙力偉
コラム◎嫡母と継母—日本の「まま子」譚を考えるために　張龍妹

III　東アジアの文学圏

日本古代僧侶の祈雨と長安青龍寺—円珍「青龍寺降雨説話」の成立背景を考える　高兵兵
長安・大興善寺という磁場—日本僧と新羅僧たちの長安・異文化交流の文学史をめざして　小峯和明
『大唐西域記』と金沢文庫保管の説草『西域記伝抄』　高陽
『三国伝記』における『三宝感応要略録』の出典研究をめぐって　李銘敬
虎関師錬の『済北詩話』について　胡照汀
コラム◎『源氏物語』古注釈書が引く漢籍由来の金言成句　河野貴美子

IV　越境する文学

東アジアの入唐説話にみる対中国意識—吉備真備・阿倍仲麻呂と崔致遠を中心に　金英順
『伽婢子』における時代的背景と舞台の設定に関して—『剪灯新話』の受容という視点から　蒋雲斗
「樊噲」という形象　周以量
「国亡びて生活あり」—長谷川如是閑の中国観察　銭昕怡
越境する「大衆文学」の力—中国における松本清張文学の受容について　王成
コラム◎遭遇と対話—境界で／境界から　竹村信治

198 海を渡る史書　—東アジアの「通鑑」

序—板木の森を彷徨い、交流の海に至る　金時徳

新たな史書の典型—「通鑑」の誕生と継承

『資治通鑑』の思想とその淵源　福島正
明清に於ける「通鑑」—史書と政治　高橋亨

『東国通鑑』と朝鮮王朝—受容と展開

朝鮮王朝における『資治通鑑』の受容とその理解　許太榕(翻訳:金時徳)
『東国通鑑』の史論　兪英玉(翻訳:金時徳)
朝鮮時代における『東国通鑑』の刊行と享受　白丞鎬(翻訳:金時徳)
『東国通鑑』とその周辺—『東史綱目』　咸泳大(翻訳:金時徳)

海を渡る「通鑑」—和刻本『東国通鑑』

朝鮮本『東国通鑑』の日本での流伝及び刊行　李裕利
『新刊東国通鑑』板木の現状について　金時徳
【コラム】長谷川好道と東国通鑑　辻大和

島国の「通鑑」—史書編纂と歴史叙述

林家の学問と『本朝通鑑』　澤井啓一
『本朝通鑑』の編修とその時代　藤實久美子
琉球の編年体史書　高津孝

読みかえられる史書—歴史の「正統」と「正当化」

水戸学と「正統」　大川真

[イントロダクション]もう一つの室町—女・語り・占い　小林健二
「占や算」—中世末期の占いの諸相　マティアス・ハイエク
【コラム】室町時代の和歌占い—託宣・呪歌・歌占　平野多恵
物語草子と尼僧—もう一つの熊野の物語をめぐって　恋田知子
女性・語り・救済と中世のコスモロジー—東西の視点から　ハルオ・シラネ
【コラム】江戸時代の絵画に描かれた加藤清正の虎狩　崔京国
第二部　男たちの性愛—春本と春画と
[イントロダクション]男たちの性愛—春本と春画と　神作研一
若衆—もう一つのジェンダー　ジョシュア・モストウ
西鶴晩年の好色物における「男」の姿と機能　ダニエル・ストリューヴ
その後の「世之介」—好色本・春本のセクシュアリティと趣向　中嶋隆
【コラム】西鶴が『男色大鑑』に登場するのはなぜか　畑中千晶
春画の可能性と江戸時代のイエ意識　染谷智幸
艶本・春画の享受者たち　石上阿希
春画における男色の描写　アンドリュー・ガーストル
【コラム】欲望のありがちな矛盾—男が詠う春本の女歌　小林ふみ子
第三部　時間を翻訳する—言語交通と近代
[イントロダクション]呼びかけられる声の時間　野網摩利子
梶井基次郎文学におけるモノの歴史　スティーブン・ドッド
テクストの中の時計—「クリスマス・キャロル」の翻訳をめぐって　谷川惠一
近代中国の誤読した「明治」と不在の「江戸」—漢字圏の二つの言文一致運動との関連　林少陽
漢字に時間をよみこむこと—敗戦直後の漢字廃止論をめぐって　安田敏朗
「時」の聖俗—「き」と「けり」と　今西祐一郎
【コラム】日本文学翻訳者グレン・ショーと「現代日本文学」の認識　河野至恩
【コラム】『雪国』の白い闇　山本史郎
三年間のおぼえがき—編集後記にかえて　谷川ゆき

196 仏教をめぐる日本と東南アジア地域

序文　大澤広嗣
第1部　交流と断絶
明治期日本人留学僧にみる日＝タイ仏教「交流」の諸局面　林行夫
明治印度留学生東温譲の生活と意見、そしてその死　奥山直司
ミャンマー上座仏教と日本人—戦前から戦後にかけての交流と断絶　小島敬裕
日越仏教関係の展開—留学僧を通して　北澤直宏
〈コラム〉珍品発見？　東洋文庫の東南アジア仏教資料　岡崎礼奈
近代仏教建築の東アジア—南アジア往還　山田協太
テーラワーダは三度、海を渡る—日本仏教の土壌に比丘サンガは根付くか　藤本晃
オウタマ僧正と永井行慈上人　伊東利勝
第2部　日本からの関与
一九〇〇年厦門事件追考　中西直樹
大正期マレー半島における日蓮宗の開教活動　安中尚史
〈コラム〉金子光晴のボロブドゥール　石原深予
〈コラム〉タイにおける天理教の布教・伝道活動　村上忠良
インドシナ難民と仏教界—国際支援活動の胎動の背景にあったもの　高橋典史
〈コラム〉寺院になった大阪万博のラオス館　君島彩子
タイへ渡った真言僧たち—高野山真言宗タイ国開教留学僧へのインタビュー　神田英昭
アンコール遺跡と東本願寺南方美術調査隊

特徴と流布の背景について　高井龍

193 中国リベラリズムの政治空間

座談会　中国のリベラリズムから中国政治を展望する
李偉東・石井知章・緒形康・鈴木賢・及川淳子

総　論　中国政治における支配の正当性をめぐって　緒形康

第1部　現代中国の政治状況

二十一世紀におけるグローバル化のジレンマ：原因と活路—『21世紀の資本』の書評を兼ねて
秦暉（翻訳：劉春暉）

社会の転換と政治文化　徐友漁（翻訳：及川淳子）

「民意」のゆくえと政府のアカウンタビリティ—東アジアの現状より　梶谷懐

中国の労働NGOの開発—選択的な体制内化
王侃（翻訳：大内洸太）

第2部　現代中国の言説空間

雑誌『炎黄春秋』に見る言論空間の政治力学
及川淳子

環境NGOと中国社会—行動する「非政府系」知識人の系譜　吉岡桂子

日中関係三論—東京大学での講演
栄剣（翻訳：古畑康雄）

艾未未2015—体制は醜悪に模倣する　牧陽一

第3部　法治と人権を巡る闘い

中国司法改革の困難と解決策
賀衛方（翻訳：本田親史）

中国における「法治」—葛藤する人権派弁護士と市民社会の行方　阿古智子

ウイグル人の反中レジスタンス勢力とトルコ、シリア、アフガニスタン　水谷尚子

習近平時代の労使関係—「体制内」労働組合と「体制外」労働NGOとの間　石井知章

第4部　中国リベラリズムの未来

中国の憲政民主への道—中央集権から連邦主義へ
王建勛（翻訳：緒形康）

中国新権威主義批判　張博樹（翻訳：中村達雄）

あとがきに代えて　現代中国社会とリベラリズムのゆくえ　石井知章

194 世界から読む漱石『こころ』

序言—世界から漱石を読むということ
アンジェラ・ユー／小林幸夫／長尾直茂

第一章　『こころ』の仕組み

『こころ』と反復　アンジェラ・ユー

思いつめ男に鈍い男—夏目漱石「こころ」
小林幸夫

「こころ」：ロマン的〈異形性〉のために
関谷由美子

深淵に置かれて—『黄粱一炊図』と先生の手紙
デニス・ワッシュバーン
（渡辺哲史／アンジェラ・ユー　共訳）

【コラム】乃木将軍の殉死と先生の死をめぐって—「明治の精神」に殉ずるということ　会田弘継

第二章　『こころ』というテクストの行間

語り続ける漱石—二十一世紀の世界における『こころ』　栗田香子

クィア・テクストとしての『こころ』—翻訳学を通して　スティーブン・ドッド（渡辺哲史　訳）

『こころ』と心の「情緒的」な遭遇
安倍＝オースタッド・玲子

「道のためなら」という呪縛　高田知波

第三章　誕生後一世紀を経た『こころ』をめぐって

朝日新聞の再連載からみる「こころ」ブーム
中村真理子

【コラム】シンポジウム「一世紀後に読み直す漱石の『こころ』」を顧みて　長尾直茂

『こころ』の授業実践史—教科書教材と学習指導の批判的検討　稲井達也

カタストロフィへの迂回路—「イメージ」と漱石
林道郎

【研究史】夏目漱石『こころ』研究史（二〇一三～二〇一五年）　原貴子

195 もう一つの日本文学史　室町・性愛・時間

序文　伊藤鉄也

第一部　もう一つの室町—女・語り・占い

あとがき　林匡

191 ジェンダーの中国史

はじめに―ジェンダーの中国史　小浜正子

Ⅰ　中国的家族の変遷

むすめの墓・母の墓―墓から見た伝統中国の家族　佐々木愛

異父同母という関係―中国父系社会史研究序説　下倉渉

孝と貞節―中国近世における女性の規範　仙石知子

現代中国の家族の変容―少子化と母系ネットワークの顕現　小浜正子

Ⅱ　「悪女」の作られ方

呂后―“悪女”にされた前漢初代の皇后　角谷常子

南朝の公主―貴族社会のなかの皇帝の娘たち　川合安

則天武后―女帝と祭祀　金子修一

江青―女優から毛沢東夫人、文革の旗手へ　秋山洋子

Ⅲ　「武」の表象とエスニシティの表象

木蘭故事とジェンダー「越境」―五胡北朝期の社会からみる　板橋暁子

辮髪と軍服―清末の軍人と男性性の再構築　高嶋航

「鉄の娘」と女性民兵―文化大革命における性別役割への挑戦　江上幸子

中国大陸の国民統合の表象とポリティクス―エスニシティとジェンダーからみた近代　松本ますみ

【コラム】纏足　小川快之

Ⅳ　規範の内外、変容する規範

貞節と淫蕩のあいだ―清代中国の寡婦をめぐって　五味知子

ジェンダーの越劇史―中国の女性演劇　中山文

中国における代理出産と「母性」―現代の「借り腹」　姚毅

セクシャリティのディスコース―同性愛をめぐる言説を中心に　白水紀子

【コラム】宦官　猪原達生

Ⅴ　「周縁」への伝播―儒教的家族秩序の虚実

日本古代・中世における家族秩序―婚姻形態と妻の役割などから　伴瀬明美

彝族「女土官」考―明王朝の公認を受けた西南少数民族の女性首長たち　武内房司

『黙斎日記』にみる十六世紀朝鮮士大夫家の祖先祭祀と信仰　豊島悠果

十九世紀前半ベトナムにおける家族形態に関する一考察―花板張功族の嘱書の分析から　上田新也

【書評】スーザン・マン著『性からよむ中国史　男女隔離・纏足・同性愛』　張瑋容

192 シルクロードの来世観

総論　シルクロードの来世観　白須淨眞

Ⅰ　来世観への敦煌学からのスケール

シルクロードの敦煌資料が語る中国の来世観　荒見泰史

Ⅱ　昇天という来世観

シルクロード古墓壁画の大シンフォニー―四世紀後半期、トゥルファン地域の「来迎・昇天」壁画　白須淨眞

シルクロードの古墓の副葬品に見える「天に昇るための糸」―五～六世紀のトゥルファン古墓の副葬品リストにみえる「攀天糸万万九千丈」　門司尚之

シルクロードの古墓から出土した不思議な木函―四世紀後半期、トゥルファン地域の「昇天アイテム」とその容れ物　白須淨眞

Ⅲ　現世の延長という来世観

シルクロード・河西の古墓から出土した木板が語るあの世での結婚―魏晋期、甘粛省高台県古墓出土の「冥婚鎮墓文」　許飛

Ⅳ　来世へのステイタス

シルクロードの古墓から出土した偽物の「玉」―五～六世紀のトゥルファン古墓の副葬品リストに見える「玉豚」の現実　大田黒綾奈

Ⅴ　死後審判があるという来世観

十世紀敦煌文献に見る死後世界と死後審判―その

Ⅳ　和歌・物語への発展
国風暗黒時代の和歌―創作の場について　北山円正
嵯峨朝閨怨詩と素性恋歌―「客体的手法」と「女装」の融合　中村佳文
物語に描かれた花宴―嵯峨朝から『うつほ物語』・『源氏物語』へ　浅尾広良
『源氏物語』の嵯峨朝　今井上

189 喧嘩から戦争へ　戦いの人類誌
巻頭序言　山田仁史
総論
喧嘩と戦争はどこまで同じ暴力か？　兵頭二十八
戦争、紛争あるいは喧嘩についての文化人類学　紙村徹
牧民エートスと農民エートス―宗教民族学からみた紛争・戦闘・武器　山田仁史
Ⅰ　欧米
神話の中の戦争―ギリシア・ローマ　篠田知和基
ケルトの戦争　太田明
スペイン内戦―兄弟殺し　川成洋
アメリカのベトナム戦争　藤本博
Ⅱ　中東・アフリカ
中東における部族・戦争と宗派　近藤久美子
敗者の血統―「イラン」の伝統と智恵？　奥西峻介
近代への深層―レバノン内戦とイスラム教に見る問題　丸山顕誠
親密な暴力、疎遠な暴力―エチオピアの山地農民マロにおける略奪婚と民族紛争　藤本武
Ⅲ　南米
征服するインカ帝国―その軍事力　加藤隆浩
中央アンデスのけんか祭りと投石合戦　上原なつき
Ⅳ　アジア・オセアニア
東南アジアの首狩―クロイトが見た十九世紀末のトラジャ　山田仁史
対立こそは我が生命―パプアニューギニア　エンガ人の戦争　紙村徹
Ⅴ　日本
すべてが戦いにあらず―考古学からみた戦い／戦争異説　角南聡一郎
戦争において神を殺し従わせる人間―日本の神話共同体が持つ身体性と認識の根源　丸山顕誠
幕末京都における新選組―組織的権力と暴力　松田隆行
【コラム】沖縄・八重山のオヤケアカハチの戦い　丸山顯德

190 島津重豪と薩摩の学問・文化　近世後期博物大名の視野の実践
序言　鈴木彰
Ⅰ　薩摩の学問
重豪と修史事業　林匡
蘭癖大名重豪と博物学　高津孝
島津重豪の出版―『成形図説』版本再考　丹羽謙治
【コラム】島津重豪関係資料とその所蔵先　新福大健
Ⅱ　重豪をとりまく人々
広大院―島津家の婚姻政策　松尾千歳
島津重豪従三位昇進にみる島津斉宣と御台所茂姫　崎山健文
学者たちの交流　永山修一
【コラム】近世・近代における島津重豪の顕彰　岩川拓夫
Ⅲ　薩摩の文化環境
島津重豪の信仰と宗教政策　栗林文夫
近世薩摩藩祖廟と島津重豪　岸本覚
『大石兵六夢物語』小考―島津重豪の時代と物語草子・絵巻　宮腰直人
薩摩ことば―通セサル言語　駒走昭二
【コラム】重豪の時代と「鹿児島の三大行事」　内倉昭文
Ⅳ　薩摩と琉球・江戸・東アジア
島津重豪の時代と琉球・琉球人　木村淳也
和歌における琉球と薩摩の交流　錺武彦
【コラム】島津重豪と久米村人―琉球の「中国」　渡辺美季
島津重豪・薩摩藩と江戸の情報網―松浦静山『甲子夜話』を窓として　鈴木彰

Ⅵ 老い
女性の長寿を祝う―日本近世の武家を事例に 柳谷慶子
身に着ける歴史としてのファッション―個人史と社会史の交差に見るエジプト都市部の老齢ムスリマの衣服 鳥山純子

187 怪異を媒介するもの

はじめに 大江篤
Ⅰ 記す・伝える
霊験寺院の造仏伝承―怪異・霊験譚の伝播・伝承 大江篤
『風土記』と『儀式帳』―恠異と神話の媒介者たち 榎村寛之
【コラム】境界を越えるもの―『出雲国風土記』の鬼と神 久禮旦雄
奈良時代・仏典注釈と霊異―善珠『本願薬師経鈔』と「起屍鬼」 山口敦史
【コラム】古文辞学から見る「怪」―荻生徂徠『訳文筌蹄』『論語徴』などから 木場貴俊
「妖怪名彙」ができるまで 化野燐
Ⅱ 語る・あらわす
メディアとしての能と怪異 久留島元
江戸の知識人と〈怪異〉への態度―〝幽冥の談〟を軸に 今井秀和
【コラム】怪異が現れる場所としての軒・屋根・天井 山本陽子
クダンと見世物 笹方政紀
【コラム】霊を捉える―心霊学と近代の作家たち 一柳廣孝
「静坐」する柳田国男 村上紀夫
Ⅲ 読み解く・鎮める
遣唐使の慰霊 山田雄司
安倍吉平が送った「七十二星鎮」 水口幹記
【コラム】戸隠御師と白澤 熊澤美弓
天変を読み解く―天保十四年白気出現一件 杉岳志
【コラム】陰陽頭土御門晴親と「怪異」 梅田千尋
吉備の陰陽師 上原大夫 木下浩
Ⅳ 辿る・比べる
王充『論衡』の世界観を読む―災異と怪異、鬼神をめぐって 佐々木聡
中国の仏教者と予言・讖詩―仏教流入期から南北朝時代まで 佐野誠子
【コラム】中国の怪夢と占夢 清水洋子
中国中世における陰陽家の第一人者―蕭吉の学と術 余欣（翻訳：佐々木聡・大野裕司）
台湾道教の異常死者救済儀礼 山田明広
【コラム】琉球の占術文献と占者 山里純一
【コラム】韓国の暦書の暦注 全勇勳
アラブ地域における夢の伝承 近藤久美子
【コラム】〈驚異〉を媒介する旅人 山中由里子

188 日本古代の「漢」と「和」 嵯峨朝の文学から考える

はじめに 山本登朗
Ⅰ 嵯峨朝の「漢」と「和」
「国風」の味わい―嵯峨朝の文学を唐の詩集から照らす ヴィーブケ・デーネーケ
勅撰集の編纂をめぐって―嵯峨朝に於ける「文章経国」の受容再論 滝川幸司
唐代長短句詞「漁歌」の伝来―嵯峨朝文学と中唐の詩詞 長谷部剛
嵯峨朝詩壇における中唐詩受容 新間一美
Ⅱ 時代を生きた人々
嵯峨朝における重陽宴・内宴と『文鏡秘府論』 西本昌弘
嵯峨朝時代の文章生出身官人 古藤真平
嵯峨朝の君臣唱和―『経国集』「春日の作」をめぐって 井実充史
菅原家の吉祥悔過 谷口孝介
Ⅲ 嵯峨朝文学の達成
「銅雀台」―勅撰三集の楽府と艶情 後藤昭雄
『文華秀麗集』『経国集』の「雑詠」部についての覚書―その位置づけと作品の配列をめぐって 三木雅博
天皇と隠逸―嵯峨天皇の遊覧詩をめぐって 山本登朗
落花の春―嵯峨天皇と花宴 李宇玲

手廉斎の思想と行動　綱川歩美
科挙と察挙―「東アジア近世」における人材登用制度の模索　清水光明
東アジア政治史における幕末維新政治史と“士大夫的政治文化”の挑戦―サムライの“士化”　朴薫
【コラム】「明治百年祭」と「近代化論」　道家真平
Ⅱ　「東アジア」の捉え方
織田信長の対南蛮交渉と世界観の転換　清水有子
ヨーロッパの東アジア認識―修道会報告の出版背景　木﨑孝嘉
イギリス商人のみた日本のカトリック勢力―リチャード・コックスの日記から　吉村雅美
【コラム】ヨーロッパ史からみたキリシタン史―ルネサンスとの関連のもとに　根占献一
近世琉球の日本文化受容　屋良健一郎
近世日越国家祭祀比較考―中華帝国の東縁と南縁から「近世化」を考える　井上智勝
【コラム】「古文辞学」と東アジア―荻生徂徠の清朝中国と朝鮮に対する認識をめぐって　藍弘岳
◎博物館紹介◎
「アジア学」資料の宝庫、東洋文庫九十年の歩み　岡崎礼奈
Ⅲ　近世史研究から「近代」概念を問い直す
儒教的近代と日本史研究　宮嶋博史
「近世化」論から見た尾藤正英―「封建制」概念の克服から二時代区分論へ　三ツ松誠
【コラム】歴史叙述から見た東アジア近世・近代　中野弘喜
清末知識人の歴史観と公羊学―康有為と蘇輿を中心に　古谷創
【コラム】オスマン帝国の歴史と近世　佐々木紳
ヨーロッパ近世都市における「個人」の発展　高津秀之
【コラム】東アジア国際秩序の劇変―「日本の世紀」から「中国の世紀」へ　三谷博

186 世界史のなかの女性たち

はじめに　世界史のなかの女性たち
水井万里子・杉浦未樹・伏見岳志・松井洋子
Ⅰ　教育
日本近世における地方女性の読書について―上田美寿「桜戸日記」を中心に　湯麗
女訓書の東遷と『女大学』　藪田貫
十九世紀フランスにおける寄宿学校の娘たち　前田更子
視点◎世界史における男性史的アプローチ―「軍事化された男らしさ」をめぐって　弓削尚子
Ⅱ　労働
家内労働と女性―近代日本の事例から　谷本雅之
近代コーンウォルに見る女性たち―鉱業と移動の視点から　水井万里子
Ⅲ　結婚・財産
ヴェネツィアの嫁資　高田京比子
十九世紀メキシコ都市部の独身女性たち　伏見岳志
ムスリム女性の婚資と相続分―イラン史研究からの視座　阿部尚史
視点◎魔女裁判と女性像の変容―近世ドイツの事例から　三成美保
Ⅳ　妊娠・出産・育児
出産の社会史―床屋外科医と「モノ」との親和性　長谷川まゆ帆
植民地における「遺棄」と女性たち―混血児隔離政策の世界史的展開　水谷智
視座◎日本女性を世界史の中に置く
「近代」に生きた女性たち―新しい知識や思想と家庭生活のはざまで言葉を紡ぐ　後藤絵美
Ⅴ　移動
近世インド・港町の西欧系居留民社会における女性　和田郁子
店が無いのにモノが溢れる？―十八世紀ケープタウンにおける在宅物品交換と女性　杉浦未樹
ある「愛」の肖像―オランダ領東インドの「雑婚」をめぐる諸相　吉田信
フォーカス◎十七世紀、異国に生きた日本女性の生活―新出史料をもとに　白石広子

反英、反米へ　春名徹
楊樹浦における上海ユダヤ避難民の芸術文化―ライシャムなど租界中心部との関連性　関根真保
上海の伝統劇と劇場―上海空間、「連台本戯」、メディア　藤野真子
神戸華僑作曲家・梁楽音と戦時上海の流行音楽　西村正男
上海租界劇場アニメーション上映史考―『ミッキー・マウス』、『鉄扇公主』、『桃太郎の海鷲』を中心に　秦剛

184 日韓の書誌学と古典籍

はじめに　今西祐一郎
日韓書物交流の軌跡　大高洋司
第Ⅰ部　韓国古典籍と日本
日本現存朝鮮本とその研究　藤本幸夫
韓国古文献の基礎知識　奉成奇（翻訳：金子祐樹）
韓国国立中央博物館所蔵活字の意義　李載貞（翻訳：李仙喜）
高麗大蔵経についての新たな見解　柳富鉉（翻訳：中野耕太）
【コラム】通度寺の仏書刊行と聖宝博物館　松本真輔
日本古典籍における中世末期の表紙の変化について―朝鮮本と和本を繋ぐもう一つの視座　佐々木孝浩
古活字版の黎明―相反する二つの面　入口敦志
韓国国立中央図書館所蔵琉球『選日通書』について　陳捷
【コラム】古典籍が結ぶ共感と情感　金貞禮
【コラム】韓国で日本の古典を教えながら　兪玉姫
【コラム】韓国国立中央図書館所蔵の日本関係資料　安惠璟（翻訳：中尾道子）
【コラム】韓国国立中央図書館古典籍の画像公開を担当して　増井ゆう子
第Ⅱ部　韓国国立中央図書館所蔵の日本古典籍―善本解題
【国語学】〔国語学概要〕　1　聚分韻略／2　大矢透自筆稿本「漢音の音図」
【和歌（写本・版本）】〔和歌概要〕3　古今和歌集／4　拾遺和歌集／5　千載和歌集／6　日野資枝卿歌稿／7　武家百人一首
【物語】〔物語概要〕8　伊勢物語／9　闕疑抄／10　落窪物語
【中世散文】〔中世散文概要〕11　保元物語・平治物語
【往来物】〔往来物概要〕12　庭訓往来
【俳諧】〔俳書概要〕13　おくのほそ道／14　つゆそうし／15　俳諧百人集／16　俳諧米寿集／17　とはしくさ
【近世小説】〔仮名草子概要〕18　伽婢子／19　本朝女鑑／20　釈迦八相物語／21　一休諸国物語／22　狂歌咄
〔読本・軍談概要〕23　本朝水滸伝／24　夢想兵衛胡蝶物語／後編
〔洒落本（狂歌集・俗謡）概要〕25　妓者虎の巻　他
〔滑稽本概要〕26　花暦／八笑人／初編～五編
【説経正本・絵本・草双紙】〔説経正本・絵本・草双紙概要〕27　さんせう太夫／28　武者さくら／29　〔はんがく〕／30　〔にはのまつ〕
【漢文学〈日本人漢詩文〉】〔漢文学（日本人漢詩文）概要〕31　錦繍段（三種）　錦繍段詳註／32　洞城絃歌餘韻／第四刻／33　立見善友文稿
あとがき―古典籍書誌情報の共有から共同研究へ　陳捷

185 「近世化」論と日本 「東アジア」の捉え方をめぐって

はしがき　清水光明
序論　「近世化」論の地平―既存の議論群の整理と新事例の検討を中心に　清水光明
Ⅰ　「近世化」論における日本の位置づけ―小農社会・新興軍事政権・朱子学理念
日本の「近世化」を考える　牧原成征
二つの新興軍事政権―大清帝国と徳川幕府　杉山清彦
【コラム】「近世化」論における中国の位置づけ　岸本美緒
十八世紀後半の社倉法と政治意識―高鍋藩儒・千

アジア遊学既刊紹介

182 東アジアにおける旅の表象　異文化交流の文学史

序言　王成・小峯和明

Ⅰ　古典文学と旅の表象

天竺をめざした人々―異文化交流の文学史・求法と巡礼　小峯和明

日本古典文芸にみる玄奘三蔵の渡天説話　李銘敬

悪龍伝説の旅―『大唐西域記』と『弁暁説草』　高陽

【コラム】古代女性の旅と文学　張龍妹

『万葉集』における「家」と「旅」―「詠水江浦島子一首并短歌」を中心に　李満紅

平安京周辺の「山水景勝」の場における文学活動をめぐって―『本朝文粋』の詩序を手がかりに　高兵兵

江戸時代における徐福伝説の文献分析　呉偉明

【コラム】ある漢学者の旅による「王道」の伝法―塩谷温『王道は東より』を読む　趙京華

Ⅱ　旅の近代文学の生成

蘭学から英学へ―遊学の町長崎から考える　加島巧

明治期における日本人の中国紀行及びその文献　張明傑

「旅愁」―抒情の一九〇〇年代から一九三〇年代へ　鈴木貞美

制度としての旅・脱制度としての表象―旅行記述がいかに「文学」として成立しうるのか　劉建輝

開拓地／植民地への旅―大陸開拓文芸懇話会について　尾西康充

【コラム】徐念慈『新舞台』と梁啓超の日本認識　陳愛陽

Ⅲ　近代文学者と旅の表象

明治人が見た東アジア情勢―森田思軒は『北清戦記』をどうTRACEしたか　藤井淑禎

阿部知二における中国旅行と文学の表象　王成

島尾敏雄、火野葦平における戦時下南島の「女への旅」―「女護が島」幻想と「へんなあひるの子」　浦田義和

舟橋聖一の「満鮮」体験―新資料「ゴルフと天麩羅」「殖民地の礼儀」を読む　石川肇

青木正児の中国遊学と中国研究　周閲

【コラム】重ね合わせた旅　織り交ぜたテクスト―大江健三郎「無垢の歌　経験の歌」を読む　王中忱

183 上海租界の劇場文化　混淆・雑居する多言語空間

はじめに　「上海租界の劇場文化」の世界にようこそ　大橋毅彦

Ⅰ　多国籍都市の中のライシャム

上海の外国人社会とライシャム劇場　藤田拓之

沸きたつライシャム―多言語メディア空間の中で　大橋毅彦

ライシャム劇場、一九四〇年代の先進性―亡命者たちが創出した楽壇とバレエ　井口淳子

上海の劇場で日本人が見た夢　榎本泰子

日中戦争期上海で踊る―交錯する身体メディア・プロパガンダ　星野幸代

Ⅱ　〈中国人〉にとっての蘭心

ライシャム劇場における中国芸術音楽―各国語の新聞を通して見る　趙怡

蘭心大戯院―近代中国音楽家、揺籃の場として　趙維平

ライシャム劇場（蘭心大戯院）と中国話劇―上海聯芸劇社『文天祥』を中心に　瀬戸宏

LYCEUMから蘭心へ―日中戦争期における蘭心劇場　邵迎建

コラム　上海租界・劇場資料

1．ライシャムシアター・上海史年表

2．オールド上海　劇場マップ

3．ライシャムシアター関係図

4．ライシャム関連主要団体・人物解説

Ⅲ　乱反射する上海租界劇場芸術

「吼えろ支那！」の転生とアジア―反帝国主義から